Sabine Ebert
Gunther Galinsky

ENTDECKUNGEN
im Landkreis Freiberg

Sehr geehrte Leserinnen, sehr geehrte Leser,

wussten Sie schon, dass jede zweite europaweit im Umlauf befindliche Eurocent-Münze ihren Ursprung in Halsbrücke besitzt? Oder ist Ihnen bekannt, dass die heute allgemein üblichen deutschen Schachfiguren in Eppendorf entworfen und dort jahrzehntelang auch in großer Stückzahl hergestellt wurden? Oder hätten Sie geglaubt, dass in Brand-Erbisdorf einmal sehr gefragte Luxuslimousinen und -Cabriolets gebaut wurden? - Nein, dann sollten Sie in diesem Buch nachlesen. Es wird Sie nicht nur über diese Tatsachen informieren, sondern mit vielen weiteren bekannten und weniger bekannten Details aus unserer Heimat bekannt machen. Eingefangen und aufgeschrieben von der Autorin Sabine Ebert sowie umfangreich bebildert mit Fotografien vieler Fotoautoren aus unserem Landkreis, die von Gunther Galinsky zu einem bunten Kaleidoskop zu-sammengestellt worden sind, zeichnet das Buch ein recht anschauliches und informatives Bild von unserem Landkreis. Mit Fug und Recht kann man daher sagen: Es ist ein Heimatbuch.

Gehen Sie mit beiden Autoren auf Entdeckungsreise zwischen Augustusburg und Zethau! Und wenn Sie durch die Städte und Gemeinden gewandert sind und sich in den einzelnen Ortsteilen umgeschaut haben, dann werden Sie mir sicherlich zustimmen: Wir leben doch auf einem schönen Fleckchen Erde. Dieses Stückchen Erde ist fest verankert mit seinen Traditionen, die von unzähligen Vereinen und Verbänden gepflegt und für die Nachwelt erhalten werden. Dieses Stückchen Erde bietet seinen Einwohnern jede Menge Lebensqualität in der Gegenwart, und dieses Stückchen Erde erkämpft sich Stück für Stück seine Zukunft. Natürlich geschieht das nicht im Selbstlauf, und es verdient immer wieder aufs Neue meinen Respekt, wie ehrenamtlich Tätige, Berufstätige, Gewerbetreibende und Unternehmer am Haus Landkreis Freiberg mitarbeiten, für das zur Gemeindegebietsreform 1994 der Grundstein gelegt worden ist.

Dass das Buch humorvoll und oftmals mit einem Augenzwinkern, manchmal aber auch sehr dokumentarisch über den Landkreis informieren kann, ist ebenfalls das Verdienst von vielen Ortschronisten und Gesprächspartnern, die die Autorin bei ihrer Arbeit unterstützten.

Ihnen sei für die Zusammenarbeit ein herzliches Dankeschön gesagt. Natürlich kann dieses Buch keinen Anspruch auf Vollständigkeit erheben. Bei weit über 1000 Vereinen im Landkreis, die in 27 Kommunen wirken, bei 5130 existierenden Kulturdenkmalen und nicht zu vergessen bei einer ungezählten Anzahl von Unternehmen und Gewerbetreibenden muss leider vieles unerwähnt bleiben. Ich bitte daher um Verständnis und hege die Hoffnung, dass sich die Ungenannten im Erwähnten wiederfinden.

Mein besonderer Dank gilt auch der Kontakt Kultur gGmbH Kreis Freiberg und der druckspecht offset & service GmbH aus Frankenberg. Gemeinsam mit den Autoren haben beide Unternehmen großen Anteil daran, dass das Heimatbuch der jetzigen und vor allem der künftigen Generation ein Bild über das Leben in unserem Landkreis vermitteln kann.

Doch nun will ich Sie nicht weiter aufhalten. Blättern Sie weiter und lassen Sie sich in den Landkreis Freiberg entführen!

Ihr Volker Uhlig
Landrat des Landkreises Freiberg

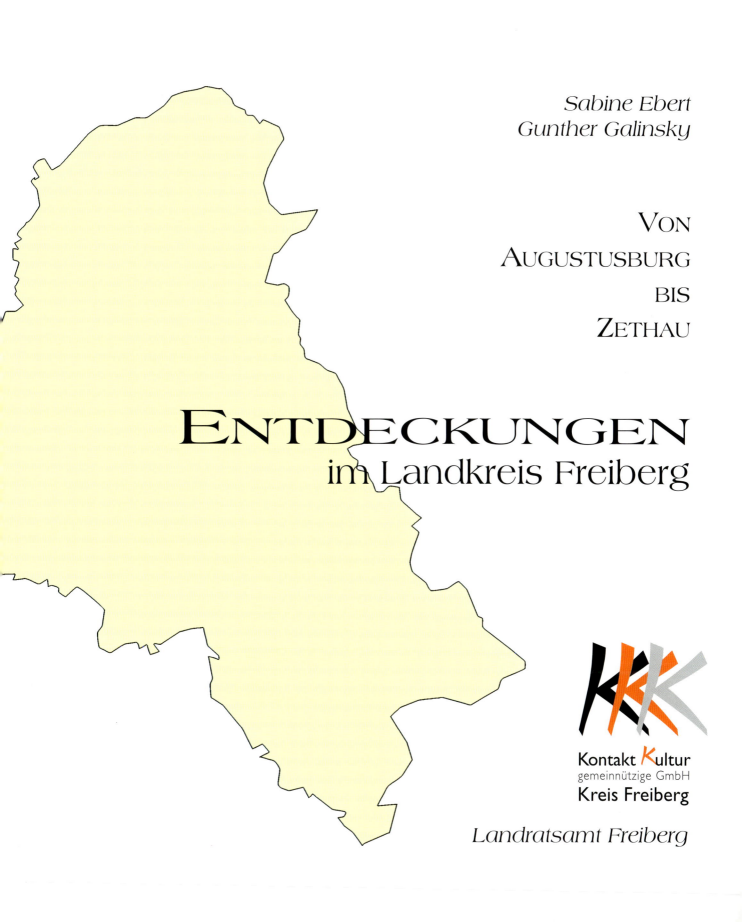

Sabine Ebert
Gunther Galinsky

VON
AUGUSTUSBURG
BIS
ZETHAU

ENTDECKUNGEN
im Landkreis Freiberg

Kontakt Kultur
gemeinnützige GmbH
Kreis Freiberg

Landratsamt Freiberg

Unsere Vorfahren waren mutige Leute

Achteinhalb Jahrhunderte ist er her, dass die ersten Siedler in das Gebiet zwischen Striegis und Mulde kamen. In kleinen Kolonnen, mit Karren und einigem Vieh und allem an geringer Habe, was sie mitnehmen konnten, sind sie über hunderte Meilen gen Osten gezogen. Mitten im „Dunklen Wald", wie der Urwald hieß, der damals große Teile des heutigen Kreisgebietes bedeckte, wollten sie ein freies, ein besseres Leben beginnen. Die Namen vieler Orte lassen heute noch erkennen, wie die Anführer der Siedlerkolonnen hießen.

Jedes Jahr im Sommer wird jetzt diese Pionierzeit mit einem außergewöhnlichen Spektakel nacherlebbar gemacht. Mit Planwagen, zu Pferd oder zu Fuß pilgern im „Historischen Besiedlungszug A. D. 1156" Mittelalterfans und andere Abenteuerlustige eine Woche lang durch die Region. Sie übernachten im Freien und legen pro Tag um die zwanzig Kilometer zurück.

Doch die Aktion ist nicht nur als Mittelalterspaß oder Alternativurlaub gedacht, sondern auch als Hommage an die Vorfahren. Für manchen Teilnehmer heute ist es schon Herausforderung genug, eine Woche lang ohne Handy auskommen zu müssen. Aber wie war es damals für jene ersten Siedler? Wie verzweifelt und hungrig nach eigenem Land müssen sie gewesen sein, um alle Brücken hinter sich abzubrechen und den langen Marsch in die Fremde auf sich zu nehmen? Sie wussten nicht, welche Gefahren sie auf dem Weg bedrohen und was sie am Ende erwarten würde. Ob ihnen wilde Tiere, Ungeheuer oder Wegelagerer auflauern würden und ob sie genug aussäen konnten, um über den ersten Winter zu kommen. Doch mutig und entschlossen müssen sie gewesen sein. Denn sie sind losgezogen, haben mit Feuer und Axt gerodet und Dörfer gebaut.

Der Landstrich hätte sich wie andere auch entwickelt, wäre nicht plötzlich etwas Unerwartetes geschehen, etwas so Unerhörtes, dass bald daraus Legenden wuchsen. Heute noch kennt jedes Kind hier die Sage von den Salzfuhrleuten, die in einem der Rodungsdörfer, in Christiansdorf, auf einen Gesteinsbrocken aufmerksam wurden, ihn mitnahmen und von Bergleuten in Goslar untersuchen ließen. Ein Fund mit weitreichenden Folgen, wie sich schnell herausstellte: Es war Silbererz von so reichem Gehalt, dass selbst die Goslarer darüber staunten.

Ob wirklich Salzkärrner aus Halle die Entdecker des Freiberger Silbers waren, weiß niemand. Aber der Rest ist Geschichte. Mit sicherem Gespür fürs Geschäft reagierte der Markgraf von Meißen, ließ das freie Bergrecht verkünden und Bergleute aus den Harz kommen. Seine Entscheidung, dass hier jeder schürfen könne, wenn er nur seinen Anteil an ihn zahlte, verschaffte dem Markgrafen Otto bald den Neid erregenden Beinamen „Der Reiche".

Tausende folgten dem Ruf des Silbers - Bergleute, Abenteuer, Glücksritter. Aus dem abgelegenen, verschlafenen Christiansdorf wuchs in fulminanter Geschwindigkeit die Silberstadt Freiberg, immer mehr Bergbausiedlungen entstanden in der Umgebung. Freiberg und das Erzgebirge wurden zum größten Zentrum des Silberbergbaus in Europa, zur Quelle des legendären Reichtums der sächsischen Herrscher.

Wenn es dem Bergbau gut ging, ging es auch dem Landstrich gut. Und wenn nicht, bot der Reichtum, der da unter dem Boden verborgen lag, ausreichend Anreiz, nach Möglichkeiten zu suchen, um in größere Tiefen zu gelangen oder das Wasser aus den Schächten zu pumpen. So haben viele technische Neuerungen des Bergbaus ihren Ursprung im Erzgebirge.

Bergbau und Hüttenwesen prägen über Jahrhunderte hinweg die ganze Region und tun es noch heute – nicht nur Wirtschaft und Brauchtum, sondern sogar Landschaft und Architektur.

Eine einmalige Konstellation, dank der Freiberg im Verbund mit fünf weiteren Kreisen beste Chancen hat, als „Montanregion Erzgebirge" den außerordentlich begehrten Status „UNESCO-Welterbe" zu erlangen. Noch in diesem Jahrzehnt soll das geschehen.

Weil sie oft vom Bergbau allein nicht leben konnten, entwickelten die Menschen ein besonderes Geschick, aus dem, was ihnen zur Verfügung stand, das Beste zu machen. Es gab Holz in den Wäldern, und so schnitzten sie, drechselten, bauten Spielzeug und Möbel. Sie hatten gelernt, die Kraft des Wassers in den Gruben zu nutzen, also nutzten sie sie auch, um Webstühle anzutreiben.

Auf den hügeligen Feldern in den oberen Gebirgsregionen findet man oft „Steinbuckel" – riesige Haufen von Steinen, die vom Boden abgelesen wurden, um dort pflügen und säen zu können. Ein Symbol dafür, dass die Menschen hier immer noch das Blut und die besten Eigenschaften ihrer Vorfahren, der Siedler, in sich tragen: die Fähigkeit, die Ärmel hochzukrempeln und anzupacken. Das stellten sie bei den gesellschaftlichen Umbrüchen der jüngeren Vergangenheit unter Beweis und nach der größten Naturkatastrophe hier seit Menschengedenken, dem verheerenden Hochwasser vom August 2002.

Die drei Altkreise Freiberg, Brand-Erbisdorf und Flöha vereinten sich 1994 zum Großkreis Freiberg und wuchsen zusammen, ohne ihre Eigenheiten aufzugeben. Rund 150.000 Menschen leben heute in dieser Region mitten in Sachsen. Obwohl der Kreis Freiberg mit mehr als 900 Quadratkilometern Fläche zu den größten in Sachsen gehört, überrascht die Vielfalt, die dort anzutreffen ist.

Dicht nebeneinander bestehen hier Minibetriebe, in denen fast vergessenes traditionelles Handwerk gepflegt wird, und Hightechfabriken, die auf dem Weltmarkt mitreden.

Die Region ist reich an Orten mit pittoresken Marktplätzen und Schlössern, an malerischen Auen, Bergen und Flusslandschaften. Es gibt beliebte, stark frequentierte Wanderwege und fast unberührte Natur mit seltenen Tieren und Pflanzen.

Mehr als 5.000 Denkmale werden hier erhalten – von historischen Bergbauanlagen bis zu den weltweit geschätzten Orgeln, die der Orgelbauer Gottfried Silbermann für etliche der hiesigen Kirchen schuf.

In vielen Betrieben und Forschungseinrichtungen werden mit der sprichwörtlichen Findigkeit der Sachsen hochinnovative Verfahren und Produkte entwickelt, die nicht selten Fachleute aus dem In- und Ausland zum Staunen bringen.

Den Besucher erwarten Freizeitangebote von Theater und reichem Konzertleben bis zum Urlaub auf dem Reiterhof, von der Orgelexkursion bis zum Abfahrtslauf bei Flutlicht in den Wintersportzentren.

All das hat nur Bestand durch die Arbeit vieler, die sich für ihre Heimat engagieren.

Es ist immer noch das Erbe der Siedler: zupacken und loslegen.

Ist es nicht das, was Heimat ausmacht – das, was man dort selbst erschaffen und bewahrt hat?

Auf den Spuren der Vorfahren: Jeden Sommer treffen sich rund 150 Enthusiasten zum „Historischen Besiedlungszug" durch die Region

Augustusburg

Die Krone des Erzgebirges - Schloss Augustusburg

Es war einmal ein Kurfürst, der sich so sehr um sein Reich kümmerte, dass ihn seine Untertanen „Vater August" nannten. Er sorgte dafür, das Land zu ordnen, das Gewerbe zu fördern und die leeren Kassen zu füllen. Für einen Fürsten war er recht sparsam, doch als er eines Tages einen großen Sieg errungen hatte, beschloss er, diesem Sieg und sich selbst ein Denkmal zu setzen, das alle Zeiten überdauern sollte. So rief er seinen besten Baumeister herbei und befahl ihm: Bau mir ein Schloss, so groß und schön, wie es bisher keines gab, und es soll stehen auf einem gewaltigen Berg, so dass es über das Land ragt und weit hin zu sehen ist. Und weil der Kurfürst die Jagd über alles liebte, sollte es ein Jagd- und Lustschloss sein. Der Baumeister hatte erst wenig Lust, den Auftrag auszuführen, denn er war schon siebzig Jahre alt, hatte viele andere Verpflichtungen und ahnte wohl auch, dass ihm der Bau des Schlosses kein Geld, sondern nur viel Ärger eintragen würde. Als ihn aber die Kurfürstin, die „Mutter Anna", ganz lieb bat, doch ihrem Gemahl diesen Wunsch zu erfüllen, erklärte er sich schließlich bereit. Und so entwarf er ein Schloss, wie es bis dahin im Land noch keiner gebaut hatte, und ließ es auf einem gewaltigen Berg errichten. Dort steht es noch heute stolz, gewaltig und weithin sichtbar.

Schloss Augustusburg krönt die weithin sichtbare Felsenkuppe, die sich zwischen den Tälern von Zschopau und Flöha erhebt. Es gibt nur wenige Schlösser, die sich ähnlich monumental und landschaftsprägend über ein solch großes Gebiet erheben wie die Augustusburg.

So märchenhaft ließe sich die Entstehung von Schloss Augustusburg beschreiben. Kurfürst August ließ es unmittelbar nach seinem 1567 errungen Sieg über die Ernestiner als Symbol seiner Macht errichten. Doch für den Baumeister Hieronymus Lotter war es kein Märchen, sondern ein Albtraum. Der knauserige Fürst wollte nicht einsehen, was so ein gewaltiger Bau kostet. Kurz vor der Fertigstellung feuerte er den Baumeister und erwies sich als Prototyp des zahlungsunwilligen Auftraggebers in der Baubranche. Der unglückliche Lotter sah von seinen verauslagten 15.000 Gulden nicht einen einzigen wieder und musste einen Großteil seines Besitzes verkaufen, um die Schulden zu begleichen.

Dennoch hat Lotter ein so monumentales Bauwerk geschaffen, dass es heute noch beeindruckt. Nicht nur wegen der exponierten Lage auf dem 516 Meter hohen Schellenberg - einer Quarzporphyrkuppe, wie akribische Chronisten immer wieder betonen -, sondern auch deshalb, weil es in deutschen Landen noch nie zuvor einen so klar gegliederten Vierflügelbau gegeben hat.

Heute lockt Schloss Augustusburg fast eine Viertelmillion Besucher pro Jahr.

„Deutschlandweit einmalig", schwärmt „Schlossherr" Werner Sieber. „Wo gibt es solche Vielfalt an Museen und Ausstellungen in einem Schloss?"

Als Geschäftsführer leitet er eine Schlossbetriebs-gGmbH, die unter dem Slogan „Die sehenswerten Drei" gleich drei bedeutende sächsische Schlösser verwaltet: Augustusburg, Lichtenwalde und Scharfenstein.

Hauptattraktion des Schlosses auf dem Schellenberg ist das Motorradmuseum, das sich rühmen kann, europaweit nicht seinesgleichen zu haben, sowohl was die Vielzahl der vorhandenen Zwei- und Viertakter betrifft als auch die hier versammelten Raritäten.

170 Motorräder sind über zwei Etagen ausgestellt, 800 weitere werden im Depot erhalten und permanent aufgearbeitet. Zu den besonderen Exponaten gehören ein Laufrad und ein Daimler Reitwagen von 1885, das erste wirkliche Motorrad der Welt. Berühmte Rennsportmaschinen, die komplette DKW-Reihe (für alle Nicht-Motorradfans: DKW steht für „Das kleine Wunder"), ausgefallene und fast vergessene Modelle aus aller Welt - die chromblitzenden Gefährte aus mehr als hundert Jahren Motorradgeschichte lassen nicht nur Biker-Herzen schneller schlagen.

Das Kutschenmuseum fasziniert mit prachtvollen Kaleschen, neben denen sich heutige Staatskarossen geradezu bescheiden ausnehmen. Zu den Prunkstücken der Kollektion gehört der aufs Feinste präsentierte goldgeschmückte Staatswagen, mit dem die Gesandten des sächsischen Hofes 1790 zur Kaiserkrönung Leopolds II. fuhren.

Sogar die Kollegen von der Wiener Hofburg würden davon schwärmen, wie die einmaligen Exponate in Augustusburg präsentiert werden, erzählt Werner Sieber stolz - „und die haben immerhin Europas größte Kutschensammlung!"

Im Schlosskerker, der übrigens schon beim Bau des Schlosses für die Arbeiter genutzt worden sein soll, die wegen zu schlechter Bezahlung meuterten, ist die Schau „Richter, Henker, Missetäter" zu sehen. Hier kann sich der Besucher angesichts originaler Folterwerkzeuge gruseln. Eine Ausstellung zur Jagd- und Schlossgeschichte und ein Museum für Jagdtier- und Vogelkunde komplettieren die ständigen Ausstellungen auf Augustusburg

Wer einen im Wortsinne lebendigen Eindruck von der alten, herrschaftlichen Jagd mit Beizvögeln gewinnen möchte, sollte sich die Flugschau im Adler- und Falkenhof im einstigen Bärengarten auf dem Schlossgelände nicht entgehen lassen. Die Falkner Michael und Eva Löbel haben mehr als dreißig Adler, Falken, Bussarde und Gänsegeier in ihrer Obhut. Von April bis Oktober führen sie die Tiere den Schlossbesuchern vor. Nach einer lautstarken Begrüßung durch die Weißkopf-Seeadler mitzuerleben, wie sich die mächtigen Greifvögel in die Höhe schrauben, den Sturzflug antreten und dann mit ausgebreiteten Flügeln zielsicher wieder auf dem behandschuhten Arm des Falkners landen, ist ein Anblick, der einem schon den Atem nehmen kann.

Schmausen mit dem Fürsten und kurfürstliche Hochzeitsgrüße

Dem jagdlustigen Kurfürsten kann man auf Schloss Augustusburg bei verschiedenen Gelegenheiten auch höchstpersönlich begegnen. „Zu Tafel mit Kurfürst August" ist ein kulinarisches Angebot im Augustuskeller, dessen Reiz nicht nur aus dem Sieben-Gänge-Menü besteht, sondern auch durch die amüsante Art und Weise, mit der Darsteller Matthias Brade in die Rolle seines Alter Ego schlüpft.

Aber auch Kurfürstin Anna, die Schlüsseldame Margarete von Rosen oder Hofmarschall Zacharias von Grünberg lassen sich regelmäßig auf dem Schlossgelände blicken. Für die Rolle des Hofmarschalls schlüpft Werner Sieber selbst in das dunkle Gewand mit Halskrause und Umhang. In dieser Rolle überbringt er auch oft die „Kurfürstliche Hochzeitsdepesche" an Jungvermählte, das Grußschreiben von „Vater August" für Braut und Bräutigam.

Die Augustusburg zählt zu den beliebtesten Orten für Eheschließungen in der Region. Rund 250 junge Paare pro Jahr geben sich hier in historischer Umgebung das Ja-Wort.

Auf eigenen Wunsch können sich die Jungvermählten von der Schlüsseldame noch ein paar taktische Hinweise für die Zeit nach den Flitterwochen geben oder sich in der Glücksschmiede vom Schmied zusammenschmieden lassen - sicher ist sicher!

Zu einer schönen Tradition ist es geworden, die Ehe mit einem Schluck Brunnenwasser zu besiegeln, das der Ehemann selbst aus dem 130 Meter tiefen Schlossbrunnen schöpfen muss.

Dieser Brunnen war so schwierig zu bauen, dass nach einiger Zeit der bekanntermaßen geizige Kurfürst die Zahlungen einstellte. Der damit beauftragte Freiberger Bergmeister Martin Planer beschloss, auf eigene Rechnung weiterzubauen, weil er von seinem Vorhaben überzeugt war. Er hatte schließlich auch Erfolg - und der Legende nach soll wenigstens er sein Geld vom Fürsten zurück bekommen haben.

Eine der viel erzählten Sagen, die sich um die Burg ranken, ist die von der eigenartig gewachsenen uralten Linde nahe dem Torhaus. Als ein Unschuldiger des Mordes angeklagt worden war, soll er ein Lindenbäumchen ausgerissen, verkehrt herum in die Erde gesteckt und geschworen haben, so wahr aus den Wurzeln Äste sprießen würden und umgekehrt, er habe das Verbrechen nicht begangen. Der Arme hatte den Strick schon um den Hals, als - hochdramatische Rettung in letztem Moment - ein Reiter heranpreschte und lauthals ausrief, dass die Linde zu grünen begonnen hatte.

Lotterhof und Rodelbahn

Der Lotterhof, den die Augustusburger auf ihrem Rundgang „1000 Schritte durch die Altstadt" so hervorheben, ist kein liederliches Haus, sondern war der Wohnsitz des schon erwähnten Hieronymus Lotter, als der hier den Bau der Augustusburg leitete. Lotter gilt als einer der bedeutendsten Baumeister seiner Zeit, hatte unter anderem den Bau des Leipziger Alten Rathauses, der Moritzbastei und der Pleißenburg geleitet. Für seine Arbeit an der Augustusburg hatte ihm der knickrige Kurfürst - wie bereits berichtet - zwar kein Geld gezahlt und auch noch die Rückzahlung eines großen Teils der Baukosten verweigert, aber die Bedingung gestellt, dass Lotter in der Nähe der Baustelle zu bleiben hatte. Gnädigerweise erteilte ihm der Knauser die Erlaubnis, für sein Haus Abbruchholz zu verwenden, das beim Abriss der alten und teilweise zerstörten Schellenburg aus dem 13. Jahrhundert anfiel, die dem Schlossneubau weichen sollte.
Heute beherbergt der Lotterhof eine Galerie, eine Malschule, Wohnungen und Ferienwohnungen.

Einige der Straßennamen in der schönen Altstadt haben sich übrigens nicht wie anderswo im Laufe der Zeit einfach so ergeben, sondern wurden auf kurfürstlichen Befehl eingeführt. Augusts Nachfolger Christian I. kam nämlich ebenso gern und oft wie sein Vorgänger mit riesigem Gefolge zu Hof- und Jagdfesten hierher. Dienerschaft und Pferde wurden auch in der Stadt untergebracht, und damit alle wieder auffindbar waren, ordnete er an, auch den schmalen Wegen Namen zu geben - so berichtet die Stadtchronik.
Die enge und vielfältige Verbindung zwischen Burg, Schloss und Stadt führte sogar zu dem Kuriosum, dass Augustusburg erst 1999 sein hundertjähriges Bestehen feierte, obwohl der Ort schon 1206 urkundlich belegt ist - allerdings als „Shellenberc".
Nach Fertigstellung des Schlosses wurde schon einmal der Name Augustusburg eingeführt, später hieß es wieder Schellenberg und ab 1. Juli 1899 per Ministeriumserlass erneut Augustusburg. Die Verwirrung wird umso größer, wenn man weiß, dass es heute immer noch ein Schellenberg gibt, aber das gehört nun zu Leubsdorf.

Härtetest beim Bikertreff

Jedes Jahr Anfang Januar ist Schloss Augustusburg der angesagte Treff für Motorradfans aus ganz Deutschland Schließlich zeigt ein echter Biker Härte - und was wäre besser dazu geeignet als ein Wintertreff bei Eis und Schnee mit Übernachtung im Zelt? Im Sommer fahren kann schließlich jeder.

Mittlerweile kommen jährlich eineinhalb- bis fast zweieinhalbtausend Motorradfans aus ganz Deutschland, der Schweiz, Frankreich und Tschechien hierher, um ihre aufgerüsteten heißen Maschinen oder akribisch gepflegten Zweiradklassiker zu zeigen.

Das eigentliche Treffen ist immer für Sonnabend angesetzt, doch die meisten Biker kommen schon am Donnerstag oder Freitag, manche sogar schon am Mittwoch, um in Augustusburg ihre Zelte aufzubauen.

Das Treffen lockt nicht nur Harley-, Honda- und Schwalbefans, sondern Jahr für Jahr zwischen 10.000 und 16.000 Schaulustige. Die wollen nicht nur die Maschinen betrachten, sondern auch die urigen Typen, die sie fahren und sich selbst im strengsten Winter noch mit Glühwein warm halten, um die Nacht im Zelt zu überstehen - klaglos natürlich.

Das erste Treffen fand übrigens schon 1971 statt, damals noch streng reglementiert und mit 181 Teilnehmern. Seit Anfang der neunziger Jahre ist das Treffen offen und inzwischen aus allen Nähten geplatzt.

Die Oldtimertreffen im Herbst zählen zu den jährlichen Attraktionen auf Schloss Augustusburg. Darüber hinaus finden hier regelmäßig Konzerte und viele andere attraktive Veranstaltungen statt - von orientalischen Märchennächten bis zum „Feuerzauber" des Mittelsächsischen Kultursommers.

Treten, treten! Der steile Berg zum Schloss Augustusburg ist eine echte Herausforderung für die Rennfahrer bei der Sachsenrundfahrt.

Sommerfrische, Wintersport

Jahrhundertelang war die Weberei Haupterwerbszweig in Augustusburg. Doch mit der Industrialisierung kam das Ende der Handweberei. Augustusburg entwickelte sich zu einem Kur- und Ausflugsort. Schon vor hundert Jahren kamen betuchte Chemnitzer hierher in die Sommerfrische und ließen sich Villen bauen.

Die Stadt mit allen ihren Stadtteilen liegt im waldreichen Landschaftsschutzgebiet „Augustusburg-Sternmühlental". Seit vielen Jahren schon engagiert sich ein sehr aktiver Arbeitskreis für den Natur- und Heimatschutz. Seine Mitglieder pflanzten zum Beispiel Bäume, bauten die Schutzhütte am Kunnerstein und das Wasserrad im Sternmühlental.

Wer nicht durch den Kurpark oder das schöne Tal wandern will, sondern auf schnellere Vergnügungen aus ist, hat am Ski- und Rodelhang „Rost´s Wiesen" beste Gelegenheit: in der warmen Jahreszeit auf der Sommerrodelbahn oder mit Gras-Ski, im Winter am Lift. Mit Nachtslalom, Ski- und Snowboardschule, Wettkämpfen, Skifasching und Aprés-Ski-Partys wird dort die Tradition von Augustusburg als ein guter Platz für Wintersport erfolgreich wiederbelebt.

Männelschau und 25 Fensterchen

Mit einem riesigen Adventskalender und vielen weihnachtlichen Attraktionen locken die Augustusburger in der Weihnachtszeit in ihr romantisches Städtchen. Sie nehmen sogar in Anspruch, ihr Adventskalender sei mit 5,50 Meter Breite und 4,10 Meter Höhe der größte seiner Art. In der Weihnachtszeit ein echtes Wahrzeichen der Stadt geworden, verbindet er gleich zwei Markenzeichen des Erzgebirges miteinander: Schwibbogen und Pyramide. Mit Sicherheit jedenfalls dürfte es der einzige Adventskalender sein, der 25 Fenster hat.

Dafür gibt es eine einfache Erklärung. Vom 1. bis 24. Dezember wird täglich zehn Uhr ein Fenster geöffnet, hinter denen sich zum Teil sogar bewegliche Symbole und Figuren verbergen. Da aber der 1. Advent oft nicht mit dem 1. Dezember identisch ist, wurde ein zusätzliches Fenster geschaffen, das jährlich schon bei der feierlichen Aufstellung am 1. Advent geöffnet werden kann.

Auf die Rolle des Weihnachtsmannes abonniert ist übrigens der Augustusburger „Hans-Dampf-in-allen-Gassen" Sigfried Kempe, der als Vereinsvorsitzender, ehrenamtlicher Sportreporter und Moderator bei vielen Sportveranstaltungen in seiner Stadt bestens bekannt und beliebt ist.

Jedes Jahr am 3. Advent lädt der „Augustusburger Männelmarkt" ein, ein Spezialmarkt für weihnachtliche Volkskunst aus dem Erzgebirge. Neben vielen kunsthandwerklichen Verkaufsangeboten und Kulinarischem aus regionaler Küche gibt es die Möglichkeit, Handwerkern einmal beim Spinnen, Kerzendrehen und vielen anderen alten Techniken über die Schulter zu schauen.

Die Erdmannsdorfer - ein badelustiges Völkchen

Auf eine mehr als 800-jährige Geschichte kann der Augustusburger Ortsteil Erdmannsdorf zurückblicken. Wie viele andere Orte wurde er in der zweiten Hälfte des 12. Jahrhunderts von Bauern errichtet, die als Siedler aus Franken oder Thüringen kamen. Mehrfach gab es auch hier Versuche, nach Silbererz zu graben, doch die blieben erfolglos - zumindest in Bezug auf Silber. Dafür wurden in der Nähe Graphit und Alaun gefunden und abgebaut.

Die Ortschronik, die anlässlich der 800-Jahr-Feier 1996 herausgegeben wurde, schildert auch ein paar originelle Verfahren, um das Badewesen in Erdmannsdorf zu entwickeln. So gab es Anfang des 18. Jahrhunderts eine Badestube im gleichen Gebäude wie die Backstube des Herrenhauses, in der das Badewasser mit der Wärme des Backofens erhitzt wurde. Hundert Jahre später errichtete der Hammerwerkspächter ein Badehäuschen neben dem Eisenhammer, in dem das Badewasser durch die glühenden Schlacken aus dem Hammerwerk erhitzt wurde.

Später wurde neben der Mühle im Mühlgraben ein „überbautes Kalt-Wasserbad" errichtet. Darin konnten sogar mit Hilfe der Mühlräder Wellen erzeugt werden!

Vor reichlich hundert Jahren dann wurde am Ufer der Zschopau ein Flussbad gebaut. Als in den zwanziger Jahren das Freibaden immer mehr in Mode kam, sprengte der Andrang dort alle Dimensionen. Es gab Garderoben für 1.200 Personen, berichtet die Chronik.

1973 erbauten „sozialistische Feierabendbrigaden" das schöne Freibad an der Plauener Straße, das heute noch die Badelustigen einlädt. Dass das möglich ist, geht wiederum auf eine gute Idee und vor allem viel Risikobereitschaft von ein paar wagemutigen Erdmannsdorfern zurück.

Weil das Bad jährlich ein 60.000 Mark-Loch in die Kasse riss, wollte die Gemeinde es 1997 schließen. Fünf Erdmannsdorfer Gewerbetreibende sagten da: Lasst uns einmal etwas ausprobieren. Sie erklärten sich bereit, das Bad versuchsweise für eine Saison zu bewirtschaften, und nachdem das gut funktioniert hatte, kauften sie es im Jahr darauf zum symbolischen Preis von einer Deutschen Mark. Seitdem betreiben sie es gemeinsam als einziges privat geführtes Bad im Umkreis.

„So etwas ist immer ein Zuschussgeschäft, aber wir haben von den nötigen Umbauten und Investitionen sehr viel in Eigenleistung gemacht. Das ging, weil uns sehr viele Sympathisanten aus dem Ort geholfen haben", meint Tino Zschorn, einer der fünf Gesellschafter. So entstanden unter anderem ein Biergarten, drei Beach-Volleyballplätze, zweieinhalbtausend Quadratmeter Sandstrand, ein FKK-Bereich, neue Sanitäranlagen und weitere kostenlose Parkmöglichkeiten für die Besucher. Eigeneinnahmen, zinslose Kredite von Geschäftspartnern und Wirtschaftsdarlehen halfen, auch den neuen Filter und die Solaranlage zu finanzieren. Im Rekordsommer 2003 zählte das Bad 50.000 Besucher, der Durchschnitt sonst liegt bei 30.000.

„Es ist eine Riesenverantwortung", sagt Tino Zschorn, der das alles wie seine Mitstreiter ehrenamtlich auf sich genommen hat. „Wenn mich noch einmal jemand fragen würde, ob ich ein Bad übernehmen will, würde ich, so schnell mich meine Beine tragen, wegrennen." Aber das meint er wirklich nicht ernst. Für ihn und seine Mitgesellschafter bedeutet das Bad eine Menge Arbeit und auch Risiko, aber sie können stolz sein auf das, was sie geschafft haben.

Mit der Drahtseilbahn nach Augustusburg

„Besuchen Sie die Lady" - so wirbt der „Verein zur Erhaltung der Drahtseilbahn Erdmannsdorf - Augustusburg". Die Lady ist schon recht betagt, aber durchaus rüstig, und ihr Alter macht wie bei vielen reiferen Damen einen beträchtlichen Teil ihres Charmes aus.

Schon vor mehr als hundert Jahren kam die Idee auf, angesichts des sich entwickelnden Fremdenverkehrs die Stadt Augustusburg, die keinen Gleisanschluss hatte, an den Bahnhof Erdmannsdorf anzubinden. Doch da wegen des beträchtlichen Höhenunterschieds nur eine Bergbahn in Frage kam, dauerte es noch bis 1911, dass endlich die eingleisige, 1000-Millimeter-Drahtseilbahn (die eigentlich eine Standseilbahn ist) in Betrieb genommen werden konnte. Nach abgeschlossener Rekonstruktion fährt die „Lady" seit 1998 computerüberwacht ohne Fahrer und wird von einem einzigen Fachmann vom Leitstand der Bergstation aus gesteuert.

Die beiden Wagen sind originalgetreue Kopien ihrer Vorgänger von 1911. In acht Minuten überwindet die Drahtseilbahn auf rund 1237 Metern Strecke mehr als 168 Meter Höhenunterschied, schafft dabei Neigungen von mehr als 20 Grad. Eine tolle Leistung für eine alte Dame!

Sonnige Zeiten

Mit einer innovativen Idee ist die Erdmannsdorfer Buschbeck Solar GmbH dabei, den Markt in ihrer Branche umzukrempeln. „Solardach statt Dachziegel" ist ihr Prinzip, das die Installation von Solaranlagen deutlich kostengünstiger macht, wenn ohnehin das Dach erneuert werden müsste - denn ihre Solarmodule ersetzen die Ziegel. Was 1998 mit vier Mitarbeitern in einer Doppelgarage begann, ist inzwischen eine dynamisch wachsende Firma geworden, aus deren Produktion pro Jahr zigtausende Quadratmeter Kollektorfläche auf Dächern im In- und Ausland montiert werden.

Dicke Stricke

Seilermeister Klaus Bauer ist Chef des Familienbetriebes „Seil-Sport Bauer" in Erdmannsdorf. Bereits in der fünften Generation werden in dem Handwerksbetrieb Seile produziert.

Früher wurden hier hauptsächlich Antriebsseile für Spinnereimaschinen hergestellt. Doch heute hat sich die Firma auf Seile und Netze für den Freizeit- und Spielbereich spezialisiert. Bis nach Griechenland, Zypern und die Schweiz exportiert Seil-Sport Bauer seine Erzeugnisse, zu denen unter anderem Kletterseile aus Naturfasern für Turnhallen, synthetische Seile und Netze für Kinderspielplätze sowie Sportsicherheitsnetze gehören.

Auf dem Bild kontrolliert der Meister gerade die Qualität eines Starkseiles, das für die Wackelbrücke eines Kinderspielplatzes in Belgien bestimmt ist.

Das kleine Wunder von Hennersdorf

Mit nur 360 Einwohnern war das malerisch direkt am Hang des Schellenberges gelegene Hennersdorf die kleinste selbstständige Gemeinde im Kreis Freiberg, bis es sich 1999 Augustusburg anschloss. Dass aber auch Kleine ganz groß sein können, zeigte sich einmal mehr, als Hennersdorf 1998 mit dem Europäischen Dorferneuerungspreis ausgezeichnet wurde.

Diese Anerkennung hat auch mit dem zu tun, was in der Alten Spinnerei in Hennersdorf geschah.

Die gehört zu den ältesten Spinnereien Sachsens, beherbergte zu DDR-Zeiten einen Holzverarbeitungsbetrieb, in dem unter anderem sogar Importwaren für den schwedischen Möbelgiganten IKEA produziert wurden. Als der Betrieb, der einzige Arbeitgeber im Ort, gleich nach der politischen Wende die Produktion einstellte, waren die Folgen für die Menschen im Ort dramatisch.

Hoffnung kam auf, als schon 1991 die Jesus-Bruderschaft im hessischen Gnadenthal anbot, hier ein Werk- und Studienzentrum als Zweigstelle einzurichten.

„Uns ging es vor allem um die Arbeitsplätze, um Hoffnung für die Menschen", erinnert sich Ruth Hanke, die der Glaubensgemeinschaft angehört und seit 1996 in Hennersdorf tätig ist. „Die damalige Bürgermeisterin, Frau Jugelt, war sehr offen und hat es uns sehr leicht gemacht."

Inzwischen arbeiten in der Schreinerei wieder fünfzig Menschen, fertigen Tresen und Sanitärausstattungen aus marmorähnlichem Kunststoff.

Die frühere Produktionshalle der alten Spinnerei ist zu einem hellen, freundlichen Haus umgebaut, in dem Wohnungen, Schulungsräume, eine kleine Kapelle und Gästezimmer für Seminarteilnehmer oder Menschen untergebracht sind, die Ruhe und Besinnung suchen. Das Erdgeschoss ist nun eine große, lichtdurchflutete Halle. Hier finden Konzerte, Lesungen und Gesprächsrunden, aber auch Hochzeiten und andere Familienfeiern statt.

„Vieles organisieren wir zusammen mit dem Heimatverein", erzählt Ruth Hanke. „Wir wollen wirklich ein Begegnungszentrum sein - vor allem zwischen Ost und West." Die Veranstaltungen sind gut besucht, Interessenten kommen nicht nur aus dem Ort. Besonders beliebt ist der „Ehe-Verwöhntag" am Buß- und Bettag für Ehepaare, die sich wieder einmal etwas mehr Zeit füreinander nehmen wollen.

Der Vergleich zwischen den Fotos von der alten, entkernten Halle und dem ansprechenden Neubau lässt ein vages Gefühl dafür aufkommen, wie viel Arbeit und Engagement in diesem Werk stecken. „Wir beten fünfmal am Tag. Ohne das hätten wir es wohl nicht geschafft", meint Ruth Hanke nachdenklich.

Ruth Hanke und Schwester Magdalena gehören zu den Mitgliedern der Jesus-Bruderschaft Gnadenthal, die in Hennersdorf wieder für Arbeit und Hoffnung gesorgt haben.

Bedeutendstes Bauwerk in Hennersdorf ist die überdachte Holzbrücke über die Zschopau von 1840. Die denkmalgeschützte Rarität wurde 1995 rekonstruiert und nach siebenmonatiger Bauzeit wieder für den Verkehr freigegeben. Sie ist eine von nur vier erhaltenen Holzbrücken im Regierungsbezirk Chemnitz. Ein ähnliches Bauwerk befindet sich ganz in der Nähe in Hohenfichte.

Die Grünberger feiern gern gemeinsam

„Wenn die Grünberger feiern, dann feiern alle" - mit dieser prägnanten Formel beschreibt Klaus-Peter Drechsel das kulturelle Leben im Ort. Er muss es wissen, denn er hat zusammen mit weiteren engagierten Mitstreitern mehrere Dorffeste aus der Taufe gehoben oder wiederbelebt. Zum Beispiel die Walpurgisnacht. Seit 1998 wird dort alljährlich am 30. April, ein „ganz normales Hexenfeuer" angezündet, wie er sagt - was immer normal an einem Hexenfeuer sein mag. Im gleichen Atemzug räumt er ein, die praktisch veranlagten Grünberger hätten das zugleich als gute Gelegenheit gesehen, die Reste vom Baumbeschnitt zu entsorgen. Aber der Spaß an der Sache muss überwogen haben, denn seitdem kommen bei rund 450 Einwohnern im Ortsteil regelmäßig zwischen 350 und 500 zu dem Fest. Ähnliches gilt für das Herbstfest auf dem Sportplatz mit Fackel- und Lampionumzug und Lifemusik im Festzelt, und auch der wieder ins Leben gerufene Weihnachtsmarkt auf dem Vorplatz der alten Schule am 4. Advent ist jedes Mal gut besucht.

Inzwischen organisiert der Kultur- und Traditionsverein des Ortes diese Feste, der sich 2003 mit Blick auf die 800-Jahr-Feier Grünbergs 2005 gegründet hat.

Die Vereinsfeste bieten jedes Mal auch eine prima Auftrittsmöglichkeit für die „Grünberger Tanzmäuse", die Kindertanzgruppe des Ortes.

Nicht nur mit malerischen Fachwerkhäusern und Dreiseiten-Höfen sondern auch einer geologischen Besonderheit, dem „Eisenstein" macht Grünberg auf sich aufmerksam. Diese Felskuppe ist teilweise rotbraun. Was aussieht wie Rost ist auch welcher; die Ursache der auffälligen Färbung ist der hohe Eisengehalt im Gestein.

Entdeckt in Kunnersdorf

Zu den Besonderheiten von Kunnersdorf gehört das Haus Dittmannsdorfer Straße 7. Es wurde schon 1927 von der Firma Christoph Unmack in Niesky als Fertigteilhaus gebaut und ist ein frühes Zeugnis solcher industriemäßig gefertigten Konstruktionen.

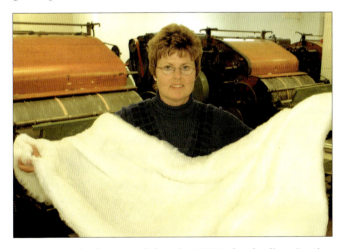

In Kunnersdorf entstand bereits 1859 durch die günstige Möglichkeit zur Ausnutzung der Wasserkraft eine Vlies- und Verbandwattefabrik. Das Traditionsunternehmen ist heute unter dem Namen Flexitex Uhlmann GmbH am Markt etabliert.

Bobritzsch
Eisvögel und Narren am Biberfluss

Die Landschaft um Bobritzsch ist nicht nur reizvoll, sondern auch etwas ausgefallen: eine „Steinkuppenlandschaft", hügelig mit felsigen Kappen und Restwäldchen, wie man sie in Sachsen nur selten findet.

Eine gute Infrastruktur, ein reges Vereinsleben - kein Wunder, dass die Gemeinde entgegen dem Trend im letzten Jahrzehnt deutlich zunehmende Einwohnerzahlen zu verzeichnen hat.

Bobritzsch verdankt seinen Namen dem Fluss, der sich durch das Dorf schlängelt. Und der nach landläufiger Deutung den Bibern, denn „Bobrica" heißt auf Sorbisch Biberfluss. Die Dammbauer sind im 19. Jahrhundert nur knapp der Ausrottung entgangen. In früherer Zeit waren sie sehr häufig und wegen ihres Fells und Fleisches ein begehrtes Jagdobjekt.

Umgangssprachlich nennen die Einheimischen den sprudelnden, kristallklaren Fluss aber nur „Bober" oder „Boberbach", was an das Phänomen erinnert, dass es in der Gegend „die Bach" und nicht „der Bach" heißt - warum auch immer.

Die Bobritzsch war schon immer sehr fischreich. Alte Chroniken erwähnen Aale, Forellen, Krebse und vieles mehr. Die gibt es heute immer noch in dem Fluss, meint André Günther vom Naturschutzinstitut Freiberg, der die Flora und Fauna im Freiberger Land ausgiebig untersucht hat. Er weiß sogar zu berichten, dass an der Bobritzsch wieder Biber gesichtet wurden - allerdings nur auf der Wanderung.

„Ihr Vordringen ist nicht unwahrscheinlich, da sich die Biber an der Zwickauer Mulde wieder ansiedeln", erzählt er. Aber dass sie dauerhaft am „Biberfluss" bleiben könnten, hält er vorerst für weniger wahrscheinlich. Noch sind die Biber so rar, dass sie sich die besten Stellen als dauerhafte Heimat aussuchen können, und das sind für sie ruhigere, breitere Flussläufe.

Dafür hat sich im Bobritzschtal seit Anfang der achtziger Jahre der Rotmilan wieder angesiedelt, der einmal sehr selten war.

Und etwas weiter, in Richtung Krummenhennersdorf und Reinsberg, hat die Bobritzsch zwei sehr selten gewordene Vogelarten angelockt, die beide sehr klares, schnell fließendes Wasser brauchen: Wasseramsel und Eisvogel. Dass es beim buntschillernden Eisvogel auch an der Bobritzsch sehr starke Bestandschwankungen gibt, ist nach Auskunft von André Günther normal. „In langen Frostperioden verunglücken sehr viele, wenn sie blitzschnell ins Wasser tauchen, um kleine Fische zu fangen. Aber das können die Eisvögel schnell aufholen, weil sie bis zu dreimal im Jahr brüten."

Gebänderte Prachtlibelle, Kleiner Schillerfalter

Besonders artenreich sind Flora und Fauna im schönen Bobritzschtal.

Kuckuckslichtnelke *Heide-Nelke* *Hain-Wachtelweizen*

Das Wasser der Bobritzsch trieb einst mehr als ein Dutzend Korn-, Öl- und Sägemühlen an. Heute noch in Betrieb ist die Ölmühle Oberbobritzsch. Sie ist nicht nur begehrtes Ausflugsziel zum Mühlentag oder zum Tag des offenen Denkmals. Hier wird noch auf traditionelle Art gewonnenes Öl in vielen Sorten verkauft - vom geschätzten Leinöl bis hin zu Sesamöl und Distelöl. Die Ölmühle ist auch Großlieferant für Firmen wie Soli fer in Freiberg, die ihren Fuhrpark auf ölbetriebene Autos umgerüstet haben und aus dem Fass auf dem eigenen Firmenhof betanken.

Seit vielen Jahren Anlaufpunkt für Kleingärtner: die Süßmost- und Weinkelterei Eichhorn in Niederbobritzsch. Entstanden ist sie schon vor fast hundert Jahren aus einem Hobby des damaligen Bürgermeisters Eichhorn. Seit 1882 führt Rainer Reichelt den Betrieb - hier an der Beerenmühle mit roten Johannisbeeren.

Nach der Flut kam eine Welle der Hilfsbereitschaft

Bobritzsch gehörte neben Flöha, Mulda, Rechenberg-Bienenmühle und Lichtenberg zu den Orten, die vom Jahrtausendhochwasser im August 2002 besonders betroffen waren. Etliche Häuser waren auch hier bis in den zweiten Stock überschwemmt. Ganze Straßenabschnitte wurden unterspült und weggerissen, Brücken zerstört.
Nachbarn, Freunde und Bewohner der nicht betroffenen Ortslagen halfen beim Aufräumen - wie hier im Bild in Naundorf.

Hilfe kam aber oft auch von unerwarteter Seite. Das zeigte sich nicht zuletzt beim Wiederaufbau einer Kindertagesstätte. Kindergarten und -krippe waren von der Flut schwer in Mitleidenschaft gezogen worden und konnten nicht mehr genutzt werden. Für den Wiederaufbau gab es nicht nur 1,5 Millionen Euro staatliche Hilfe, sondern kamen insgesamt mehr als 620.000 Euro Spenden; vom 10 Euro-Schein bis zu einem sechsstelligen Betrag.
Das ermutigte auch die Gemeinde beträchtlich. Sie brachte den nötigen Eigenanteil auf und schuf etwas völlig Neues: Da das Gebäude der Grundschule ohnehin so sehr sanierungsbedürftig war, dass die Kinder zeitweise in Hilbersdorf zur Schule gehen mussten, wurde es so umgebaut, dass nun unter einem Dach Kinderkrippe, Kindergarten, die einzügige Grundschule und der Schulhort untergebracht sind. Im Juni 2004 hielten die Steppkes von null bis elf Jahren Einzug in dem schönen neuen Haus, das nun eine Ganztagsbetreuung mit besten Bedingungen anbieten kann.

Das närrische Volk vom Bobritzscher Faschingsclub BFC ist dabei, den Ort für sich zu erobern. Was ein paar Enthusiasten 1999 in Angriff nahmen, hat mittlerweile Groß und Klein angesteckt. Dabei haben die Bobritzscher ihrem karnevalistischen Treiben eine besondere Note verpasst: Alljährlich am Sonntag vor dem Rosenmontag organisieren sie einen Faschingsumzug durchs Dorf.

Für die Oberbobritzscher Kirche baute Sachsens berühmter Orgelbaumeister, der hochgeschätzte Gottfried Silbermann, zwischen 1715 und 1716 eine Orgel. Sie war eines seiner frühen Werke, nicht einmal zwei Jahre nach der Fertigstellung der großen Freiberger Domorgel vollendet. 1915/16 wurde das Instrument komplett umgebaut, so dass man weder weiß, wie sie ausgesehen noch wie sie geklungen hat. Da auch kein Vertrag über den Bau erhalten ist, sind nicht einmal Auftraggeber und Kaufpreis bekannt.

Schöne und starke Pferde in Sohra

Den selten gewordenen Beruf des Holzrückes hat der Sohraer Robert Schmidt für sich ausgewählt. Mit seinen Pferdegespannen holt er Holz aus dem Wald - von dort, wo schwere Technik nicht hindurch kommt oder den Boden zu sehr zerwühlen würde.

Dafür hält er die sehr selten gewordenen schweren Tiere der Rasse Sächsisches Kaltblut, denn für diese Arbeit braucht er nicht nur kraftvolle Tiere, sondern auch solche, die entschlossen genug sind, durchs Unterholz zu gehen. Nicht nur in Sachsen, sondern sogar in Hessen und Bayern war Robert Schmidt schon im Einsatz, vor allem in Trinkwasserschutz- und Erholungsgebieten.

Bild unten: Das Hauptgebäude der Sohrmühle ist wieder schön hergerichtet. Hier werden schon seit längerem Pferde gezüchtet und Reiter ausgebildet.

Die Naundorfer bestehen drauf: „Der Mittelpunkt Sachsens liegt auf unserer Flur!"

Dass die Naundorfer zu den größten Fans der beliebten Fernsehsendung „Außenseiter - Spitzenreiter" gehören, hat gute Gründe. Denn als das Team von Hans-Joachim Wolfram („Bleiben Sie immer schön neugierig!") 1994 der Frage nachging, wo eigentlich der geografische Mittelpunkt Sachsens liegt, führte sie das genau ins Naundorfer Forstrevier. Ein Geodät aus Dresden hatte die genauen Koordinaten ermittelt: 13 Grad 27,5´ östlicher Länge und 50 Grad 55,5´ nördlicher Breite.

„War ein gewaltiger Auflauf", erinnert sich Naundorfs Ortschronist Horst Hermsdorf, der sich das Ganze natürlich nicht entgehen lassen konnte.

Unter den stolzen Blicken von rund 200 Anwohnern machte das Fernsehteam eine eindrucksvolle Zeremonie daraus und enthüllte vor der „Diebeskammer" - dem Ort, wo einst der gefürchtete Räuber Lips Tullian seine Beute versteckt haben soll - eine Stele mit der Inschrift „Mittelpunkt des Freistaates Sachsen". Der damalige Innenminister Heinz Eggert, Kurfürst August der Starke und Räuberhauptmann Lips Tullian sorgten für die angemessen prominente Besetzung des historischen Ereignisses.

Seit einigen Jahren führt Horst Hermsdorf alljährlich die Sternwanderung durch Naundorf zum Mittelpunkt Sachsens an, die sich großer Beliebtheit erfreut. Zur Tradition gehört es mittlerweile auch, dass der Bürgermeister mit von der Partie ist und der Gemischte Chor Naundorf/Niederbobritzsch dabei einen Auftritt absolviert.

Allerdings ist der Ruhm Naundorfs nicht unangefochten. Denn die Nachbargemeinde Hartha führt mit Vehemenz ins Feld, dass die geografische Mitte Sachsens zwar durchaus im Forstrevier Naundorf liege, jedoch in der Gemarkung Grillenburg, und die gehört wie ganz Hartha nun zum Tharandter Stadtgebiet. Die Harthaer ließen sich die Bezeichnung „Kurort Hartha - Mittelpunkt Sachsens" sogar patentrechtlich schützen.

Dafür haben Horst Hermsdorf und mit ihm die Naundorfer in einmütiger Geschlossenheit nur ein müdes Lächeln übrig. „Wir sehen das ein bisschen anders", meint der Ortschronist und kann das auch gleich begründen: „Der Mittelpunkt Sachsens liegt im Tännichtgrund und der gehört zu Naundorf. Von Hartha aus ist der Punkt nur schwer zu erreichen, es wären auch 17 Kilometer Luftlinie bis dahin. Von Naundorf hingegen führen gleich zwei wunderschöne Wanderwege zur Diebeshöhle und zum Mittelpunkt. Man ist in einer Viertelstunde da - ganz bequem zu laufen, entweder am Bad vorbei oder entlang der alten Kleinbahnstrecke auf halber Höher durchs Colmnitztal." Deshalb und weil sich der ganze Streit nur um zwanzig Meter dreht, bleibt´s für die Naundorfer dabei: „Der Mittelpunkt Sachsens ist unser!"

Eine echte Räuberpistole

Naundorf nimmt für sich auch den schaurigen Ruhm in Anspruch, dass hier einst einer der gefürchtetsten Räuber Sachsens sein Unwesen getrieben hat: der berüchtigte Lips Tullian. Der war ein Räuberhauptmann von internationalem Rang, wie man heute sagen würde, und hatte seine Gangsterkarriere damit gestartet, Kirchen in Prag auszurauben. Nachdem er seine Geschäftstätigkeit auf Sachsen ausgeweitet und auch hier einige Gotteshäuser geplündert hatte, absolvierte er einen spektakulären Coup. Er erleichterte den italienischen Gesandten, der am Altmarkt in Dresden wohnte, um das komplette Silbergeschirr. Tullian wurde verhaftet, brach aus und von da an - wir schreiben inzwischen das Jahr 1703 - war vor ihm und seiner Bande keine Kirche in Sachsen mehr sicher. Als er nach fünf Jahren schwerster Haft in Leipzig wieder flüchten konnte, fanden er und seine wilde Bande Zuflucht in der Gegend um Naundorf. Ein Michael Schmid oder Schmied aus Niederbobritzsch soll die Diebesbeute der Bande verscherbelt und den Räubern Unterschlupf gewährt haben.

Ein paar Gehminuten von Naundorf entfernt ist die schon erwähnte „Diebeskammer", eine Höhle, die inzwischen zugeschüttet ist, aber den Räubern als Versteck für ihre Beute gedient haben soll. Heute noch kursieren die verrücktesten Dinge von den Schätzen, die dort verborgen gewesen sein sollen.

Gehaust haben die Räuber nicht in der Höhle, ist sich Ortschronist Horst Hermsdorf sicher. Sie versteckten sich lieber bei ihren Verbündeten in der Umgebung, zum Beispiel bei den Gastwirten, die ihre Beute unter die Leute brachten und ihren Gästen bestimmt auch diesen oder jenen gewilderten Braten servierten.

Und obwohl Lips Tullian wirklich ein gefürchteter Bandit war, der bei der Wahl seiner Opfer nicht zimperlich gewesen sein muss, ist sein Ruf in Naundorf besser als anderswo. „Er war sehr trinkfest, ein Frauenheld und immer gut gekleidet", berichtet Horst Hermsdorf. Er muss es schließlich wissen, denn dieses Bild ist im Ort über Generationen von jenen überliefert worden, die den Räuberhauptmann kennen gelernt hatten. Bei der vergleichsweise freundlichen Beurteilung durch die hiesigen Zeitgenossen mag auch eine Rolle gespielt haben, dass Tullians Bande bei ihren Raubzügen die nähere Umgebung von Naundorf wohlweislich verschonte.

Dennoch fand der Räuber ein unrühmliches und ihm angemessen spektakuläres Ende. Als er 1710 ohne Papiere eines der Freiberger Stadttore passieren wollte und bei dem daraus folgenden Handgemenge einen Mann niederstach, wurde er gefasst, eingesperrt und wenig später nach Dresden überführt. Im Freiberger Rathaus können noch die Kerker besichtigt werden, in denen er seinem Ende entgegen sehen musste. Am 8. März 1715 wurden Lips Tullian und einige seiner gefürchtetsten Spießgesellen in Dresden hingerichtet - vor mehr als 20.000 Zuschauern!

Nun ist hinlänglich bekannt, dass Hinrichtungen zu jener Zeit zu den beliebtesten Veranstaltungen gehörten, schließlich waren Fernsehen und Fußballstadien noch nicht erfunden. Die Kerkerausstellung auf Schloss Augustusburg berichtet sogar, dass manche Städte gelegentlich einen Todeskandidaten „importierten", wenn sie ihren Bürgern längere Zeit keine Hinrichtung zu bieten hatten. Doch wenn diese Hinrichtung 20.000 Zuschauer anlockte, muss der Name Lips Tullian tatsächlich noch nach fünf Jahren Kerker Angst und Schrecken verbreitet haben.

Oder bestand - angesichts der Berichte der Altvorderen - das Publikum zum beträchtlichen Teil aus heimlichen Verehrerinnen?

Lips Tullian im Kerker,
an Hals, Händen und Füßen festgeschmiedet

Brand-Erbisdorf
Alte Bergstadt „ufm Brande"

In der Bergstadt Brand-Erbisdorf spürt man auf Schritt und Tritt, wie acht Jahrhunderte fast ununterbrochener Bergbau die Stadt und ihre Menschen geprägt haben. Man sieht es nicht nur an der Bergmannsfigur auf dem schönen Marktplatz und vielen anderen Details im Stadtbild, an Straßennamen, der Halde mitten im Stadtgebiet und den vielen sorgfältig bewahrten bergbaulichen Anlagen in der Umgebung. Hier grüßen vor allem die Älteren noch ganz selbstverständlich mit „Glück auf!"
So nimmt es nicht Wunder, dass es in den Brander Sagen vor allem um Berggeister geht, die den ehrlichen Bergmann belohnen oder vor drohender Gefahr warnen, um geheimnisvolle Gestalten, die den Tod des Obersteigers anzeigen oder um die wundersame Errettung verschütteter Bergleute.
Die bekannteste Sage erzählt, wie Brand, das sich erst 1912 mit Erbisdorf zusammenschloss (gegen den Willen der Erbisdorfer!) zu seinem Namen kam. Danach soll sich eine hübsche Köhlerstochter in einen jungen Freiberger Bergmann verliebt haben, den sie verletzt aufgefunden und gesund gepflegt hatte. Doch in der Nacht nach der Hochzeit der beiden jungen Leute, so berichtet die Sage, steckte ein eifersüchtiger Köhlergehilfe ihre Hütte in Brand, wobei der Vater der Braut umkam. Die Jungvermählten flüchteten nach Freiberg und kamen laut Sage erst am vierten Tag nach dem Unglück mit den feinen Worten: „Wir wollen auf den Brand gehen" zur Unglücksstätte zurück. Im hiesigen Dialekt mag das eher: „Mir gähn ämol ufm Brande" geklungen haben. Als sie gemeinsam mit anderen Köhlern die Grundmauern für neue Häuser ausschachteten, stießen sie auf Erz und legten die erste Grube an, was bald weitere Bergleute anlockte, so dass daraus nach 1500 die Bergmannssiedlung „ufm Brande" entstand.
Auch wenn es eine schöne Geschichte ist - die Anfänge von Brand lagen mit Sicherheit viel früher. Dafür hat Thomas Maruschke, der Leiter des Brand-Erbisdorfer Museums „Huthaus Einigkeit", eine einleuchtende Erklärung. „Brand liegt mitten in Erbisdorfer Flur, wo der Bergbau schon zwischen 1200 und 1250 begonnen hatte", erinnert er. „Und unsere Vorfahren waren nicht dumm. Überall ringsum wurde bald nach dem ersten Freiberger Silberfund nach Erz gegraben. Warum sollten sie um dieses Stück einen Bogen gemacht haben?" Im Fränkischen, der ursprünglichen Heimat der ersten Siedler, bedeutet „Brand" ein Stück Acker, das durch die Sonne sehr schnell austrocknet, berichtet er. „Es gibt dort fast ein Dutzend Orte namens Brand. Die Gegend hier muss schon bald dermaßen vom Bergbau durchwühlt gewesen sein, dass die Erbisdorfer Bauern den Bergleuten ein nicht so gutes Stück Land überlassen haben könnten."

Der dreißigjährige Marktkrieg

1515 erhielt Brand Gemeinderechte, wurde trotz der vergleichsweise hohen Bevölkerungszahl aber erst ab 1834

vollwertige Stadt. Das hing mit der Bannmeile Freibergs zusammen - im Umkreis von rund fünfzehn Kilometern um eine Stadt durfte keine andere gegründet werden. „1792 wollte Brand Jahrmarkt abhalten, aber Freiberg und Oederan protestierten dagegen und beriefen sich auf die Bannmeile. Erst 1832, also nach dreißig Jahren, war die Sache ausgestanden und durften die Brander ihren Markt veranstalten", berichtet Thomas Maruschke.

Und da schimpfen wir, wenn sich Genehmigungsverfahren über ein paar Wochen hinziehen!

Heutzutage jedenfalls halten die Brand-Erbisdorfer ihre Markttage und Feste ab, wie es ihnen beliebt. Fast in den Rang einer alten Bauernregel erhoben ist dabei der Spruch: Wenn in Brand Markt ist, regnet es bestimmt!

Seit einiger Zeit kümmert sich der Stadtverein um die Marktfeste und stellt vieles auf die Beine, das bei den Brand-Erbisdorfern gut ankommt. Neben Stollenmarkt, Stadtfest und Faschingstreiben gehört dazu seit einigen Jahren beispielsweise auch das Oldtimertreffen, das sich großer Beliebtheit erfreut. Seitdem ist auch das Wetter bei den Märkten viel besser geworden.

Von Stolln und Stollen

Wenn auch der Duden etwas anderes behauptet - hier in der Gegend beharren die Menschen auf der alten Schreibweise „Stolln" für den tunnelartigen Gang im Bergwerk. „Stollen - das ist der Kuchen, den es zu Weihnachten gibt", lautet die übliche Replik bei eventuellen Einwänden.

Aber selbst der Stollenmarkt, wie der Weihnachtsmarkt der Brand-Erbisdorfer heißt, steht ganz im Zeichen bergmännischer Tradition. Den Auftakt bildet alljährlich am Freitag vor dem 2. Advent ein Berggottesdienst in der Brand-Erbisdorfer Kirche, von dort aus beginnt dann ein festlicher Bergaufzug im Schein von Fackeln und bergmännischem Geleucht zum Marktplatz. Gemeinsam mit dem Verein „Historischer Bergbau Brand-Erbisdorf" beteiligen sich daran regelmäßig eine Reihe weiterer sächsischer Knappschaften. In Bergmannsuniform dabei sind auch die „Bergsänger 1768" und die Sänger des Männergesangsvereins „Harmonie" Langenau.

Die historischen Uniformen des Brand-Erbisdorfer Traditionsvereins weisen übrigens eine Besonderheit auf. Die Vereinsmitglieder treten nicht in Paradeuniform auf, sondern in der typischen Arbeitskleidung der Bergleute, wie sie von 1780 bis zur Einstellung des Bergbaus 1913 üblich war: Schwarzkittel, schwarzer Hut und eine „Freiberger Blende" als Geleucht, die inzwischen bei Sammlern sehr gefragt ist. Dazu entschieden sie sich, als sie im Vorfeld der 800-Jahr-Feier Brand-Erbisdorfs 1994 ihre Uniformen auswählten.

Bewusst und gewollt fallen die Brand-Erbisdorfer damit unter den Knappschaften etwas aus dem Rahmen. „Der sächsische Bergmann war nicht immer nur zur Parade, sondern musste ab und zu auch mal arbeiten", kommentiert Thomas Maruschke diese Wahl.

Am Sonnabendnachmittag nach der Parade kommen die Süßhähne zu ihrem Recht. Dann wird der Stollen feierlich auf den Markt getragen und angeschnitten. Von einem Zwei-Meter-Exemplar bei den ersten Stollenmärkten hat der sich so nach und nach zu einem leckeren Ungetüm von mehr als einem Dutzend Meter Länge entwickelt.

Doch nun ist das Ende der Fahnen- (oder Stollen-)stange erreicht. Das Stollenbrett misst mittlerweile vierzehn Meter. Noch mehr ist nicht möglich, sonst kriegen es die Bäcker oder Vereinsmitglieder in Bergmannshabit, die das leckere Gebäck feierlich durch die Stadt tragen, in den Straßen nicht mehr um die Ecke manövriert.

BRAND-ERBISDORF

Bergbau erleben

Wie schwer die Arbeit der Bergleute war, davon können Besucher im Bartholomäus-Schacht einen nachhaltigen Eindruck gewinnen. Schwer ist hier durchaus wörtlich gemeint. Wer einmal an der Haspel den eisenbeschlagenen Förderkübel nach oben gezogen hat, wird diese Schinderei nicht so schnell vergessen.

Der Schacht wurde auf Anregung des Vereins „Historischer Bergbau Brand-Erbisdorf" durch Fachleute der Bergsicherung Schneeberg als Schauanlage ausgestaltet. Der Verein betreut das technische Denkmal und bietet den Besuchern das Erlebnis, einmal selbst die alte Fördertechnik bedienen zu können.

Schon seit Jahrzehnten haben sich auch in Brand-Erbisdorf Bergbauenthusiasten dafür engagiert, die technischen Denkmale der Region zu erhalten - in den fünfziger Jahren die Natur- und Heimatfreunde, dann eine Kulturbundgruppe, aus der schließlich der oben genannte Verein hervorging.

„Bergbau erleben in Brand-Erbisdorf" - das ist die Formel, mit der sie ihre ehrenamtlichen Bestrebungen auf den Punkt bringen.

Dazu haben sie nach dem Bartholomäusschacht nun auch den „Thelersberger Stolln" soweit hergerichtet, dass der erste Teil davon gut zugänglich ist. Am 23. Dezember 2003 feierten die Vereinsmitglieder im Stollen ihre erste traditionelle Mettenschicht, die letzte Schicht des Bergmanns vor Weihnachten.

Die Mitglieder der Jugendgruppe des Vereins „Historischer Bergbau" haben verschiedene Modelle bergmännischer Wasserkünste originalgetreu nachgebaut, die nun vor dem Museum „Huthaus Einigkeit" ihren Platz fanden.

Der Stollen, dessen Mundloch nahe Linda liegt, wurde ab 1526 vorangetrieben, vor allem um das Wasser aus den Gruben des Brander Reviers zu leiten.

1556 hatte Kurfürst August - der knauserige Bauherr der Augustusburg, der sich sehr um die wirtschaftliche Entwicklung seines Landes kümmerte - den Stollen besucht, also befahren, wie der Bergmann sagt. Das war am 3. März, und die Chronisten führen auch auf, dass der Fürst dabei 3.200 Meter durch den Stollen ging. Und zurück. Aber bei seinem Interesse fürs Geld hatte er guten Grund, diesen Gang auf sich zu nehmen. Schließlich lieferte das Brander Revier zu Augusts Zeiten fast die Hälfte der gesamten Silberausbeute.

Besucher können es nun dem Kurfürsten gleich tun, allerdings nur auf 250 Metern Länge.

Als nächstes wollen die Enthusiasten vom „Historischen Bergbau" zusammen mit dem Heimatverein Langenau die alte Radstube von 1790 bei Linda freilegen. „Elf mal elf mal drei Meter und dazu noch die Gestängeschächte .... ganz schön gewaltig", beschreibt Thomas Maruschke, der auch den Bergbauverein leitet.

Im Thelersberger Stolln am Israel-Richter-Schacht: Stempel - also Stützwerk - aus Ziegeln sind eine ausgesprochene Rarität. Diese hier stammen aus dem 19. Jahrhundert.

BRAND-ERBISDORF

Das „Huthaus Einigkeit" ist heute ein Museum.

Himmelsfürst: Auf Silber gebaut

In Himmelsfürst befand sich die reichste Silbergrube des Erzgebirges. Unglaubliche 600.000 Kilo Feinsilber wurden allein zwischen 1710 und 1896 aus der Himmelsfürst-Fundgrube geholt! „Das sind zehn Prozent des gesamten im Erzgebirge geförderten Silbers und mehr als im ganzen Schneeberger und Annaberger Revier zusammengenommen", veranschaulicht Thomas Maruschke die Dimension des Schatzes, der da aus der Tiefe gewonnen wurde.

Unvorstellbar, wo dieser Reichtum abgeblieben ist, möchte man im ersten Moment denken.

Aber ein Blick ins Grüne Gewölbe dürfte die Frage zumindest teilweise beantworten. Der Großteil der Preziosen ist mit Silber aus dem Brander und Freiberger Revier bezahlt worden. In der weltberühmten Schatzkammer befinden sich sogar zwei Stück Silber aus der Grube Himmelsfürst selbst - eines als Briefbeschwerer mit Widmung für den Landesherrn, eines mit einer eingravierten technischen Zeichnung vom Wassergöpel des Reichelt-Schachtes.

Die Grube war nicht von Anfang an so ergiebig. Die erste Ausbeute wurde 1572 vermeldet, aber erst um 1750 gelangten die Bergleute an die wirklich reichen Erzbrüche. 1749 fanden Bergleute einen Silberklumpen von eineinviertel Zentner Gewicht. Wie heute noch erzählt wird, überlegte sich der Schichtmeister mit sicherlich einigen Hintergedanken, dass es doch eine gute Idee sei, diesen gewaltigen Schatz zu Kurfürst Friedrich August II. nach Dresden zu karren. Um dem Fürsten nicht nur das Silber zu verehren, sondern auch die Grubenbetreiber eindringlich in Erinnerung zu bringen, sollte einer der Bergleute, die sich mit dem Brocken über die ganze Wegstrecke abgequält hatten, dem edlen Herrscher ein siebenstrophiges Gedicht vortragen. Doch der Kumpel hatte im entscheidenden Moment ein Blackout und schaffte gerade so den ersten Reim. Ob sich der Fürst dennoch angemessen erkenntlich zeigte, ist nicht überliefert. Aber an der Stelle, wo der Silberfund entdeckt wurde, ist heute eine Tafel angebracht.

Der größte Silberbrocken, der in der Himmelsfürst-Fundgrube gefördert wurde, wog fünf Zentner! Dabei war das gewaltige Fundstück eigentlich noch größer, aber mehr als fünf Zentner wären nicht mehr transportabel gewesen. Der aus Langenau stammende Bildhauer Kaltofen hatte die Aufregung um das gewaltige Teil während seiner Zeit als Scheidejunge mitbekommen und beschrieb es später in seiner Autobiografie.

Thomas Maruschke inmitten der Gangerzproben aus dem Brander Revier, die im „Huthaus Einigkeit" ausgestellt sind.

Den sachkundigen Mineraliensammlern, von denen es in der Gegend eine große Zahl gibt, ist die Himmelsfürst-Fundgrube nicht nur durch den Silberreichtum ein Begriff. Hier wurden vier neue Minerale gefunden und beschrieben. Am bekanntesten ist der Argyrodit, ein Silbergermaniumsulfid, in dem der Freiberger Chemieprofessor Clemens Winkler ein neues Element entdeckte, das er Germanium nannte. Unter Sammlern wird es mit Gold aufgewogen - auch deshalb, weil wegen der chemischen Zusammensetzung ein Großteil der Stufen im Laufe der Zeit einfach zerbröselt ist und sich buchstäblich in Nichts aufgelöst hat. Aber auch die Silberverbindungen Xanthokon und Freieslebeniz sowie das Molybdänsulfid Jordisit wurden im Brander Revier erstmals entdeckt.

Etwas ganz Besonderes ist der Canfieldit. „Dieses Mineral wurde weltweit nur zweimal gefunden - zuerst in Bolivien und später hier in der Himmelsfürst-Fundgrube, dann nie wieder", berichtet der Museumsleiter und verweist auf das unscheinbare cremefarbene Stück mit den dunklen Sprenkeln in einer der Vitrinen im Huthaus.

Viele Übertageanlagen der Grube sind heute noch erhalten, stehen unter Denkmalschutz und können auf dem Bergbauhistorischen Lehrpfad besichtigt werden, den der Verein „Historischer Bergbau Brand-Erbisdorf" gestaltet hat.

Das 1781 gebaute Wassergöpelhaus zum Dorothea-Treibeschacht ist das älteste erhaltene Schachtgebäude der Grube Himmelsfürst.

In den großen einstigen Kauengebäuden des „Glückauf-Schachtes" befinden sich heute die „Glück-Auf"-Werkstätten des Vereins Lebenshilfe Freiberg. Hier haben behinderte Menschen Arbeit gefunden. In einer Keramikwerkstatt, einer Druckerei und anderen Bereichen können sie ihre Fähigkeiten trainieren und nützliche und schöne Dinge schaffen, von denen eine Auswahl gleich im kleinen Werkstattladen verkauft wird.

Etwas abseits vom Bergbauhistorischen Lehrpfad in Richtung Linda steht, das ehemalige Huthaus mit Bergschmiede der Grube „Sieben Planeten". Der Langenauer Heiko Dietrich, der sich auch im Heimatverein stark engagiert, hat das immer noch bewohnte Haus mit viel Sorgfalt ausgebaut.

Eine Brander Erfolgsgeschichte

Dass die Brander mit Strukturkrisen gut fertig werden, haben sie in den letzten hundert Jahren mehrfach unter Beweis gestellt. Als 1903 das (vorläufige) Aus für den Bergbau im Brander Bergbau Revier ab 1913 beschlossen wurde, unternahmen weitsichtige und rührige Stadträte und Stadtväter sehr erfolgreich viele Bemühungen, um Brand-Erbisdorf zur Industriestadt zu entwickeln und neue Betriebe anzusiedeln.

Statt in die Krise zu rutschen ging es aufwärts für die Stadt. Es kamen sogar noch Arbeitskräfte von Freiberg hierher.

So kann sich Brand-Erbisdorf rühmen, einmal eine eigene Automobilproduktion gehabt zu haben. Hier wurden bis 1928 vier verschiedene Typen der damals sehr gefragten „Elite-Wagen" produziert, darunter die Pullman-Limousine und ein Cabriolet, „ausgesprochene Luxuskarossen", wie Thomas Maruschke meint. Die „Elite-Motorenwerke" fielen der Weltwirtschaftskrise zum Opfer. Seit einigen Jahren erlebt der Klinkerbau eine Renaissance als Gewerbezentrum.

Im Museum finden sich ein paar ausgefallene und knifflige Produkte, mit denen die Brander in vergangenen Jahrzehnten durchaus für Furore sorgten. So entwickelte Emil Fickenwirth die „Kühl-Rekordpfeifen" mit doppeltem Boden, in der durch den Temperaturunterschied das Teer kondensierte. Von hier kamen die Obstmesser mit Bambus-Imitatgriffen, die in den sechziger und siebziger Jahren in keinem DDR-Haushalt fehlen durften, und das „Wolu", ein Bohnergerät mit Füllflasche, für das noch bis in die sechziger Jahre in der alten DDR-Werbesendung „1000 Tele-Tips" Reklame gemacht wurde. Über viele Jahre wurden in Brand-Erbisdorf heiß begehrte Campinganhänger wie „Klappfix" und „Camptourist" montiert.

Und mit Wehmut erinnern sich nicht nur die Brand-Erbisdorfer, dass noch bis vor kurzem der beliebte „Hansa-Keks" nicht etwa aus einer Hansestadt, sondern aus der alten Bergstadt kam.

Die Oldtimertreffen auf dem Brander Marktplatz - hier einer der Elite-Wagen - erinnern an die Zeit des Automobilbaus in der Stadt.

Ein wahrhaft leuchtendes Beispiel - das Industriegebiet Nord

Eine der bemerkenswertesten Erfolgsgeschichten der letzten Jahre hat sich im Brander Industriegebiet Nord zugetragen. Das war eigentlich eine typische Fehlinvestition, wie der Freiberger Markscheider und Heimatforscher Wolfgang Jobst in einem seiner Aufsätze schrieb. Hier sollte nämlich Anfang der fünfziger Jahre ein Grubenfeld erschlossen werden, um Bleierz zu fördern. Doch nach dem Kurswechsel vom Juni 1953 wurden fast alle Arbeiten eingestellt. Statt Grundstoffindustrie sollte nun die Konsumgüterproduktion gefördert werden, also wurden ein Kuhstall und eine Reparaturwerkstatt in dem Grubengebäude eingerichtet. Der nächste jähe Wechsel kam zehn Jahre später - jetzt sollten hier Germanium und weitere Reinstmetalle produziert werden. Zwei Jahre später wurde auch dieses Projekt gestoppt, der „Große Bruder" Sowjetunion sollte die Produktion übernehmen.

Doch dann richtete das Berliner Glühlampenwerk Narva hier eine Produktionsstätte für Leuchtstoffröhren ein. Narva Brand-Erbisdorf wurde neben dem Press- und Schmiedewerk der größte Arbeitgeber der Stadt. 2.000 Menschen haben dort bis 1990 im DDR-Kombinatsbetrieb Leuchtstoffröhren und -leuchten hergestellt.

Dann kam wie für viele Betriebe im Osten das Aus. Die Märkte brachen weg, die Firmen machten dicht.

Aber auf dem ehemaligen Narva-Gelände am Stadteingang rechterhand aus Richtung Freiberg haben heute wieder mehr als 50 Unternehmen ihren Sitz und 1.500 Menschen Arbeit. Weitere rund 200 Arbeitsplätze kommen hinzu, rechnet man die Firmen mit, die inzwischen umgezogen sind.

„Das hat nur funktioniert, weil es eine Handvoll Leute verstanden haben, Verantwortung zu übernehmen und dafür auch ein großes Risiko eingegangen sind", sagt rückschauend Oberbürgermeister Volker Zweig. Er hat die Umbrüche aus nächster Nähe miterlebt, denn er hatte die Liquidation der Narva mit durchzuführen. Das war die einzige Möglichkeit für eine Entschuldung und einen Neustart. Die viel geschmähte Treuhand ging auf das Konzept ein, das die Brand-Erbisdorfer vorgelegt hatten. Doch keiner derjenigen, die es riskieren wollten, den Standort und seine Betriebe durch Privatisierung zu übernehmen, bekam das für die symbolische Mark, mit der sich so mancher Unternehmer westlicher Provenienz im Osten einkaufen konnte.

„Sie haben alle teuer bezahlt und sich bis über die Ohren verschulden müssen. Hier wurden die vollen Gutachterwerte eingefordert", erinnert Volker Zweig. „Vieles ging nur, weil wir von Anfang an zusammen gehalten haben und gemeinsam nach außen aufgetreten sind."

Viele Branchen sind jetzt dort vertreten, aber es werden auch wieder - oder immer noch - Leuchtstoffröhren hergestellt. Die Narva Lichtquellen GmbH & Co. KG, einer von fünf Betrieben, die der ostdeutschen Kollektivmarke Narva angehören, exportiert in vier Kontinente Leuchtstofflampen, UV-Strahler, Hochdrucklampen und mehr und bringt es auf 30 Millionen Euro Jahresumsatz. Gleich daneben hat die Firma Larec Lampen Recycling GmbH ihren Sitz, in der nach einem hochtechnisierten Verfahren Leuchtstoffröhren fachgerecht zerlegt werden - 4.500 Stück pro Stunde. Bleihaltiges Glas, Quecksilber und Metall werden so einer Wiederverwertung zugeführt. Dafür gab's den sächsischen Innovationspreis.

St. Michaelis, das nahtlos in Brand-Erbisdorf übergeht, wird von den Einheimischen kurz und bündig „Michels" genannt. Eine Besonderheit ist die Kirche mit Torhaus. Ein Teil des Mauerwerk stammt noch aus dem 13. Jahrhundert.

Liebe und Literatur in Linda

Dicht beieinander gebaut: Kirche und Schule in Linda. Das Rittergut in der „Siedlung an der Linde" war mehrere hundert Jahre lang im Besitz der Familie Rülicke, mit der Dichter Rainer Maria Rilke entfernt verwandt gewesen sein soll. Linda, Gränitz und Langenau kommen in seiner Ballade „Die Weise von Liebe und Tod des Cornets Christoph Rilke" vor.

Unterhalb des Ortes ist das gemauerte Mundloch des Thelersberger Stollns.

Gränitz war einst Grenzort

Der Name des Ortes ist aus dem alten slawischen Wort „granica" für Grenze abgeleitet; an Gränitz vorbei führte noch um Ende des 13. Jahrhunderts die Grenze nach Böhmen.

In vorreformatorischer Zeit hatte Gränitz eine Marienkapelle mit einem Bildnis der Gottesmutter, dem wundertätige Wirkung zugeschrieben wurde. Vor allem am 2. Juli, dem Festtag Maria Heimsuchung, sollen viele Menschen dorthin gepilgert sein. Daraus entwickelte sich der über viele Jahre weithin bekannte Gränitzer Jahrmarkt.

Die frühere Bedeutung des Ortes zeigt sich auch darin, dass hier einst Kurfürst August ein Jagdschloss für sich erbauen ließ. Es brannte allerdings 1807 völlig nieder. Später wurde an gleicher Stelle das Herrenhaus eines Rittergutes errichtet, zu dem viele Felder und eine Schäferei mit 800 Tieren gehörten. Um 1900 wurde das Herrenhaus noch einmal umgebaut und mit aufwändigem Figurendekor geschmückt.

Der gesamte Bau und der dazugehörige Park wurden in den letzten Jahren vom nunmehrigen Eigentümer Horst Egg wieder in einen erfreulichen Zustand gebracht.

Parkidylle in Langenau

Langenau kann sich ein paar bedeutender Namen in seiner Geschichte rühmen. So war Niederlangenau Ende des 15. Jahrhunderts im Besitz des Arnold von Westfalen, des kürfürstlichen Baumeisters der prachtvollen Albrechtsburg in Meißen.

In Langenau wurde 1841 Ernst Dagobert Kaltofen geboren, der Bergmannssohn und Bildhauer, dessen Arbeiten das Leben der Bergleute detailgenau widerspiegeln. Für seinen Heimatort schuf er als Spätwerk die 1919 geweihte „Friedenskanzel" der Langenauer Kirche.

Im ehemaligen Rittergut Niederlangenau haben des öfteren Kurfürst August und Kurfürstin Anna Quartier bezogen, wenn sie unterwegs durchs Land waren. Auch der tüchtige, aber wenig glückreiche Baumeister Hieronymus Lotter übernachtete hier auf der Durchreise, wenn er von seiner Baustelle Augustusburg zum Rapport nach Dresden beordert worden war.

Das Rittergut selbst ist nach 1945 abgebrochen worden, aber der dazu gehörige zwei Hektar große und idyllisch gestaltete Park wird weiter erhalten und gepflegt und lädt zu erholsamen Spaziergängen ein.

Von Langenau aus lassen sich viele schöne Wanderungen in die nähere Umgebung unternehmen.

Zu den vielen aktiven Langenauer Clubgemeinschaften zählt der Eisenbahnverein. Nachdem der Bahnverkehr zwischen Freiberg und Langenau 1997 eingestellt worden war, sorgten seine Mitstreiter dafür, dass der Bahnhof unter Denkmalschutz gestellt wurde und brachten ihn wieder in ordentlichen Zustand.

Zu den Attraktionen des Museumsbahnhofes gehören heute die Modelleisenbahnausstellung und die Fahrt mit der Draisine, die bei den Kindern natürlich besonders beliebt ist.

Mörderisch: Der Fall Grete Beier

Während Naundorf sich mit der kriminellen Vergangenheit des Räuberhauptmanns Lips Tullian rühmt, hat Brand einen eigenen spektakulären Kriminalfall aufzuweisen, der in keinem sächsischen Pitaval fehlen darf und es sogar ganzseitig auf die Titelseite des „Simplicissimus" geschafft hat. Allerdings als Karikatur unter der wenig schmeichelhaften Stichzeile „Durchs dunkelste Deutschland".

was das natürliche Klatschbedürfnis der Leute und der Medienzirkus brauchen: eine junge, schöne, aber ruchlose Mörderin aus prominenten Kreisen, Massenproteste im In- und Ausland und eine Hinrichtung als (fragwürdiges) Zeichen dafür, dass die Gerechtigkeit ihren Lauf genommen hat.

Die Fakten sind schnell erzählt: Die 22-jährige Grete Beier, Tochter des Brander Bürgermeisters, hatte ihren Verlobten mit Zyankali vergiftet und ihm zur Sicherheit auch noch in den Kopf geschossen. Nach einigem Leug-

Grete Beier die Mörderin ihres Bräutigams, des Hrn. Ober-Ingenieur Pressler.

Die Zeichnung auf dem Titelbild vom 10. August 1908 zeigt eine sich drängelnde Menschenmasse vor dem Freiberger Gerichtsgebäude, im Hintergrund ist das bluttriefende Schafott zu sehen und darunter steht der begeisterte Ruf eines Zuschauers: „Bravo! Bravissimo! Nochämal, nochämal! Der Gleene hier hat nischt gesähn!"

Was sich da vor fast hundert Jahren zugetragen hat, würde mit Sicherheit auch heute noch für Riesenschlagzeilen in der Boulevardpresse sorgen. Denn es bot alles,

nen gestand sie die Tat, wurde zum Tode verurteilt und in Freiberg am 23. Juli 1908 vom Landesscharfrichter Moritz Brand aus Hohenlinde bei Oederan enthauptet.

Es war nach einem halben Jahrhundert der erste - und vorerst letzte Fall - in Sachsen, dass eine Frau aufs Schafott kam. Gegen die Vollstreckung des Urteils hatte es im Vorfeld Demonstrationen in vielen Städten Deutschlands und sogar in Übersee gegeben. Vergebens - der König lehnte das Gnadengesuch ab.

„Vielleicht war er gerade nicht gut auf Frauen zu sprechen, nachdem ihn seine wegen eines Liebhabers verlassen hatte", mutmaßt Thomas Maruschke.

Im Museum auf der Reußenhalde ist neben der erwähnten „Simplicissimus"-Titelseite auch das „Extrablatt der Sächsischen Bergzeitung" zu sehen, das in Brand noch am Tag der Hinrichtung erschienen war. Brühwarm und detailreich berichtet der Reporter von den letzten Stunden der Mörderin. Er lässt kein gutes Haar an Grete Beier, bescheinigt ihr aber immerhin mit kaum verhohlenem Lokalstolz, „traurige Berühmtheit" erlangt zu haben.

Das Blatt weiß auch zu berichten, dass sich 800 Menschen vor dem Freiberger Gerichtsgebäude drängelten, um eine Eintrittskarte zur Hinrichtung zu bekommen, doch nur 200 wurden eingelassen. Was diesen Aspekt von Hinrichtungen angeht, haben sich die Zeiten seit Lips Tullian zwar geändert, aber im Grunde genommen nicht sehr.

Das Brander Fotogeschäft Riecher verkaufte gleich danach Ansichtskarten mit Studiofotos von Grete Beier; zwei verschiedene Aufnahmen, die die schöne junge Frau zeigen, eine weitere von ihr und ihrem Verlobten, dem späteren Opfer. „Grete Beier, die Mörderin ihres Bräutigams, des Hrn. Ober-Ingenieur Pressler", lautet die Bildunterschrift. Während der beleibte Herr Ober-Ingenieur - sicher eine gute, aber nicht besonders attraktive Partie - mit ahnungslosem Besitzerstolz an seiner jungen Braut vorbei schaut, lässt deren skeptischer Blick in die Kamera dem kundigen Betrachter viel Raum für Deutung.

Ob sie im Moment der Aufnahme wohl schon an ihrem Plan gearbeitet hat? Grete Beier war an ihre Bluttat mit viel krimineller Energie herangegangen, hatte sich für die Mordnacht sogar ein Alibi beschafft. Zu Hilfe kam ihr die schlampige Arbeit der Kriminalisten, die sich nicht fragten, wie sich ein Vergifteter erschießen kann oder umgekehrt. Der Tod des Oberingenieurs Heinrich Moritz Kurt Pressler am 13. Mai 1907 wurde als Selbstmord abgetan, die Akte geschlossen, der Leichnam eingeäschert. Erst im Jahr darauf geriet Grete in Verdacht, nachdem sie ein Sparbuch entwendet hatte, wohl um ihrem ständig in Geldnöten steckenden Geliebten helfen zu können. Es gab keinerlei Beweise gegen sie. Ob sie aus Reue gestand oder aus welchen anderen Gründen, warum sie Pressler überhaupt getötet hatte, dieses Geheimnis hat sie mit ins Grab genommen.

Das „Merchandising", wie man heute sagen würde, um den Fall Grete Beier hat teilweise reichlich makabre Formen angenommen. So geriet auch eine Fotomontage mit dem ausdrücklichen Hinweis „geköpft am 23. Juli 1908" in Umlauf, bei der von ihrer Studioaufnahme der Kopf abgeschnitten und daneben platziert wurde. Schon bald danach soll es ein Puppenspiel und sogar einen Stummfilm über sie gegeben haben.

Den Versuch einer Rekonstruktion bietet ein Roman, der in den siebziger Jahren erschien und im Brand-Erbisdorfer Museum noch angeboten wird.

BRAND-ERBISDORF 35

Dorfchemnitz

Hammerweihe statt Maidemo

Die Dorfchemnitzer zeigen ihren Gästen gern mal, wo der Hammer hängt.

Das tun sie dann in ihrem Eisenhammer, der 1969 als technisches Denkmal wieder hergerichtet wurde. Wie es dazu kam, kann Werner Haselbach erzählen, denn er war an der Aktion von Anfang an beteiligt.

„Am zweiten Sonnabend im Dezember 1968 haben wir zu dritt zusammengesessen: der Grau-Malte, der Walther-Heinz, was der Schwiegersohn vom letzten Hammerbesitzer war, und ich, und haben mobil gemacht, damit der Eisenhammer nicht weiter verfällt. Bis zum 30. April abends haben wir gewirkt, aber am 1. Mai war Hammerweihe!"

Ein Fest fürs ganze Dorf, denn viele hatten mitgeholfen, um das seit Jahrzehnten leer stehende Hammerwerk wieder vorzeigbar und funktionstüchtig zu machen. Doch die geplante Hammerweihe am 1. Mai fand höheren Ortes keine Zustimmung. Man stelle sich aber auch vor: eine Weihe ... und das ausgerechnet am Kampf- und Feiertag der Werktätigen! Der Rat des Bezirkes habe angeordnet, stattdessen lieber die übliche und geforderte Maikundgebung abzuhalten, erinnert sich Werner Haselbacher.

Aber der damalige kommissarische Bürgermeister Hermann Dürge ignorierte die behördliche Anweisung und ließ die Dorfchemnitzer am Eisenhammer feiern, statt sie mit DDR-Fahne durchs Dorf marschieren zu lassen. „Da waren dreimal mehr Leute als sonst zur Maidemo", meint Werner Haselbach.

Seitdem hatte das Hammerwerk schon sage und schreibe 130.000 Besucher. Bei besonderen Anlässen wie zum Mühlentag am Pfingstmontag, zum Hammerfest oder auch nach Voranmeldung heizt Schmied Frank Büschel das Feuer an und lässt die tonnenschweren Hämmer, die durch ein Mühlrad im Chemnitzbach angetrieben werden, aufs glühende Eisen krachen. Ein weiteres Mühlrad treibt den Blasebalg an.

Das Hammerwerk ist bereits 1567 erstmals erwähnt - in einer Urkunde, die bescheinigt, dass Hans Haase das Hammerwerk von seinem Bruder Thobias kaufte. Ob die zwei bei dem Geschäft unter Brüdern ganz sicher gehen wollten? Kein Geringerer als jener Kurfürst August unterschrieb die Verkaufsurkunde, der uns schon in Augustusburg und in der Grube Himmelsfürst begegnete. „Vater August" muss sich tatsächlich um so ziemlich jede Einzelheit in seinem Land gekümmert haben, wenn er nicht gerade auf die Jagd ging.

Bis Mitte des 19. Jahrhunderts ist im Eisenhammer auch Erz geschmolzen worden, ein Magneteisenstein aus einem Tagebau ganz in der Nähe. Vor hundert Jahren noch wurden hier Spezialwerkzeuge wie Münzkellen oder Röstschaufeln für die Bleierzhütten in und um Freiberg geschmiedet, nach der Einstellung des Bergbaus Kugeln für Kugelmühlen zur Erzaufbereitung, die sogar bis nach St. Gallen in der Schweiz geliefert wurden.

Aber Anfang der dreißiger Jahre musste der letzte Schmied - Willi Münzner, der Schwiegervater vom oben erwähnten Heinz Walther - das Hammerwerk wegen mangelnder Rentabilität schließen. Es stand lange leer, wurde zeitweise als Lager genutzt. Ansonsten war „Tag der offenen Tür", wie Werner Haselbacher den Zustand umschreibt, dass das Bauwerk offen stand für Leute, die sich mehr für das Werkzeug als für die Handwerkstechnik interessierten. Doch dann machten sich Denkmalschützer stark und in Regie der Gemeinde wurde das Hammerwerk wie oben beschrieben zu einer echten Attraktion ausgebaut.

Seit 1971 ist im einstigen Herrenhaus des Hammerbesitzers auch eine Heimatstube eingerichtet, die mit hunderten Exponaten einen Eindruck vom Leben in Urgroßmutters Zeit vermittelt. Viele der Ausstellungsstücke, so berichtet Museumsleiterin Christel Löschner, sind als Geschenk oder Leihgabe von den Dorfbewohnern zur Verfügung gestellt worden.

Jeweils am zweiten Sonntag im Juli organisieren die ortsansässigen Vereine das Hammerfest.

Eine alte Geschichte berichtet von den „Hammerteufelchen", die nachts in der Hammerschänke herumgespukt haben sollen. Aber das war wohl eher ein Streich, den der Wirt den Fuhrleuten spielte, die hier rasteten, meint Christel Löschner. Als einmal eine Gruppe Holländer rund um das Hammerwerk einen ganzen Wohnwagenpark zum Übernachten aufgestellt hatte, hat keiner von ihnen ein Teufelchen gesichtet.

Sonderstempel für Dorfchemnitz

Nicht nur als Ortschronist macht sich Werner Scheithauer um Dorfchemnitz verdient, sondern auch als Initiator und Leiter der Ortsgruppe der Deutschen Philatelisten-Jugend e.V.. Mit seinen jungen Briefmarkenfreunden hat er schon zweimal dafür gesorgt, dass ein Sonderstempel mit der Inschrift „Dorfchemnitz" abgeschlagen wurde. Der erste stammt vom 17. Juni 2001, als die Dorfchemnitzer den Tag der jungen Briefmarkenfreunde in Sachsen ausrichteten. Weil wenige Tage zuvor Briefmarken mit der beliebten Kinderbuchfigur Heidi erschienen waren, gab es in Dorfchemnitz das „Heidi-Trio" mit Marke, bedrucktem Briefumschlag und Sonderstempel. Philatelisten aus halb Europa und sogar aus Japan meldeten sich, um diese Rarität in ihre Sammlung einverleiben zu können. Bei einer ähnlichen Veranstaltung 2003 war auf dem Sonderstempel der Eisenhammer Dorfchemnitz abgebildet - als Ausflugsziel von „Vater und Sohn", den beliebten Figuren des Zeichners E.O. Plauen.

Scharfrichter am Mordstein

An eine grausige Bluttat, die schon fast dreieinhalb Jahrhunderte zurück liegt, erinnert seit langem der Mordstein an der Waldgrenze zwischen Dorfchemnitz und Mulda und seit kurzem eine Holzskulptur von Revierförster Andreas Martin, von dem an anderer Stelle noch die Rede sein wird. Die Geschichte trug sich nach dem Dreißigjährigen Krieg zu. An einem Tag im Jahr 1659 überfielen zwei Dragoner, die über die Grenze aus Böhmen kamen, den Fuhrmann Georg Hegewald aus Clausnitz und wollten seine Pferde stehlen. Als der das Gespann nicht freiwillig hergab, erstachen ihn die beiden. Sie wurden später gefasst und für ihre Tat in Frauenstein hingerichtet.

Zum Hammerfest 2003 wurde die hölzerne Skulptur des Scharfrichters aufgestellt, die Andreas Martin mit der Motorsäge gekonnt aus dem Holz geschnitten hat. Er hat eine besondere Beziehung zu dem Thema. Seine Vorfahren mütterlicherseits waren über Generationen hinweg Scharfrichter in dieser Gegend. Deshalb hält er es für durchaus möglich, dass es auch einer seiner Ahnen war, der die beiden blutrünstigen Dragoner bestrafte.

Auf Initiative von Andreas Martin entstand auch die Walderlebnishütte ganz in der Nähe des Mordsteines, ein beliebter Treff für Naturfreunde, die auf den schönen Wanderwegen in der Umgebung unterwegs sind. Einen regelrechten Menschenauflauf gab es Ostern 2004, als Andreas Martin dort auch noch den „Holzmichel" aus einem dicken Eichenstamm sägte, während die Zuschauer belustigt den gleichnamigen Volksmusikhit der „Randfichten" sangen.

Zur Einweihung des hölzernen Scharfrichters am Mordstein spielte die Randecker Parforcehorn-Gruppe.

Dampf-Anna und Wasser-Anna

Dorfchemnitz hatte einst viele Mühlen und - typisch für diese Gegend bis hinauf nach Holzhau - viele Stuhlfabriken. Von zwei Dorfchemnitzer Stuhlfabrikanten und ihren Frauen erzählt eine originelle Geschichte, die Ortschronist Werner Scheithauer aufgeschrieben hat.

Anfang des 20. Jahrhunderts waren die Brüder Hermann und Ernst Kreher in Dorfchemnitz angesehene Möbelfabrikanten. Beider Ehefrauen hießen Anna. Doch für die Dorfchemnitzer war es kein Problem, die zwei Anna Krehers auseinander zu halten. Da Hermann Kreher seine Fabrik am Bahnhof mit Wasserkraft antrieb und Ernst die seine mit einer Dampfmaschine, nannten sie die eine kurzerhand „Wasser-Anna", die andere „Dampf-Anna".

Bei „Beka-Möbel" in Dorfchemnitz werden heute noch Möbel hergestellt - kleine Stühle und Tische für Kindergärten.

Im wunderschön wieder hergerichteten Vierseitenhof „Torbogengut" haben seit Ende der neunziger Jahre ältere Menschen ein Zuhause im Betreuten Wohnen gefunden.

Zu Besuch beim Männelmacher

Der Männelmacher Gernegroß aus Dorfchemnitz ist nicht nur ein Meister seines Faches, sondern selbst schon ein echt erzgebirgisches Original. In seiner Werkstatt ganz in der Nähe des Eisenhammers können ihm Besucher bei der Arbeit über die Schulter schauen. Und das nicht nur am Tag des traditionellen Handwerks im Oktober.

Zu seinen Spezialitäten gehören gedrechselte Pyramiden, die so winzig sind, dass sie in einer Walnussschale Platz finden, und Räuchermänner. Für seinen „Männelmacher" an der Drechselbank, der unverkennbare Ähnlichkeit mit ihm selbst aufweist, erhielt Friedmar Gernegroß 2002 den Designpreis „Tradition und Form".

Voigtsdorf: Süßes nach dem Fußball ...

Einen Blitzstart haben die Voigtsdorfer Fußballerinnen hingelegt: Nur ein Jahr nach dem Einstieg in den Punktspielbetrieb wurde die Mannschaft in der Saison 2000/2001 Kreispokalsieger und belegte den 2. Platz in der Meisterschaft - trotz harter Konkurrenz von mehr als einem Dutzend Frauenfußballmannschaften im Kreis. Bei den Voigtsdorfer Fußballspielerinnen gehört es zur Tradition, sich nach jedem Heimspiel zu Kaffee und Kuchen zu treffen. Reihum ist jede der Spielerinnen mit Backen dran - „und spätestens dann ist auch bei einer Niederlage der Ärger vergessen", meint Spielertrainerin Alette Gabriel. Bei besonderen Spielen wird sogar die gegnerische Mannschaft eingeladen.

... und bei Adelheid

Für Süßhähne und Naschkatzen auch von weiter her ist das Eiscafé Adelsklause in Voigtsdorf längst ein Geheimtipp. Der Name des Tortentempels klingt ein bisschen nach Noblesse, aber er bezieht sich auf Inhaberin Adelheid Pagacz. Und aristokratisch geht's hier wirklich nicht zu, sondern sehr familiär. Der Gast wird gleich mit „Du" angeredet - und das auf eine so sympathische Art, dass er sich richtig wohl fühlt.

Wenn die Kuchenstückchen hier besonders klein sind, liegt das nicht am Geiz der Wirtin (die Preise entsprechen der Größe der Stückchen), sondern an ihrem Wunsch, der Gast möge so viele wie möglich von den leckeren Sorten probieren. Wer sich durch die ersten zwei oder drei gefuttert hat, wird glücklich sein, im Magen noch Platz für ein paar weitere Kostproben zu haben.

Laute Töne aus dem Wolfsgrund

Wolfgrund - das klingt ein wenig gruslig. Der Legende nach sollen früher sogar einmal am Ein- und Ausgang des Weges durch den Wald zwei Hütten gestanden haben, in denen sich die Reisenden mit Keulen und Stöcken gegen Wölfe bewaffnen konnten, bevor sie das Waldstück betraten.

Wirklich nur Legende, meint Frido Fischer, der sich seit vielen Jahren mit der Geschichte von Wolfsgrund befasst hat. „Diese Saga hat im 19. Jahrhundert der Pfarrer Seiler niedergeschrieben, aber sie ist nicht nachweisbar. Wölfe hat es bis 1700 überall im Erzgebirge gegeben, dann müssten ja viele Orte so heißen." Er hat eine ganz andere Erklärung für den Ortsnamen: „Das war hier früher mal ein reiner Bergbauort mit vielen Schmelzöfen. Der Name „Bergbaugebiet im Grund" ist auf vielen Urkunden überliefert." Da die hier gebauten Schmelzöfen Wolfsöfen genannt wurden, hält er das als Ursprung des Ortsnamens für viel wahrscheinlicher als Großattacken ausgehungerter Isegrime.

Statt Wolfsgeheul sind nun vor allem musikalische Klänge aus dem Wolfsgrund zu hören. Seit einigen Jahren finden dort regelmäßig Treffen von Harmonikaspielern aus nah und fern statt, die inzwischen mehrere hundert Zuhörer anlocken.

Eppendorf
Von Bauern und Königen

Haben Sie gewusst, dass die heute noch allgemein üblichen Schachfiguren der „Deutschen Bundesform" aus Eppendorf stammen? Vor fast hundert Jahren begann hier Drechselmeister Ludwig Hecker Schachfiguren herzustellen. Im Laufe der Zeit entwickelte und produzierte er 118 selbst entworfene neue Modelle, darunter auch die erwähnte „Deutsche Bundesform", mit der 1936 die Schacholympiade in München ausgetragen wurde. Schnittig, aus einem Stück, ohne Schnörkel und Rillen unterschieden sie sich deutlich von den bis dahin dominierenden englischen und französischen Formen und setzten sich schnell durch. Noch Anfang der sechziger Jahre wurden in Eppendorf 35.000 Sätze Schachfiguren hergestellt, schreibt Ortschronist Manfred Wünsche im „Eppendorfer Anzeiger" und zitiert die in Berlin erscheinende Zeitschrift „Die Holzindustrie", in der die Firma Hecker und Söhne als „weltgrößte Spezialfabrik für Schachspiele" bezeichnet wird.

Die Entwicklung Eppendorfs zum Industriestandort begann 1850 mit der Holzspielwarenfabrik „Delling und Sohn". Deren Firmengeschichte ist so typisch für das Erzgebirge wie Räuchermann und Nussknacker. Weil sich Karl Ludwig Delling mit der Arbeit in seiner Glaserei nicht den Lebensunterhalt verdienen konnte, begann er nebenher Puppenmöbel herzustellen. Die waren so schön und präzise gearbeitet, dass sie guten Absatz fanden. Also machte er das zum Haupterwerb und begann dabei ganz klein. Als erste Hobelbank diente ihm ein umgestürzter alter Kleiderschrank, berichtet Manfred Wünsche. Doch die Firma gedieh und hatte bald eine rund fünfzigköpfige Belegschaft.

Auch andere Industriezweige entwickelten sich rasch. Schon vor dem I. Weltkrieg prägten rauchende Schornsteine die Silhouette von Eppendorf.

In der DDR-Zeit waren hier drei Großbetriebe beheimatet, die bis 1990 nicht nur vielen Eppendorfern Arbeit boten, sondern bis zu 800 Pendlern aus Nachbarorten: der Volkseigene Betrieb (VEB) „Kranich" Schuhfabrik Eppendorf, der VEB „Planet" Wäschekonfektion Eppendorf und der VEB Küchenmöbel „ratiomat". In wohl fast jedem zweiten DDR-Haushalt stand eine „ratiomat"-Küche.

Eine Ausgründung aus der Schuhfabrik, die ihren Namen vom Eppendorfer Wappentier hat, ist die Firma Haix in Brand-Erbisdorf. Eine ehemalige „Planet"-Mitarbeiterin

gründete die Firma Pfeifer Wäschetradition OHG, in der rund 20 Mitarbeiter Qualitätsbettwäsche für den Export produzieren. Und auch „ratiomat" produziert heute noch mit rund 200 Mitarbeitern. Die neuen Produktionshallen stehen in Leubsdorf; in Eppendorf befindet sich aber eines von 26 Küchenstudios, in denen „ratiomat"-Küchen im Direktverkauf angeboten werden.

ABM für Pyromanen?

Bei den Ortsteilen Großwaltersdorf und Kleinhartmannsdorf ist noch klar erkennbar, dass sie einst nach den Ortsgründern, den Siedlermeistern oder Lokatoren, benannt wurden. Doch bei Eppendorf? Auch, meinen die Heimatforscher und führen den Ortsnamen auf „Eppo", eine Kurzform oder Verballhornung von „Eberhard", zurück.

Heimatforscher Manfred Wünsche hat über Jahrzehnte hinweg die Geschichte seines Ortes erkundet und die Entwicklung vom Bauernort zum Industriestandort dokumentiert. Dafür ernannten ihn die Eppendorfer unlängst sogar zum Ehrenbürger. Seine mehr als 800-seitige Chronik, die im Jahr 2000 von der Gemeinde in Druck gegeben wurde, hat sich zu einem echten lokalen Bestseller entwickelt. Wohl auch deshalb, weil er dabei nicht nur die Lebensumstände der Vorfahren nacherlebbar macht, sondern auch wegen der teilweise recht ausgefallenen Geschichten, die er darin zutage fördert.

Zum Beispiel von den im Wortsinn zündenden Ideen des Eppendorfer „Dorfverschönerungsvereins". Der stand allerdings in keinem Vereins-, sondern höchstens im Strafregister. „Eppendorfer Verschönerungsverein" war der harmlos klingende Spitzname für eine kriminelle Bande, die zwischen 1892 und 1902 als „Auftragsarbeit" rund 80 Gebäude in Brand steckte, damit die Besitzer Abrisskosten sparen und Versicherungsprämien kassieren konnte. Diese Methode fand bekanntermaßen ein paar Jahre später auch in Siebenlehn Anwendung, um das örtliche Baugeschehen anzukurbeln. Dort allerdings hatte die ortsansässige Feuerwehr das Zündeln in ihre erfahrenen Hände genommen und generalstabsmäßig organisiert. Doch auch in Eppendorf war oft schon Dorfgespräch, welches Haus als nächstes in Flammen stehen würde und wo man ein schönes Feuerchen bestellen konnte. Aufgeflogen ist die Sache nur, weil einer der „Auftragnehmer" im Zustand der Trunkenheit versehentlich das falsche Haus abgefackelt hatte und daraufhin fürs „Nachbessern" auch noch keck ein zweites Mal kassieren wollte.

„Das war kein Spaß, sondern Versicherungsbetrug", betont Manfred Wünsche. Die Sache endete vor Gericht und mit langjährigen Haftstrafen für die Hauptverantwortlichen.

Heutzutage haben die vielen rührigen Vereine harmlosere und adäquatere Mittel, um Schwung ins Dorfleben zu bringen. Aber Außergewöhnliches stellen sie dabei gelegentlich immer noch auf die Beine. So schaffte es die sehr aktive Schützengesellschaft 1180 Eppendorf e.V., zur Weihe ihrer Vereinsfahne 1994 den Enkel des letzten sächsischen Königs, Prinz Albert von Sachsen, als Ehrengast ins Dorf zu holen.

Jedes Jahr am zweiten Juliwochenende wird Schützenfest in Eppendorf gefeiert - mit Umzug, Festwagen, einem halben Dutzend Schützenvereine aus der Umgebung und einem Kanonenschuss zum Auftakt.

Mit viel Enthusiasmus und unzähligen Stunden Eigenleistung hat der Badverein Eppendorf dafür gesorgt, dass das 1925 errichtete Freibad nicht nur wieder in guten Zustand kam, sondern auch noch ein paar echte zusätzliche Attraktionen aufzuweisen hat zum Beispiel Spielgeräte, BMX-Bahn und Inline-Fläche. Gut besucht sind das Badfest, die Freilichtkinoaufführungen und die Schuljahresabschlussfeiern im Bad, die mit Nacktbaden im beleuchteten Becken ihren Abschluss finden.

Sehr beliebt ist auch das Pyramidenfest am ersten Adventswochenende, das vom Heimatverein organisiert wird.

Es gibt auch eine Theatergruppe in Eppendorf, die jedes Jahr zwei selbstverfasste Stücke aufführt - vielleicht eine Hommage an den Dramatiker Heiner Müller, der in Eppendorf geboren wurde. An seinem Geburtshaus Freiberger Straße 61 erinnert jetzt eine Tafel an den streitbaren Bühnenautor.

Streitbar war auch ein anderer berühmter Eppendorfer, der um 1500 geborene Heinrich von Eppendorf, der auf Grund seiner Leistungen bei Erasmus von Rotterdam studieren durfte. Später aber legte er sich mit seinem Meister an und führte mit ihm in seinen Schriften über Jahre hinweg einen erbitterten theologischen Disput.

EPPENDORF

Großwaltersdorf - ein Herz für Pferde

Schon Wappen und Begrüßungsschild am Ortseingang weisen darauf hin: In Großwaltersdorf spielen Pferde eine besondere Rolle.

Seit 1888 werden hier Pferde gezielt gezüchtet, bis 1953 war auch immer eine Beschälstation im Ort. Diese Tradition wäre in DDR-Zeiten beinahe zum Erliegen gekommen, doch einige Bauern waren fest entschlossen, die Linie fortzusetzen und ließen dazu Anfang 1959 drei Hengste und einen Gestütswärter aus Moritzburg kommen.

Acht Jahre später wurde innerhalb der Betriebssportgemeinschaft „Traktor Großwaltersdorf" die Sektion Pferdesport gegründet. 1969 kaufte der LPG-Vorsitzende Siegfried Richter die ersten zwei Trakehnerstuten und begann eine Zucht der wertvollen, eleganten Warmbluter.

1972 wurde die LPG Pflanzenproduktion „Staatlich anerkannter Pferdezuchtbetrieb" und zog Sportpferde für den Export heran. Die Großwaltersdorfer Pferde waren sehr gefragt, denn Trakehner gelten als edelste deutsche Warmblutrasse. Als 1989/90 die LPG aufgelöst wurde, konnte sich Siegfried Richter nicht dazu entschließen, die Tiere wegzugeben und beschloss, die vierzig Pferde zu kaufen. Er gründete den „Trakehnerhof", wo nun weiter Pferde gezüchtet werden und sich auch eine Beschälstation des berühmten Landgestütes Moritzburg befindet. Pension und Gasthof gleich daneben bieten Pferdefreunden einen erlebnisreichen Aktivurlaub.

Dem Großwaltersdsdorfer Pferdezuchtverein gehören Züchter aus dem gesamten Altkreis Flöha an. Der Reit- und Fahrverein organisiert jedes Jahr am vorletzten Septemberwochenende international besetzte Militaryturniere, bei denen auch schon Olympiateilnehmer Matthias Baumann gestartet ist.

Ferkelrennen mit Radsportprominenz

Es scheint, Großwaltersdorf hat ein paar besonders rührige LPG-Vorsitzende gehabt. Während Siegfried Richter die renommierte Trakehnerzucht des Ortes bewahrte, rief sein Kollege von der LPG Tierproduktion, Werner Grünzig, mit ein paar Enthusiasten eine Radsportveranstaltung ins Leben, die seit Jahrzehnten schon aus dem Sportkalender des Erzgebirges nicht wegzudenken ist und im Scherz den bemerkenswerten Namen „Der große Schweinepreis" erhielt. Denn die Siegertrophäe des seit 1971 alljährlich ausgetragenen Radrennens war bis 1989 ein lebendes Ferkel!

Ob nun das Ferkel der Anreiz war oder der Spaß an der Sache - die Geschichte dieses Radrennens hat überaus prominente Starter aufzuweisen. Olaf Ludwig, Uwe Ampler, Jan Schur, Bernd Drogan, Uwe Raab, Falk Boden und viele andere Radsportgrößen sind schon in Großwaltersdorf unter dem Jubel der Zuschauer an den Start gegangen. Selbst Legende Täve Schur war schon hier, wenn er auch nicht selbst in die Pedale trat, sondern als Podiumsgast beim 30. Radrennen „Rund um Großwaltersdorf" sein Publikum in den Bann schlug.

Seit 1992 organisieren Freiwillige das Sportfest und seit ein paar Jahren gehen beim Rennen auch Hobbyradler aus der Umgebung an den Start. Neuerdings haben dabei die Jüngsten sogar ihr eigenes Rennen, bei dem die Knirpse mit Dreirad und Roller um die Wette flitzen.

Auch für Wintersportfreunde hat Großwaltersdorf etwas zu bieten: das Trainingszentrum Ski. Der schon seit mehr als fünfzig Jahren aktive Skiverein des Ortes, der stattliche 130 Mitglieder zählt, hat eine eigene Skirollerstrecke, die im Sommer auch als Skaterbahn genutzt wird und bei der man über 1.300 Meter bergan, bergauf gut seine Form trainieren kann.

Kleinhartmannsdorf stark mit Vereinen

Auch in Kleinhartmannsdorf verkörpert die Vereinsgeschichte zugleich ein Stück Zeitgeschichte. 1888 wurde der „Königlich-Sächsische Militär-Verein zu Kleinhartmannsdorf" zur „Förderung der ehrenhaften Gesinnung" gegründet, genau hundert Jahre später eine Antennengemeinschaft zur Förderung des Westempfangs im Fernsehen. Der Antennengemeinschaft gehörten immerhin 116 Einwohner an - bei einer Gesamtbevölkerung von gut 500 eine echte Massenbewegung. Da die Regel galt: Je schlechter das Wetter, so besser das Westbild, hatte vor allem bei dichtem Nebel fast jede Familie Westempfang. Von wegen - Tal der Ahnungslosen!

Seit 1994 organisiert der Heimatverein die Dorffeste vom Maibaumsetzen bis zum Weihnachtsbasteln, der Karnevalsverein lässt es in der fünften Jahreszeit so richtig krachen.

Kleinhartmannsdorf ist wahrscheinlich schon kurz nach 1150 besiedelt worden und hat heute immer noch sein dörfliches Aussehen bewahrt. Drei- und Vierseitenhöfe prägen das Ortsbild, einer davon - der in der Freiberger Straße gleich am Ortseingang aus Richtung Langenau - wurde sogar im Landeswettbewerb um das schönste Dorf für die gelungene Umnutzung zu Wohnzwecken preisgekrönt.

Die Kleinhartmannsdorfer Kirche wurde um 1517 gebaut und zählt zu den ältesten in Sachsen. Sie soll einmal eine Wehrgangkirche gewesen sein. Schon im Jahr 1535 wird erstmals eine Schule im Ort erwähnt, berichtet die sehr sorgfältig und detailreich verfasste Broschüre „Historische Ereignisse" aus Eppendorf und Kleinhartmannsdorf, die von Heimatforschern beider Ortsteile zusammengetragen wurde. Darin steht auch, dass es 1850 noch vier Mühlen in Kleinhartmannsdorf gab; die letzte war bis 1930 in Betrieb.

Spielzeugparadies für Große und Kleine

Weil der Boden im Erzgebirge nie der beste war, waren die Menschen oft gezwungen, einen Nebenerwerb zu suchen, zum Beispiel durch Schnitzen und Drechseln. Holz war ja reichlich vorhanden.

In Kleinhartmannsdorf gründete Hermann Rülke 1887 eine Puppenmöbelfabrik. Sein Urenkel, Hans-Jörg Rülke, führt diese Tradition heute in der vierten Generation fort und ist mit mehr als vierzig Mitarbeitern heute einer der wichtigsten Arbeitgeber in Eppendorf.
Als zweite Produktionsrichtung werden in der Rülke GmbH komplizierte Massivholzteile computergesteuert gefräst, zum Beispiel für die Fahrzeugindustrie. Abnehmer für solche Spezialanfertigungen hat das Unternehmen europaweit.
Vor allem aber entstehen hier auf modernsten Maschinen traditionelle Puppenmöbel, Puppenhäuser, Kasperlefiguren und Kaufläden. Für diese erzgebirgischen Qualitätswaren gibt es nicht nur in ganz Europa, sondern auch in den USA und Japan Abnehmer. Schon die Spielzeugauswahl im betriebseigenen Laden lässt Kinderherzen höher schlagen - und auch die von Erwachsenen.

Falkenau

Schwärmerei mit Folgen

Den Stolz der Falkenauer auf die Schönheit ihres terrassenförmig entlang der Flöha angelegten Ortes widerspiegelt eine Geschichte, die heute noch gern erzählt wird. Sie spielt im Jahr 1806, als Kaiser Napoleon auf einem seiner Feldzüge durch den Ort marschiert war. Die Buche, an der er mit seiner Truppe rastete, hieß von da an nur noch „Napoleonbuche" und wurde so lange gepflegt, bis sie wirklich nicht mehr zu halten war.

Doch zurück ins Jahr 1806: Damals war ein junger französischer Offizier vom Tal und dem Fluss so fasziniert, dass er später, nachdem er seinen Abschied vom Militär genommen hatte, nach Falkenau zurückkehrte.

Jener Carl Ludwig Louis Beaumont ist nicht nur als begeisterter Durchreisender für Falkenaus Geschichte von Bedeutung. Er schuf den Grundstock dafür, dass der Ort an der Flöha zu einem Zentrum modernster Textilindustrie wurde. Flachs und Wolle wurde hier schon früher verarbeitet, eine mit Wasser betriebene Walkmühle gab es auch, die den Oederaner Tuchmachern gehörte. Beaumont nun errichtete zwei Spinnmühlen. Aus einer wurde seine eigene Spinnerei im Schieferbachtal, aus der anderen entstand die Fiedlersche Tuchfabrik.

Ab 1880 ließ der Falkenauer Georg Liebermann, der diese und weitere Tuchfabriken aufgekauft hatte, die modernsten Spinnmaschinen aus England anliefern, um Garne zu produzieren. Die hatten auch im Ausland einen ausgezeichneten Ruf, selbst noch hundert Jahre später: Die Falkenauer Spinnerei wurde zum Vorzeigebetrieb der DDR-Textilindustrie. Mit den damals modernsten Maschinen ausgestattet, arbeiteten hier in den siebziger und achtziger Jahren rund 600 Beschäftigte in Tagschichten und rollender Woche. Nach 1990 wurden die Anlagen demontiert, die meisten Maschinen nach Mexiko und Pakistan verkauft. Die einstige Spinnerei ist heute ein Gewerbepark für verschiedene kleine und mittlere Betriebe.

Die Textiltradition des Ortes wird seit 1998 wieder in der neu gegründeten Spiga Spitzen und Gardinenmanufaktur GmbH fortgesetzt.

Von Rache und vom Rutsch

Falkenau hat zwei geologische Besonderheiten aufzuweisen, zu denen ebenfalls bekannte Geschichten gehören: den „Wandernden Berg" und die „Schwedenlöcher".

Die Höhenlagen der Gemarkung Falkenau bieten einen phantastischen Blick auf die Erzgebirgslandschaft. Der Birkenwald hinter der Brücke ist „die Rutsch".

Die Schwedenlöcher im Schweddaytälchen sind eines der wenigen Kalkvorkommen im Erzgebirge. Hier wurde schon in der Mitte des 15. Jahrhunderts Kalk für die Chemnitzer Stadtmauer und später auch für die Augustusburg abgebaut.

Der Sage nach soll sich hier im Dreißigjährigen Krieg ein junger Schmied versteckt haben, dessen Frau kurz nach der Hochzeit von den Schweden ermordet worden war. Blind vor Schmerz und Hass nahm er von hier aus Rache. Immer wieder verschwanden Soldaten aus dem Lager der Schweden. Doch nachdem ein Holzfäller beobachtet hatte, wie der Schmied einen Soldaten in den Höhlensee im Inneren der Schwedenlöcher warf, verriet er ihn für einen Beutel Geld. Die Schweden überwältigten den jungen Schmied und befahlen ihm, den Ort zu zeigen, an dem die vermissten Soldaten lagen. Das tat er, doch er führte die Schweden nicht wieder aus den Stollen hinaus, sondern in einen brüchigen Gang, den er zum Einsturz brachte. Alle wurden verschüttet, auch der unglückliche junge Schmied.

Eine wirklich dramatische Geschichte. Aber vielleicht haben die „Schwedenlöcher" ihren Namen auch vom kleinen Schweddaytal.

Der „Wandernde Berg" begann sein Wandererdasein mit dem Bau der Eisenbahnlinie Dresden - Werdau 1865. Als für die Bahngleise ein steiler Berghang angeschnitten wurde, nahm das der Berg übel. Immer wieder rutschten Teile weg, was den Bahnverkehr vorübergehend zum Erliegen brachte, bis der Hang terrassenförmig befestigt wurde. Aber so richtig zur Ruhe gekommen ist der „Wandernde Berg" wohl immer noch nicht. Weil er aber eher rutscht als wandert, nennen ihn die Falkenauer auch kurz und bündig „Rutsch". Übrigens nicht der, sondern „die Rutsch" - also das gleiche Phänomen wie bei „die Bach".

August 2002: Falkenau landunter

Das Foto zeigt die „Insel", bis 1887 der Platz für die Flößer, später ein Dorfplatz, seit rund 50 Jahren durch Erdauffüllungen an Land geholt, nach der Hochwasserkatastrophe vom August 2002.
Falkenau und Hetzdorf waren schon öfter von Hochwasser heimgesucht worden, aber nie so verheerend wie in jenen Tagen. Viele noch frische Erinnerungen an die dramatischen Ereignisse jener Tage hat Ortschronistin Heike Hänsch buchstäblich im letzten Moment noch in ihre schon fast fertiggestellte Publikation „Beiträge zur Geschichte" anlässlich des 625-jährigen Bestehens von Falkenau im Jahr 2002 aufnehmen können.

Bereits kurz nach Mittag am 12. August waren große Teile von Hetzdorf landunter und der Ort von Stromversorgung und Telefonnetz abgeschnitten, noch bevor Katastrophenalarm im Kreis ausgelöst wurde. Damit einige Leute von Breitenau zu ihren Häusern in Falkenau gelangen konnten, gab Bürgermeister Martin Müller kurzentschlossen die alte Hetzdorfer Brücke frei. Von dort aus musste er einen erschütternden Anblick erleben, wie er in seinem Augenzeugenbericht jener dramatischen Tage schreibt.

In einigen Bereichen hatte der Wasserstand jetzt schon die vier Meter über normal erreicht - und das Wasser stieg weiter. Aus der Zwirnerei mussten am nächsten Morgen neun Menschen mit Hubschraubern evakuiert werden, nachdem sie die ganze Nacht dort auf Rettung gewartet hatten. Selbst mit Schlauchbooten war hier kein Herankommen mehr möglich.

Durch mehr als fünfzig Häuser war das Wasser getost, hatte Brücken zerstört, Straßen unterspült und Gleise weggerissen. Um die Schäden zu beseitigen, packten viele Helfer mit an und machten so den Betroffenen wieder Mut.

Hetzdorfer Viadukt - ein imposantes Zeugnis deutscher Ingenieurbaukunst

Die Parteien streiten gelegentlich, ob es „der" oder „das" Viadukt heißt (laut Duden ist beides möglich). Aber unbestritten ist, dass es sich bei der Eisenbahnbrücke, die in einem eleganten, gewaltigen Bogen das Flöhatal überspannt, um ein wirklich beeindruckendes Bauwerk handelt. Von 1867 an ist es für den Bau der Eisenbahnstrecke Dresden - Zwickau als höchste einetagige Brücke Deutschlands errichtet worden. Der Viadukt mit vier großen und dreizehn kleinen Bögen ist 43 Meter hoch; die Kurve, die er beschreibt, hat einen 572 Meter großen Radius. Die alte Ortschronik berichtet, dass es bei den Bauarbeiten so viele Unfälle gab, dass in einer nahe gelegenen Mühle ein Lazarett eingerichtet werden musste. Die erste Lok fuhr am 23. September 1868 im Belastungstest über die Brücke, offiziell eingeweiht wurde das Bauwerk ein Jahr später.

Mehrfach erlebte auch der Viadukt in historischen Momenten selbst kritische Situationen. Noch in den letzten Tagen des II. Weltkrieges sollte er gesprengt werden. Und als in der Nacht vom 4. zum 5. Oktober 1989 die DDR-Flüchtlinge mit Zügen aus Prag über Dresden und Chemnitz Richtung Westen gefahren wurden, war der Viadukt von hunderten Menschen belagert, die auf die Waggons aufspringen wollten, denn hier fuhr jeder Zug besonders langsam. Doch nur der erste der Flüchtlingszüge passierte die Stelle. Die anderen wurden kurzentschlossen umgeleitet, das gesamte Gelände abgeriegelt, die Wartenden festgenommen.

1992 wurde der Viadukt als Bahnstrecke stillgelegt, da zwei neue Brücken in Funktion genommen werden konnten. Schon kurz zuvor hatte sich ein Interessenverein gegründet, der sich das Ziel stellte, die Brücke zu bewahren und begehbar zu machen.

Zum großen Fest „125 Jahre Hetzdorfer Viadukt" im August 1994 war es soweit. Die Wanderwege zum Viadukt waren ausgebaut, die Brücke konnte auch überquert werden und bot den Besuchern einen atemberaubenden Blick ins Tal. Mehr als 10.000 Gäste kamen zu diesem unvergesslichen Brückenfest. Fünf Jahre später waren es noch viel mehr. Das Festkomitee hatte eine dreitägige Riesenparty mit einem Programm organisiert, das keine Wünsche offen ließ. Ein Feuerwerk, das das ganze Tal beleuchtete, war der krönende Abschluss der Feier.

Seit Ostern 2000 ist das technische Denkmal öffentlich begehbar, nach Voranmeldung ist auch der Einstieg in das Innere des Bauwerkes möglich.

Einen besonderen Moment erlebte der Viadukt während der 775-Jahr-Feier Oederans im Jahr 2002, als hier zehn Chöre des Kreises und 3000 Besucher unter dem Dirigat von Volksmusikstar Gotthilf Fischer Volkslieder sangen.

In der Spitzen- und Gardinenfabrikation Spiga GmbH in Falkenau werden hauchdünne Polyamidseidenfäden hergestellt, die zu Spitzen für Dessous und Miederwaren verarbeitet werden. Das Unternehmen war 1993 von vier Mitarbeitern gegründet worden investierte rund 20 Millionen Euro in eine neue Produktionshalle mit 28 modernen Spitzenraschelmaschinen und hat mittlerweile mehr als 30 Mitarbeiter. 60 Prozent der Spitzen werden nach Westeuropa exportiert.

Flöha

Die Stadt an den zwei Flüssen

Gleich an zwei Flüssen ist Flöha gelegen - an der Zschopau und der Flöha, die sich im Nordwesten der Stadt vereinigen. Das symbolisiert auch das Wappen von Flöha, dessen Hauptmotiv schon 1899 vom damaligen Ortschronisten Rudolph Hans vorgeschlagen wurde: zwei junge Wasserträgerinnen, die sich die Hände reichen.

Kurioserweise hat Flöha sein Wappen fast hundert Jahre lang genau genommen illegal benutzt. Wie der rührige Ortschronist Lothar Schreiter in seinem facettenreichen und unterhaltsamen Buch „Eine Chronik von Flöha" schreibt, hat das Regierungspräsidium Chemnitz erst 1994 bemerkt und beanstandet, dass das Stadtwappen noch gar nicht behördlich genehmigt worden sei. Drei Jahre noch hat es gedauert, bis der Mangel behoben war und die Stadt nun auch mit offizieller Zustimmung ihr Wappen führen darf. Gut Ding will eben Weile haben.

Vom Sonderfall Großschirma abgesehen ist Flöha die jüngste unter den Städten im Landkreis Freiberg. Obwohl Flöha bereits seit 1874 Sitz der Amtshauptmannschaft war - des Landratsamtes, wie wir heute sagen würden - erhielt es erst 1933 den Status einer Stadt und ist jetzt Große Kreisstadt.

Drei Paukenschläge veränderten alles

Am Anfang der Geschichte stehen vier Dörfern rund um einen Talkessel, die wie viele andere auch in der Region von Siedlern dem dichten Wald abgerungen worden waren: Flöha, Gückelsberg, Plaue und Bernsdorf.

Bescheidenes Handwerk entwickelte sich, in der Nähe wurde zeitweise auch Bergbau in wenig ertragreichen Steinkohlengruben und den Kalkbrüchen in der Schweddey betrieben. Dennoch wären diese Orte im Schatten der aufblühenden Städte Chemnitz und Oederan mit ihren starken Zünften ruhige Bauerndörfer geblieben, hätte es nicht im 19. Jahrhundert eine „paukenschlagartige" Veränderung gegeben, wie Lothar Schreiter bezeichnet, was dann geschah. Genau genommen waren es drei Paukenschläge.

Der erste hängt mit der von Napoleon verhängten Kontinentalsperre zusammen, die sehr schnell dazu führte, dass englische Waren - normalerweise billig, da maschinell gefertigt - knapp wurden. Das war der letzte Anreiz für deutsche Unternehmer, nun auch Fabriken zu errichten. Weil dafür die Kraft von Wasser benötigt wurde, das nicht nur schnell, sondern auch kontinuierlich fließen musste, bot die Zschopau in Plaue beste Bedingungen. Ein Chemnitzer Unternehmer ließ hier 1809 eine Spinnerei errichten, die schon drei Jahre später 160 Beschäftigte hatte - eine gewaltige Zahl für diese Zeit. Die bald nach ihrem späteren Besitzer Ernst Iselin Clauss benannte Fabrik erwarb sich schnell einen guten Ruf, wurde immer wieder erweitert und beschäftigte 1908 die unglaubliche Zahl von 1.140 Arbeitern. Bereits im 19. Jahrhundert hatte die Spinnerei für jene Zeit so außergewöhnliche Einrichtungen wie eine Kranken-Unterstützungskasse, Unfallversicherung und sogar eine „Kinderbewahranstalt" aufzuweisen.

Schon bald entstanden weitere Spinnereien in Flöha und Gückelsberg, „für damalige Verhältnisse riesige Neubauten mit einer bisher nicht dagewesenen Menschenballung", wie Lothar Schreiter hervorhebt. Immer mehr Menschen zogen hierher, Baugewerbe und Handwerk entwickelten sich rapide.

„An den Weltverkehr angeschlossen"

So wurde die Zeit reif für den zweiten Paukenschlag: den Bau einer Eisenbahnstation. Doch so etwas wollten die Hiesigen gar nicht haben. „Es muss sehr haarig zugegangen sein", beschreibt der Ortschronist die Querelen, die um den Bahnbau entbrannten. Die Bauern argwöhnten, dass da nur fremdes Volk ins Dorf käme, Anlieger wurden enteignet, um Baugrund zu gewinnen.

Allen Protesten zum Trotz wurde der Bahnhof in Flöha 1866 feierlich eingeweiht. Über die eingleisige Strecke Chemnitz - Annaberg waren Flöha, Plaue und Gückelsberg nun „an den Weltverkehr angeschlossen", wie Lothar Schreiter mit vielleicht nicht ganz ernst gemeinter Euphorie formuliert.

Wenig später wurden die Strecke nach Dresden und die Flöhatalbahn eröffnet, was Flöha zum Umsteigebahnhof mit wenig weltmännischen Gegebenheiten machte: Nicht selten - so berichtet die Chronik - mussten die Reisenden durch die Abteile eines haltenden Zuges hindurch gehen, um zu ihrem Gleis zu gelangen. Als nach jahrzehntelangem Hin und Her 1934 endlich der Bahnhof umgebaut und ein neues Empfangsgebäude errichtet worden war, empfand der Bürgermeister dies als so bedeutend für die Stadtgeschichte, dass er die Einwohner ausdrücklich aufforderte, ihrer Freude darüber besonderen Ausdruck zu verleihen.

Der Flöaher Bahnhof heute. Der neue Bahnhof wurde in den dreißiger Jahren nach der dominierenden Werbung auch spöttisch „Odol-Bahnhof" genannt.

Immer vom Modernsten

Für den dritten Paukenschlag zur Stadtwerdung haben die Flöaher mit viel Cleverness und Bürgersinn gesorgt. Als 1874 ein Sitz für die neu zu bildende Amtshauptmannschaft gesucht wurde, setzte sich das Dorf erfolgreich gegen zwei Städte durch, die sich heftig um dieses Privileg bewarben: Augustusburg und Oederan. Hauptgrund dafür war die gute Erreichbarkeit Flöhas. Aber zu der Entscheidung mag auch beigetragen haben, dass der Gemeindevorstand vorübergehend sein Haus für die Geschäftsräume zur Verfügung stellte und die Inhaber der Baumwollspinnerei Clauß Bauland zu einem günstigen Preis anboten.

Von nun an war Flöha in vielen Dingen andere Städten ein gutes Stück voraus. So wurde zum Beispiel hier schon 1895 elektrische Straßenbeleuchtung eingeführt, das erste Kino 1909 eröffnet (ein zweites folgte kurz danach) und in den zwanziger und dreißiger Jahren gab es in Flöha und Plaue bereits neun Tankstellen!

Preisgekrönte Architektur fürs Gymnasium

Das 1996 eingeweihte Samuel von Pufendorf-Gymnasium, ein lichtdurchfluteter Rundbau, bietet rund 1.000 Schülerinnen und Schülern Platz. Seine Architekten wurden mit dem deutschen Architekturpreis ausgezeichnet.

Benannt ist das Gymnasium nach dem bedeutendsten Sohn Flöhas. Der in Dorfchemnitz geborene Samuel von Pufendorf, der von 1633 bis 1645 seine Kindheits- und Jugendjahre in Flöha verbrachte, ist zwar heute kaum noch bekannt, gilt aber als einer der bedeutendsten Vertreter der deutschen Frühaufklärung, als einer der geistigen Wegbereiter für Größen wie Kant und Hegel. Als Natur- und Völkerrechtsgelehrter verfasste er für die damalige Zeit außerordentlich kühne Schriften. So wandte er sich gegen die weltlichen Machtansprüche des Papstes und postulierte, dass die Bürger einem Herrscher nicht zu Treue verpflichtet seien, wenn jener seine eingegangenen Verpflichtungen dem Land gegenüber nicht einhalte. Dann sei es Recht der Bürger, für einen Staat zu sorgen, der ihre Freiheit, ihr Leben und ihr Eigentum sichert. Fast alle seine Werke kamen auf den Index - wohl auch deshalb ist Pufendorf etwas in Vergessenheit geraten.

Für außergewöhnliche Leistungen vergibt die Stadt Flöha die Samuel von Pufendorf-Medaille.

Große Pläne für die „Baumwolle"

Die Alte Baumwolle, die ehemalige Spinnerei Clauß. Sie soll einmal die Funktion eines Stadtzentrums übernehmen.

Nach einem Stadtzentrum fragt der Ortsfremde in Flöha vergeblich. Die Stadt ist nicht über Jahrhunderte organisch gewachsen, sondern hier wurden erst vor ein paar Jahrzehnten per Weisung miteinander konkurrierende Orte zusammengelegt, die sich durch die Industrialisierung ganz rapide und planlos entwickelt hatten.

Legendär sind die Streitigkeiten zwischen Plaue und Flöha. In Plaue standen die meisten Fabriken. Nach der Claußschen Spinnerei wurden hier zum Beispiel noch eine Buntpapierfabrik und eine Tüllfabrik eröffnet, in der feine Gespinste „für Spitzen, Gardinen, Corsets, Tapisserie und Glühlichtzwecke" hergestellt wurden. Die meisten Arbeiter kamen aus den Nachbarorten, während Plaue mit seinen wenigen Einwohnern und vielen Fabriken unter die zwanzig reichsten Städte Deutschlands geriet - pro Kopf gerechnet. Klar, dass sich die Plauener nichts von den Flöhaern sagen lassen wollten. Sie gründeten 1930 sogar einen geheimen Ausschuss, der den Flöhaer Bürgermeister stürzen und durch einen Plauener ersetzen sollte. Mit der Eingemeindung wurde Plaue auch noch in „Flöha-Süd" umbenannt. Aber diese Schmach wurde 1990 getilgt, jetzt heißt es wieder „Ortsteil Plaue".

Die ehemalige Baumwollspinnerei Clauß soll künftig die Funktion eines Stadtzentrums übernehmen. Nach dem Ausbau werden hier Gewerbebetriebe, Geschäfte, Restaurants und Vereine Einzug halten. Noch geht es zäh voran, es bräuchte dazu auch eine kräftige Konjunktur. Aber mit dem Baubeginn der neuen, dreispurigen Brücke zur alten Baumwollspinnerei haben sich die ersten Interessenten gemeldet.

Andere Städte brauchten schließlich auch lange Zeit, bis sie städtische Strukturen entwickelten.

Versteckte Anspielung

Eine besondere Bewandtnis hat es mit den acht großen Gemälden im Ratssaal des Flöhaer Rathauses. Der Plauener Rittergutsbesitzer Carl Louis Uhle, der in die Firma Clauß eingeheiratet hatte, ließ sie zwischen 1872 und 1877 von dem Dresdner Kunstprofessor Ernst Erwin Oehme fertigen, dem Direktor der Kunstakademie in Dresden. Uhle beauftragte den Maler, seine Familie in einem mittelalterlichen Milieu darzustellen und dabei das „Lied von der Glocke" als Thema zu nehmen.

Es heißt, der Maler habe nicht nur die Familie Uhle, sondern auch etliche andere Plauener Bürger porträtiert. So soll der weinselig dreinschauende Mann in der Kutte dem damaligen Pfarrer einer Nachbargemeinde sehr ähnlich gesehen haben. Der sicher gut bezahlte Auftrag muss dem Künstler hochwillkommen gewesen sein, wie eine listig versteckte Inschrift verrät. Was aussieht wie eine blaue Stickerei auf dem Häubchen einer Frau, ist in Wirklichkeit der mit einem feinen Pinsel in Großbuchstaben niedergeschriebene Stoßseufzer Oehmes: „Wenn nur Herr Clauß die Treppe malen liess und wenn es nur viele Uhle gaebe!"

Sachsens künftiger Wald lagert in Flöha

Seit mehr als fünfzig Jahren schon liegt die Zukunft von Sachsens Wäldern in Flöha - und zwar im Wortsinn. In der hiesigen Staatsdarre werden die Samenbestände von Laub- und Nadelbäumen gelagert. Gesammelt werden die Bucheckern, Eicheln oder Zapfen in den Wäldern per Hand oder mit Netzen. Danach werden sie in der Darre gereinigt und getrocknet. Die Samen lagern mit exaktem Herkunftsnachweis bei plus 3 Grad, bis sie beispielsweise an Baumschulen oder Pflanzenzuchtbetriebe ausgeliefert werden.

Wildwassertouren und Paddeln um den großen Pott

Im Selbstverständnis der Flöhaer ist ihre Heimat weniger eine Kultur- als eine Sportstadt. Da haben sie große Traditionen. Schon Mitte des 19. Jahrhunderts entstanden die ersten Turnergruppen. Ab 1920 wurde Flöha sogar zu einer Wiege des sich gerade entwickelnden Handballs in Deutschland. Viele Regeln für den Feldhandball sind damals von vier Flöhaer Sportlehrern entwickelt worden, die die ortseigene Handballmannschaft trainierten. Damals wurde Handball noch auf dem Fußballplatz gespielt und das erforderte ein spezielles Regelwerk. Auch Klasseneinteilung, Spielgruppenbildung und Pokalsystem wurden zu großen Teilen in Flöha entwickelt, hier erschien außerdem Deutschlands erste Handballzeitung. Jetzt hält der VfB Blau-Gelb 21 Flöha die Handballtradition der Stadt aufrecht.

Ein beliebtes Gaudi für die Flöhaer: das Flusspiratentreffen auf der Zschopau. Als 1998 bei der 599-Jahr-Feier Flöhas regelrechte Seeschlachten ausgetragen und sogar der Untergang der Titanik nachgestaltet wurde (Eisberg inklusive!), war eine neue Tradition geboren. Seitdem finden die Flusspiratentreffen jährlich statt, wenn es der Wasserstand der Zschopau erlaubt.

Erfordern Mut und Geschick: Wildwasserfahrten auf der Zschopau. Die ersten wurden schon 1923 von Wassersportlern aus Plaue organisiert.

Erfolgreichster Sportverein der Stadt ist jetzt der Kanusportverein 1928 Flöha e.V., der siebzig Mitglieder zählt und Talentestützpunkt in Sachsen ist. Er kann sogar eine Olympiateilnehmerin vorweisen: Die Flöhaer Kanutin Anita Nüssner startete zu den Olympischen Spielen 1968 in Mexiko und erkämpfte einen 6. Platz. Als Trainingszentrum hat der Verein nun eine ganze Reihe erfolgreicher junger Nachwuchssportler, die bei Landesmeisterschaften vordere Plätze belegten. Doch Christian Rößler, seit mehr als dreißig Jahren Übungsleiter im Kanusportverein, möchte noch mehr junge Leute für diesen Sport begeistern.

„Es ist ein sehr trainingsintensiver Sport, aber dafür auch sehr naturverbunden", meint er. „Wir sind immer im Freien, übernachten oft im Zelt, wenn wir zum Training oder zu Wettkämpfen unterwegs sind."
Der Veranstaltungskalender der Kanusportler reicht vom Bootstest beim Anpaddeln bis zur großen Herbstregatta, zu der um die 350 Starter nach Flöha kommen. Für den Breitensport organisiert der Verein Veranstaltungen mit Schulklassen, Ferienlager und Pfadfindercamps auf dem idyllisch gelegenen Campingplatz, der zum Trainingszentrum gehört. Beliebt sind auch Familienveranstaltungen wie der Wettkampf um den Pokal, der lakonisch „Der große Wehr-Pott" heißt.
Dem 1923 fertig gestellten Wehr nahe dem Bootshaus verdankt der Verein nicht nur ideale Trainingsbedingungen. „Es ist eine auch historisch bedeutsame Anlage, ein wirkliches technisches Denkmal", beschreibt Christian Rößler. „Der Mechanismus ist so ausgeklügelt, dass das Wehr automatisch den Wasserspiegel hält. Es dürfte in Deutschland nur wenige solcher Anlagen geben, die auch noch funktionieren; in Sachsen ist es die einzige."
Mit Nachdruck wirbt der Verein für die nun überfällige Sanierung der Anlage - nicht nur wegen der Trainingsbedingungen, sondern auch damit der Grundwasserspiegel in der Umgebung auf gleicher Höhe bleibt.

Dramatische Tage: Als Flöha in den Fluten versank

Bild oben: In der Innenstadt von Flöha versucht am Tag 2 der Katastrophe ein schwerer LKW der Bundeswehr, sich einen Weg durch die bis zu eineinhalb Meter überfluteten Straßen zu bahnen.
Bild unten: ein Fahrzeug der Bundeswehr will durch die überfluteten Straßen und bleibt dabei liegen.

Unauslöschlich werden jene schlimmen Tage im August 2002 denen bleiben, die miterleben mussten, wie eine ganze Stadt in den Fluten versank. Binnen weniger Stunden stand Flöhas Innenstadt bis zu zweieinhalb Meter unter Wasser. Die reißende Flut toste durch die Häuser, als sei da kein Hindernis. Brücken brachen, Straßen wurden weggespült, Öltanks mitgerissen. Dass die Katastrophe vom 12. und 13. August 2002 in Flöha keine Toten forderte, grenzt an ein Wunder und ist nur dem entschlossenen Einsatz der Rettungskräfte zu danken.

Hochwasser hat es in Flöhas Geschichte immer wieder gegeben. Die Flüsse luden ein zur Besiedlung der Ufer und zum industriellen Aufschwung mit Wasserkraft, aber sie bargen auch Gefahren. So manches Mal in vergangenen Jahrhunderten vernichteten die anschwellenden Fluten nicht nur Häuser, sondern auch die Felder und bescherten den Betroffenen zu allem Unglück dazu auch noch eine schlimme Hungersnot.

Die Flöhaer hatten gelernt, mit den Risiken zu leben. Sie bauten Deiche und Wehre, massive Keller und Mauern, in der Talaue wurden die Häuser erst ab dem Hochparterre bewohnt.

Doch mit solchen Wassermassen wie an jenen beiden verhängnisvollen Tagen hatte niemand zuvor gerechnet.

Zum Vergleich: Der Durchfluss an der Stelle, wo sich Flöha und Zschopau vereinigen, beträgt im Durchschnitt 21 Kubikmeter pro Sekunde. Auf dem Höhepunkt der Katastrophe jedoch wurden 1.250 Kubikmeter pro Sekunde gemessen, also fast das Sechzigfache des Mittelwertes!

Das Unglück beginnt an einem Montag.
Am Morgen ist alles noch friedlich; es hatte stark geregnet, aber darin sieht noch niemand einen Grund zur Sorge. Doch schon am Mittag erreicht die Flöha - sonst ein träger Fluss - die Höhe der Straßenkante und überflutet die Gartenanlage Sonneninsel. Am Nachmittag sind Flöha und dann auch Zschopau so stark über die Ufer getreten, dass binnen Minuten die gesamte Talaue überschwemmt ist. 17 Uhr ist Plaue landunter, Strom und Telefonnetze brechen zusammen, die Ferngasversorgung wird aus Sicherheitsgründen abgeschaltet. Da ist im gesamten Kreis schon seit eineinhalb Stunden der Katastrophenalarm ausgerufen, viele Orte sind von der Außenwelt abgeschnitten. In der Nacht tost das Wasser mit bis zu 1,91 Meter Höhe durch die Augustusburger Straße.

Doch der dramatischste Moment ereignet sich in Flöha am Dienstag kurz nach elf Uhr, als eine Behelfsbrücke - das Provisorium soll die Kirchenbrücke ersetzen, die gerade repariert wird - in die Flöha stürzt und den Fluss wie ein Schott verriegelt. Binnen Sekunden sucht sich die reißende Flut einen neuen Weg, bildet Wasserarme aus und strömt durch die Stadt.

Sofort herbeigerufene Rettungshubschrauber müssen zehn Personen aus akuter Lebensgefahr retten. Auch aus dem Kindergarten in der Talstraße und vom Dach der Mittelschule müssen Kinder mit dem Hubschrauber evakuiert werden.

Für die Flöhaer Feuerwehr, die seit jeher einen guten Ruf und das Image hatte, über die modernste Technik zu verfügen, werden diese Tage zur härtesten Probe. Die Kameraden gehen über alle Grenzen ihrer Belastbarkeit. Dabei müssen einige von ihnen zusehen, wie die Fluten die eigenen Häuser zerstören, während sie selbst im Einsatz um Menschenleben kämpfen.

Mit Bergepanzern versuchen Soldaten der Bundeswehr Tage später die Behelfsbrücke zu bergen, die wie ein Schott den Fluss abgeriegelt hatte.

Unterspült und schwer beschädigt: dieses Wohnhaus eines Feuerwehrmannes in der Augustusburger Straße. Während des Einsatzes auf der anderen Flussseite musste der Betroffene mit ansehen, wie ein ganzer Teil des Hauses wegbrach.

Not macht erfinderisch: Zwei Gymnasiasten aus Flöha tragen ihre Räder über eine alte Holzleiter auf die Fußgänger- und Radfahrerbrücke. Der Radweg war metertief durch die Flutkatastrophe weggerissen worden. Hier am Zusammenfluss von Flöha und Zschopau hatte das Hochwasser besonders viel Schaden angerichtet.

Ärmel hoch und zugepackt - Hilfe von Freunden und Fremden

Erst am Mittwoch, dem 14. August, ist das Wasser so weit abgeflossen, dass mit dem Aufräumen begonnen werden kann. Aber jetzt erst wird das ganze Ausmaß der Zerstörung sichtbar - ein erschütternder Anblick. Und über all dem liegt stinkender schwarzer Schlamm. Trinkwasser muss in Flaschen von Hilfskräften ausgeteilt werden.

Manchem stehen die Tränen in den Augen. Achtzig Prozent der Fläche Flöhas sind betroffen, sechzig Prozent der Familien, resümiert Lothar Schreiter später in seiner Hochwasserchronik, die der von ihm geleitete Verein für Stadtgeschichte herausgegeben hat.

Wer Wasser in der Stube hatte, kann das gesamte Mobiliar nur noch auf den Sperrmüll schaffen.

Doch Jammern hilft nicht. So packen die Flöhaer an und schaufeln Schlamm - tagelang. 4.700 Tonnen Sperrmüll und 7.000 Tonnen Schlamm kommen dabei zusammen und müssen entsorgt werden.

Doch die Flöhaer erleben in all dem Unglück auch Ermutigung. Unzählige Helfer rücken an; Bekannte, aber auch Fremde aus den nicht betroffenen Orten, die angesichts des Elends nicht nur zusehen wollen. Zusätzlich zu Technischem Hilfswerk, Bundeswehr und DRK kommen noch Rettungskräfte von weiter her. Am 14. August treffen 100 Mann Verstärkung aus Bamberg und Hof ein, am Abend ein Zug Feuerwehrleute aus Freibergs Partnerkreis Calw. Auch Feuerwehrleute aus Düsseldorf - Partnerstadt von Chemnitz - kommen helfen.

Fernseh- und Presseberichte über die Lage in Flöha haben viele Menschen erreicht und so sehr bewegt, dass sie für den Wiederaufbau spenden. Zum Beispiel übergibt die Akademie für Tonkunst Darmstadt der schwer betroffenen Musikschule Geld für neue Noten und Instrumente.

Auch das wird in Flöha unvergessen bleiben - „ein Stück gelebter deutscher Einheit", wie Landrat Volker Uhlig später resümiert.

Als im Jahr darauf Südfrankreich in Fluten versinkt, nehmen fünf Flöhaer Feuerwehrleute eine Woche Urlaub, um Hochwasseropfern in Arles zu helfen.

Als das Wasser abgeflossen ist, krempeln die schwer getroffenen Flöhaer die Ärmel hoch und machen sich an die Beseitigung der Schäden.

Bild rechts: Im Frühjahr darauf herrscht rege Bautätigkeit an der Zschopau, wenige Meter vorm Zusammenfluss mit der Flöha. Die vom Hochwasser weggerissene Uferbefestigung wird mit einer Stützmauer erneuert.

Frankenstein
Silbermann-Orgel und Pfeifen-Erlass

In Frankenstein weist schon der Ortsname klar auf die Gegend hin, aus der die ersten Siedler gekommen sein müssen. Es ist eines der ältesten Dörfer im Kreis Freiberg, denn es wird bereits 1185 erwähnt und muss also schon einige Zeit zuvor gegründet worden sein.

Die Frankensteiner Kirche - bereits 1206 in alten Schriften genannt - ist mehrmals abgebrannt und immer wieder aufgebaut worden. Hier befindet sich eine der wertvollen Silbermann-Orgeln. Dieser Auftrag war, abgesehen von der katholischen Hofkirche in Dresden, der letzte, den der große sächsische Orgelbaumeister annahm. Während der Arbeit an der Frankensteiner Orgel verschlechterte sich sein ohnehin angeschlagener Gesundheitszustand so sehr, dass sein Neffe Johann Daniel Silbermann das Werk vollendete. 1752 wurde die Orgel geweiht, 130 Jahre später durch einen Brand beschädigt und wieder repariert. 1997/98 haben die Fachleute der Orgelbaufirma Wieland Rühle Moritzburg das wertvolle Instrument restauriert. Dabei gab es eine freudige Überraschung für die Frankensteiner: „Die Hälfte der Kosten, 100.000 Mark, steuerte ein großer Silbermannfreund aus Bonn bei", berichtet Ortschronist Manfred Tietz.

Für seine akribisch zusammengetragene Dorfchronik hat Manfred Tietz auch einige Details aufgespürt, die beweisen, dass merkwürdige Vorschriften mit bizarrer Detailliertheit keine Erfindung der Neuzeit sind. So fand er in der „Gottesackerordnung", die Anfang der 15. Jahrhunderts für die Frankensteiner galt, den Vermerk, dass es von nun an bei Strafe verboten sei, Pferde, Schweine und anderes Vieh auf dem Friedhof weiden zu lassen. Davon ausgenommen war jedoch Geflügel.

Eine bemerkenswerte Order erging 1910 von der „Königlich Amtshauptmannschaft im Auftrag der Königlich Sächsischen Staats-Eisenbahn" an den „Herrn Gemeindevorstand zu Frankenstein". Der sollte nämlich umgehend dafür sorgen, dass die Benutzung von Dampfpfeifen und Motorsirenen sowie der Gebrauch selbiger an Karussells, Schaukeln usw. nur erlaubt ist, wenn die lärmenden Gerätschaften mindestens 300 Meter Abstand vom Bahnhof haben. Notfalls solle der Herr Gemeindevorsteher den Gebrauch der Dampfpfeife verbieten. Welcher Zwischenfall zu dieser Dienstanweisung führte, ist nicht überliefert. Aber richtig so, Herrn Amtshauptmann: Wer ist schon gern von Pfeifen umgeben?

Alten Unterlagen entnahm Ortschronist Tietz, dass es vor hundert Jahren eine beeindruckende Vielzahl Gewerbetreibender in Frankenstein gab: zwei Müller, zwei Schmiede, zwei Tischler, einen Bäcker, einen Fleischer, einen Schneider, einen Schlosser, einen Klempner, einen Lohgerber, einen Stellmacher und mehrere Schuster, außerdem zwei Gasthöfe, drei Materialwarenhandlungen und zwei Schnittwarengeschäfte. Das würde sich sicher mancher Frankensteiner heute wieder wünschen.

Großes Ansehen im Ort genießt Pfarrerin Wieland, die sich nicht nur als Seelsorgerin um die Gemeinde kümmert, sondern auch allerlei Tiere hält und jede Menge Instrumente erstklassig beherrscht - von der Orgel, Trompete und Harfe bis zum Hackbrett.

Wasseramseln in Wingendorf

Viele Häuser in Wingendorf sind in den letzten Jahren liebevoll renoviert und verschönert worden.
Ein Bauwerk allerdings steht brach, das eine besonders interessante Geschichte hat: die heutige Fabrikruine im Kemnitztal.
Einst, ab 1739 standen dort Erzwäsche, Pochwerk und Schmelzhütte, denn auch in Wingendorf gab es zahlreiche recht ertragreiche Gruben. 1814 ließ ein Oederaner Tuchfabrikant die Erzwäsche abreißen und dort eine Spinnerei und Tuchfabrik errichten, die sich aber nur bis 1855 gegen die Konkurrenz durchsetzen konnte.
Für die damals exorbitante Summe von 15.000 Talern kaufte 1861 Friedrich August Teichmann die Fabrik und erweiterte sie. Fünfzig Jahre später arbeiteten hier 800 Männer und Frauen.
In DDR-Zeiten wurde der Betrieb verstaatlicht und war bis 1990 unter anderem Hersteller von Segeltuch für Fallschirme. Doch seit dem Stopp der Produktion verfiel die Fabrik zur Industrieruine.
Inzwischen ist sie schon so lange verlassen, dass dort Fledermäuse, Wasseramsel und Rotrückenwürger Einzug gehalten haben. Wobei, wie Hobby-Ornithologe Manfred Tietz betont, der Letztgenannte seinen diskriminierenden Namen nicht verdient, denn er würgt nichts und niemanden.

Streit ums täglich Bier

Nicht nur Brand oder Dippoldiswalde lagen in früherer Zeit in heftigem Bierstreit mit Freiberg wegen der Bannmeile, sondern auch Wingendorf.
Der Rat zu Freiberg forderte 1477 ganz energisch vom Landesherren in Dresden, den Wingendorfern ein für allemal das Brauen und Mälzen zu verbieten. Schließlich habe Freiberg seit eh und je das Privileg, das in der Bergstadt gebraute Bier im Einzugsbereich der Bannmeile zu verkaufen. Die Wingendorfer sollten gefälligst Freiberger Bier trinken.
Hinter dem resoluten Vorgehen der Freiberger in puncto Braurecht steckten handfeste Interessen: Die vielen Steuern auf Bier und seine Ausgangsstoffe waren für die Silberstadt eine der wichtigsten Einnahmequellen. Aber der Rat wollte wohl auch unterbinden, dass die Freiberger in Versuchung geführt wurden, auswärtiges Bier durch die durstigen Kehlen laufen zu lassen, anstatt ihre Krüge von den einheimischen Brauern füllen zu lassen.

Hartha: Fröhliche Einkehr in der „Räuberschänke"

Die „Räuberschänke" im Ortsteil Hartha ist nicht nur eines der angesagtesten Lokale in weitem Umkreis, sondern auch eines der ältesten. Schon 1690 wird im Frankensteiner Kirchenregister das „Gasthaus zur Grünen Tanne" erwähnt, so der eigentliche Name der Restauration. Im Volksmund hieß sie aber bald „Räuberschänke". Wegen der besonderen Lage des Gasthofes an einer Kreuzung direkt an der alten Handelsstraße von Magdeburg nach Prag machten hier viele Fuhrleute auf ihrem Weg Halt,

damit die Pferde ausruhen und sie selbst sich etwas Abwechslung verschaffen konnten. Der Legende nach sollen hier die Räuber nach ihren Überfällen auf diverse Kutschen die Beute aufgeteilt haben. Aber kommt in Wirklichkeit der wenig einladende Name vielleicht daher, dass leichtsinnige Kutscher beim Würfeln und Kartenspiel ihre ganze Ladung verzockten? Den Verlust dann bösen Räubern zuzuschreiben, mag für manchen am nächsten Morgen als Ausweg aus dem Dilemma erschienen sein.

1972 kauften Jochen Scheffler und seine Frau Marianne - er zuvor Schiffskoch, sie Stewardess - die „Grüne Tanne" und beschlossen gleich, ihr den ohnehin gebräuchlichen Namen „Räuberschänke" auch offiziell zu geben.

Damit begann eine erstaunliche Erfolgsgeschichte. Sie modernisierten und erweiterten den Dreiseitenhof, bauten den Saal aus und einen Stall zum „Japanischen Zimmer" um. Die Ausstattung hatten sie von ihren Schiffsreisen mitgebracht. „Das war in der DDR-Zeit ein echter Renner", meint Reimar Bachmann, der Geschäftsführer der „Räuberschänke". Die gute Küche und das in gemütlichen Runden unterhaltsam erzählte Seemannsgarn seines Schwagers Jochen Scheffler sorgten für wachsende Popularität der Gaststätte. Mehr als 1.000 Hochzeitsfeiern haben schon im Saal stattgefunden, erzählt Reimar Bachmann stolz. Sogar in der Künstlerprominenz hatte die Schänke einen solchen Ruf, dass DDR-Showgrößen wie Dagmar Frederic oder Dorit Gäbler hier ihre Hochzeit feierten.

Mit dem Ende der DDR kam auch - vorerst - das Ende der Betriebsfeiern, was vielen Gaststätten Existenzprobleme bescherte. Nach ein paar Versuchen als Diskothek beschlossen die Schefflers 1994, noch einmal zu erweitern und vier Bowling- und zwei Kegelbahnen einzurichten. „Ein gewagter Schritt", meint Reimar Bachmann. „Damals kannte kaum einer Bowling. Aber die Auslastung war bald so gut, dass die Gäste sich ihre Bahn auf zwei oder drei Jahre im voraus reservieren lassen mussten. Also haben wir noch einmal angebaut."

Inzwischen ist die „Räuberschänke" kaum wiederzuerkennen: über 500 Plätze, zwölf Bowling- und zwei Kegelbahnen, Gästezimmer und ein riesiger Parkplatz vorm Haus. Das alles direkt am Wald, nur ein paar Fahrminuten von Oederan und der Autobahn entfernt und nach wie vor gut besucht.

Wer wissen will, wie die „Räuberschänke" vor dem Umbau aussah, kann das im Klein-Erzgebirge in Oederan erfahren. Als Miniatur Nummer 97 ist dort das „Gasthaus zur grünen Tanne" zu sehen.

Frischer geht´s nicht:
Agrarprodukte aus Memmendorf

In der eigenen Landfleischerei verkauft die Agrargenossenschaft Memmendorf e.G. frische Produkte aus eigener Herstellung direkt vom Hof. Neben den Speisekartoffeln aus eigener Ernte werden im Landmarkt auch besondere Erzeugnisse von anderen Direktvermarktern angeboten, zum Beispiel Honig, Schafskäse und kalt gepresste Öle.
Die Agrargenossenschaft wurde 1991 aus der früheren LPG Tierproduktion und Teilen der LPG Pflanzenproduktion gegründet und beschäftigt heute 80 Mitarbeiter und 15 Auszubildende
Zum Tierbestand der Genossenschaft gehören mehr als 2.000 Rinder, 1.400 Mastschweine und 120 Mutterschafe mit ihrem Nachwuchs.
Rund 1.500 Hektar Fläche werden genutzt, der größte Teil zum Anbau von Getreide, Ölfrüchten, Silomais, Kartoffeln und Feldfutter, ein Sechstel als Grünland.

Chinesische Eier im „Goldenen Stern"

Eine mehr als hundertjährige Tradition als Ausspanne und Übernachtungsgelegenheit für Kutscher hat der „Goldene Stern" in Memmendorf. Doch zu überregionalem Ruhm sollte der Gasthof ausgerechnet während seiner Zeit als sozialistisches Kulturhaus und Konsumgaststätte kommen. Ab Mitte der achtziger Jahre nämlich bot der „Goldene Stern" als besondere Attraktion zum Beispiel für Betriebsfeiern ein „Asiatisches Menü". Das war zu Zeiten, als es hier weder China-Restaurant noch Pizzeria, nicht einmal einen Döner-Stand gab, etwas so Exotisches, dass sogar aus Berlin und Leipzig große Gruppen anreisten.
„Die Rezepte hat sich der Chef aus der japanischen Botschaft besorgt, beim ersten Mal kam sogar der japanische Botschafter persönlich", erinnert sich Wolfgang Eckardt, der jetzige Inhaber des „Goldenen Sterns", der zu jener Zeit hier Lehrling war. Als Erstes bekamen die staunenden Gäste ein warmes, feuchtes Tuch zur Entspannung gereicht, dann wurde serviert, was man sich damals eben so unter asiatischer Küche vorstellte. Den ersten Gang bildeten in Tee eingelegte gekochte Eier.
Später sorgte der „Goldene Stern" mit französischen Menüs für kulinarische Extravaganz - jedenfalls nach DDR-Verhältnissen. Auch wenn das Haus inzwischen komplett umgebaut ist, erinnert sich heute noch so mancher Gast beim Besuch an diese ausgefallenen Brigadefeten.

Wolfgang Eckardt hat den „Goldenen Stern" inzwischen vollständig modernisiert und umgestaltet - mit Gaststube, Saal, Hotelzimmer, Minigolfanlage, Bowlingbahn, Sauna und mehr. Das Haus ist beliebt für Familienfeiern und Busreiseunternehmen. Und um den Gästen nach der Schlemmerei bei Tisch etwas Ausgleich zu verschaffen, hat er außerdem einen Wanderweg angelegt, auf dem man nach einem gemütlichen Waldspaziergang in einer dreiviertel Stunde zum „Klein-Erzgebirge" gelangt.

Frauenstein
Bezaubernde Silbermann-Stadt

Der Marktplatz von Frauenstein gehört zu den Orten, in die man sich auf den ersten Blick verlieben kann. Der Anblick der blumengeschmückten sanierten Häuser mit dem pittoresken Rathaus in der Mitte wirkt wie der vergrößerte Ausschnitt aus einer liebevoll gebauten Modelleisenbahndekoration. Das hat sogar schon Besucher zu dem etwas fragwürdigen, aber absolut begeistert gemeinten Ausruf veranlasst: „Hier sieht´s ja aus wie im Westen!" Die Kleinstadt mit dem romantischen Markt verdankt ihren Namen der achthundert Jahre alten Burg, deren Reste heute über der Stadt thronen - eine der eindrucksvollsten und mächtigsten mittelalterlichen Burgruinen Deutschlands.

Seine Beliebtheit als Luftkurort und Urlaubsziel verdankt Frauenstein der malerischen Lage in 650 Meter Höhe und der schönen Umgebung, seinen Ruf als Silbermann-Stadt und Zentrum vom Kunst und Kultur nicht nur dem berühmten Orgelbauer, von dem noch ausführlich zu reden sein wird, sondern ebenso dem großen Engagement vieler Frauensteiner.

Ursprünglich als Grenzfeste nach Böhmen erbaut, wuchs Frauenstein durch den auch hier aufkommenden Bergbau und erhielt 1411 das Stadtrecht. Mehrfach wurde die Stadt in Kriegen geplündert und gebrandschatzt und immer wieder aufgebaut.

Heute blüht sie im wahrsten Sinne des Wortes. Unlängst erhielt Frauenstein sogar eine Medaille im Bundeswettbewerb „Unsere Stadt blüht auf". Die Auszeichnung ist nicht nur wegen der Fülle von Blumen an Häuserfassaden, in Gärten und auf Plätzen verdient, sondern auch wegen der sich rege entwickelnden Kunst- und Kulturszene.

Dazu gehören nicht nur die vielen Aktivitäten zu Ehren des größten Sohnes der Stadt, Gottfried Silbermann, wie die Ausstellung im Museum, die gut besuchten Konzerte und der 2003 eingeweihte Orgel-Brunnen auf dem Marktplatz. Der Fest- und Veranstaltungskalender wird immer bunter. Da ist alljährlich zu Pfingsten das Jahrmarktsfest am Fuße der Burg, bei dem viel traditionelles Handwerk zu erleben ist. Im Juni folgt das große Schützenfest des mehr als vierhundertjährigen Schützenvereins, am dritten

Juliwochenende das Kunstsymposium an der Burg, bei dem tausende Schaulustige nicht nur das besondere Ambiente genießen, sondern auch den Bildhauern bei der Arbeit zusehen können. Und neuerdings gibt's jeden 30. Dezember eine große Open Air-Party im Schloss mit viel Kultur, die sich ebenfalls zu einem Renner für Einheimische und Gäste entwickelt hat.

Sogar die Jugendherberge ist davon angesteckt und organisiert inzwischen hochgelobte und begeistert aufgenommene „Kulturerlebnistage" für die jungen Gäste vom „Räuberleben" bis zur Begegnung mit Meister Silbermann.

Das Frauensteiner Kunstsymposium hat sich in nur wenigen Jahren bei Künstlern bis nach Böhmen einen guten Ruf erworben. Ein Jahr ums andere können sich hier abwechselnd junge und gestandene Künstler beweisen und ihre Arbeiten unter den neugierigen Augen der Zuschauer Gestalt annehmen lassen.

Frauensteiner Schützen zur Parade in New York

Auf eine große Tradition kann die „Privilegierte Schützengesellschaft zu Frauenstein 1598" zurückblicken. 1990 wiedergegründet, feierte der Verein 1998 sein vierhundertjähriges Bestehen mit einem viertägigen Fest für die ganze Stadt. Ein riesiger Festumzug, mehr als zwanzig Gastvereine, eine feierliche Zeremonie auf dem Schlosshof mit Salven, Böllern und viel Pulverdampf ließen das Schützenfest jenes Jahres unvergesslich werden.

Die Schützengesellschaft war vierhundert Jahre zuvor auf Geheiß Heinrich von Schönbergs zum „Schutz von Weib und Kind, Hab und Gut" ins Leben gerufen worden.

Seit 2003 haben die Frauensteiner Schützen auch eine eigene Kanone, die den Namen „Elisabeth" trägt und nach historischem Vorbild gegossen wurde.

Ein ganz besonderer Höhepunkt im Vereinsleben war der Auftritt der Frauensteiner Schützengesellschaft bei der 46. Deutsch-Amerikanischen Steubenparade in New York. In traditioneller Kleidung marschierten die Schützen gemeinsam mit tausenden anderen Paradeteilnehmern über die 5th Avenue und ließen sich von der Stimmung der Zuschauer mitreißen. Noch einen jubelnden Empfang und sogar Sekt gab´s bei der Rückkehr, als die Amerika-Fahrer auf dem Frauensteiner Marktplatz wieder zu Hause begrüßt wurden.

Die „Privilegierte Schützengesellschaft zu Frauenstein 1598". Ein weiterer Frauensteiner Verein mit großer Tradition ist der Gesangsverein „Liedertafel", der schon seit mehr als 150 Jahren besteht.

Der große Silbermann - bewundert und geheimnisumwittert

Darin sind sich Musiker, Wissenschaftler und Musikfreunde aus aller Welt einig: Gottfried Silbermann, der 1683 in Kleinbobritzsch, heute Stadtteil von Frauenstein, geboren wurde, war einer der besten Orgelbauer überhaupt.

Doch obwohl seine rund dreißig erhaltenen Orgeln heute sorgfältigst vermessen, erforscht und zumeist auch restauriert sind, ist die Persönlichkeit des Meisters immer noch von Geheimnissen umgeben. Keiner weiß, wie er aussah - es ist nicht einmal ein Bild von ihm erhalten.

Wie schafft man ein Denkmal für einen, von dem niemand weiß, wie er aussah? Volker Hauswirth hatte sich selbst eine knifflige Aufgabe gestellt, als er 2003 seinen „Silbermann-Brunnen" für den Frauensteiner Marktplatz schuf.

Doch noch rätselhafter für die Musikwissenschaftler heute ist es, wie vor allem es Gottfried Silbermann geschafft hat, gleich nach seiner Rückkehr von der Lehre im Elsass in Sachsen Instrumente zu bauen, die klanglich und technisch völlig anders waren als alles bisher Dagewesene, im Stil aber schon absolut ausgereift? Woher nahm der junge Mann das Selbstbewusstsein, als noch Unbekannter dem Freiberger Rat zu versprechen, er werde hier eine Orgel bauen, wie man sie noch nie zuvor gehört habe - und tatsächlich mit der großen Domorgel ein Instrument vorzulegen, das heute zu den zehn besten der Welt gerechnet wird?

Der Meister hat es verstanden, viele Seiten seines Lebens verborgen zu halten. Über ihn verraten nach wie vor am meisten seine Orgeln. Sie zeigen ihn als akkuraten Handwerker, der darauf achtete, nur bestes Material zu verwenden, als Kenner jedes einzelnen Details bei seiner Arbeit, als Mann mit besonderem musikalischen Verstand.

Da offenbar einst nicht so wie heute viele passionierte Heimatforscher sorgfältig die Exaktheit des Geschriebenen überwachen, füllten frühere Biographen die leeren Stellen in der Vita des Orgelbauers mit erdachten Geschichten, die ihrer Meinung nach beim Publikum gut ankommen würden. Einer übernahm das vom anderen, schmückte es vielleicht sogar noch aus. Und schon galt beispielsweise als gesichert, dass Silbermann zumindest eine sehr bewegte Jugend mit einer tragischen Liebesaffäre und dramatischer Flucht gehabt haben soll, um nur ein Beispiel zu nennen.

Es ist vor allem Verdienst eines Frauensteiners, die Dichtung von der Wahrheit getrennt zu haben. Damit bedankte sich die Stadt auf eigene Weise bei ihrem berühmten Sohn, der für Frauenstein gleich nach der Rückkehr aus dem Elsass seine erste Orgel baute und dafür nur die reinen Materialkosten, den Lohn der Gehilfen und ein bescheidenes Kostgeld forderte. Weil diese Orgel später bei einem Stadtbrand vernichtet wurde, baute Silbermann 1738 eine zweite, die im 19. Jahrhundert leider ebenfalls den Flammen zum Opfer fiel.

Als der Verwaltungsfachmann Werner Müller 1954 mit dem Aufbau des Frauensteiner Heimatmuseums beauftragt wurde, hat er mit bewundernswerter Beharrlichkeit Stück für Stück das im Dunkel liegende Leben Gottfried Silbermanns dem Vergessen entrissen. In mehr als vier Jahrzehnten akribischer Forschung spürte er so gut wie jedes Fitzelchen Papier auf, das nur irgendwie Zeugnis ablegen könnte von dem Orgelbauer. Er hat die Lebensläufe der Familie vom Großvater an über Neffen, Nichten, Taufpaten und noch so entfernte Verwandte erkundet und zwei umfangreiche Werke vorgelegt: die rund 650-seitige Dokumentation „Gottfried Silbermann - Persönlichkeit und Werk" und das Lebensbild „Auf den Spuren Gottfried Silbermanns", das inzwischen acht Auflagen erlebte.

Seine Schwiegertochter Gisela Müller führt dieses Lebenswerk nun als nicht minder engagierte Museumsleiterin weiter. Zwischen 20.000 und 30.000 Besucher kommen jährlich in das Gottfried-Silbermann-Museum im Frauensteiner Renaissanceschloss gleich am Markt. Und inmitten der liebevoll gestalteten Ausstellung kann sie den interessiert lauschenden Gästen ein lebendiges Bild des Orgelmachers zeichnen. Ihr Fazit: Er muss nicht nur ein begnadeter Handwerker, sondern auch ein hervorragender Geschäftsmann gewesen sein.

Sechsundvierzig Orgeln hat Gottfried Silbermann gebaut. Eine erstaunliche Zahl, wenn man bedenkt, dass etliche davon mehrere tausend Pfeifen haben und allein das Stimmen, was der Meister persönlich übernahm, mehrere Monate dauerte.

Er muss auch ein ausgezeichneter Planer gewesen sein, meint Giesela Müller, denn schon während der Bauarbeiten an einem Instrument führte er Verhandlungen und bestellte Material für die nächsten Aufträge. Für das Wanderleben, das er und seine Gesellen einschließlich der Haushälterin führten, wenn sie die Montage der Orgel an Ort und Stelle vornahmen, traf er genaue Absprachen - „bis hin zu der Frage, ob Federbetten mitzubringen waren." Von einmal geforderten Preisen ließ Silbermann nicht ab. Was nicht heißt, dass er nur um des Geldes willen arbeitete: Dass er seine erste Orgel für Frauenstein fast umsonst baute, kann ruhig als „Promotion-Aktion" des jungen Mannes betrachtet werden, der sich in Sachsen erst einmal einen Ruf erwerben musste. Doch als Jahre später diese Orgel beim Stadtbrand Opfer der Feuersbrunst wurde, erklärte sich Silbermann zum Bau der zweiten Orgel für Frauenstein bereit - zum Vorzugspreis von 500 Talern und nicht ohne versichert zu haben, dass er für ein Werk dieser Größe anderswo 700 Taler fordern würde.

Die Silbermann-Kenner sind heute sicher, dass die Entscheidung Gottfried Silbermanns, sich in Sachsen niederzulassen, nicht nur von Heimatliebe geprägt war, sondern ebenso von kühler geschäftlicher Voraussicht. Hier war Bedarf an Orgeln, hier gab es einen kunstsinnigen Herrscher und nicht zuletzt im Umgang mit Metallen erfahrene Hüttenleute.

Das Kalkül Silbermanns ging auf. Seine geschickte Angebotspolitik und sein konsequentes Verharren in Sachsen trotz verlockender Angebote aus dem Ausland führten dazu, dass er das Land sozusagen flächendeckend mit seinen Instrumenten ausstattete. In ganz Europa gibt es eine solche Konzentration historischer Orgeln nicht noch einmal.

Seit 1994 hat Frauenstein auch endlich wieder eine Silbermann-Orgel, zumindest eine originalgetreue Kopie; das vom Dresdner Orgelbauer Kristian Wegscheider angefertigte Duplikat der Etzdorfer Silbermann-Orgel, die seit 1939 im Bremer Dom steht. Auf dem Instrument finden jetzt regelmäßig Konzerte statt, die aus dem regen Frauensteiner Kulturleben nicht wegzudenken sind.

Der Frauensteiner „Silbermann-Brunnen". Im Silbermann-Jahr 2003 wurde er mit einem großen Fest auf dem neugestalteten Marktplatz der Stadt eingeweiht. Finanziert wurde der Brunnen ausschließlich durch Spenden.

Diese Miniatur-Orgelwerkstatt ist im Frauensteiner Gottfried-Silbermann-Museum zu sehen.

FRAUENSTEIN

Zeugt von alten Ritterfehden: Burgruine Frauenstein

Mann, sind die dick, Mann!, mag so mancher schon ausgerufen haben angesichts der mächtigen Mauerreste der Burgruine Frauenstein. Mehr als drei Meter stark sind allein die Mauern der Bergfriede.

Der Sage nach sollen hier Raubritter ihre Frauen untergebracht haben, doch die Wahrheit ist wie so oft ein Stück prosaischer. Um 1200 war die Burg als Grenzbefestigung zum benachbarten Böhmen erbaut worden - aus Bruch- und Feldsteinen, was eine Besonderheit ist. Durch ihre Lage auf einem Felsen, der nach drei Seiten hin steil abfällt, war sie praktisch uneinnehmbar. Tatsächlich war die Burg nur einmal sechs Wochen lang belagert worden, berichtet Museumsleiterin Giesela Müller. Und auch da konnte die Feste nicht eingenommen werden, die Konfrontation endete mit einem Vergleich.

Die Geschichte trug sich 1438 zu. Damals war Kurfürst Heinrich der Sanftmütige mit dem Burggrafen so sehr in Streit geraten, dass der ergrimmte und nun gar nicht mehr sanftmütige Fürst persönlich die Belagerung leitete, um dem vom Kaiser eingesetzten Burggrafen zu demonstrieren, wer hier das Sagen hatte. Der Kurfürst ging letztlich als Sieger hervor. Selbst der Kaiser musste später klein beigeben und ihm die Burg wieder zusprechen.

Die Legende jedoch hat das Vorkommnis noch üppiger ausgeschmückt als das Leben Silbermanns: Der Burgherr soll mit Raubrittern gemeinsame Sache gemacht und sogar den Herold des Markgrafen verhöhnt haben, als der ihn aufforderte, die Raubzüge zu unterlassen und den Landfrieden wiederherzustellen. Also rückten die Männer des Markgrafen und die Bürger der Nachbarstädte

gemeinsam aus, um das Raubritternest zu berennen. Nach heftigem Kampf wurde der Ritter gefasst und zur Strafe für seine Untaten hingerichtet, die Burg zerstört. Der Geist des Ritters soll gelegentlich aber noch dort umgehen.

In Wirklichkeit war die Burg fast 400 Jahre lang ununterbrochen bewohnt und wurde von den Meißner Markgrafen als Lehen an Ritter, Burggrafen und Vögte vergeben. Ihr Ende rückte erst heran, als Ende des 16. Jahrhunderts der damalige Burgherr Heinrich von Schönberg beschloss, so eine rauchige, kalte, ungemütliche Festung sei nicht mehr zeitgemäß für einen Herren seines Standes. So ließ er zwischen 1585 und 1588 gleich neben der Burg das Renaissanceschloss errichten, das nun das Museum beherbergt. Der viel beschworene „Zahn der Zeit" und der Stadtbrand von 1728 ließen die Burg verfallen. Inzwischen ist sie aber gesichert und teilweise rekonstruiert und kann besichtigt werden. Alljährlich am 1. Mai ist Saisoneröffnung. Jeweils bis zum 31. Oktober können sich Besucher einen Eindruck von der wehrhaften Anlage verschaffen.

Mal ein richtiges Räuberleben führen - das ist eines der Erlebnisangebote in der Frauensteiner Jugendherberge, die sich mit solchen speziellen Programmen den Titel „Kulturjugendherberge" erarbeitet hat.

In Kleinbobritzsch steht das Geburtshaus von Gottfried Silbermann

Darauf sind die Kleinbobritzscher besonders stolz: Aus ihrem Ort stammen die berühmten Orgelbauer Gottfried und Andreas Silbermann.

Das Geburtshaus von Gottfried Silbermann steht gleich am Ortseingang aus Richtung Frauenstein, ein blendend weiß verputztes Fachwerkhaus mit vielen Blumen auf den Fensterbänken. Die Familie Kirschner, der das Haus gehört, ist längst daran gewöhnt, dass Wanderer und sogar ganze Busreisegruppen vor ihrem Heim einen Halt einlegen und es andächtig betrachten. Die Kirschners haben viel Mühe darauf verwendet, es in guten Zustand zu bringen und auch dafür gesorgt, dass die Inschrift an der Gedenktafel neu vergoldet wurde.

Schon 1861 hatten glühende Verehrer Silbermanns dafür gesorgt, dass an diesem Haus die mit einer blattumkränzten Orgel geschmückte Tafel angebracht wurde, die informiert, dass hier zwei berühmte Orgelbauer geboren wurden: Gottfried Silbermann und sein Bruder und Lehrmeister Andreas, der im Elsass zu Ruhm kam und dort heute noch geehrt wird.

Der Frauensteiner Schulrektor und Organist Eduard Ferdinand Köhler hatte aus Bewunderung für das Werk des Meisters diese Aktion angeregt. Der kurz zuvor von einem Dresdner gemachte Vorschlag an die Frauensteiner, ein Denkmal zu Ehren Silbermanns aufzustellen, war ohne Wirkung geblieben. Aber was ist schon die Idee eines fremden Dresdners gegen die des einheimischen Schuldirektors? Die Spenden flossen so reichlich, dass sogar achtzig Taler übrig blieben, mit denen die Frauensteiner eine Stiftung einrichteten. Am Einweihungstag, dem 4. August 1861, setzte sich eine ganze Prozession von Frauenstein aus in Bewegung. Unter den Klängen der Musik marschierten die Frauensteiner nach Kleinbobritzsch, wo dann endlich nach weiteren Reden und Gesängen die Tafel enthüllt wurde.

Nur minimalen Abbruch tut der lobenswerten Aktion, dass der Text - wie Werner Müller später herausfand - nicht ganz zutrifft. Hier wurde zwar Gottfried Silbermann geboren, nicht aber Andreas, der ältere Bruder.

Werner Müller hat die Gerichtsurkunde aufgespürt, mit der Vater Michael, Ratszimmermann zu Frauenstein, sich 1680 um den Wiederaufbau des Baus bewarb. Dessen Vater Veit hatte einst darin gewohnt, doch im Dreißigjährigen Krieg wurde es zerstört.

Auch die Nassauer Kirche hat eine wertvolle Silbermann-Orgel aufzuweisen, ein Spätwerk des Meisters von 1748, das 1998 sorgfältig restauriert wurde. Der außerordentlich hohe Anteil an Originalsubstanz verleiht dieser Orgel zusätzliche Bedeutung.

Da seit jener Zeit viele Häuser in der Umgebung nur noch Ruinen oder bis auf den Boden niedergebrannt waren, unterstützte der Frauensteiner Rat den Wiederaufbau, indem er die Bauwilligen für drei Jahre von allen Abgaben und Lohndiensten befreite. Das ist Wohnungsbauförderung! Als Michael Silbermann mit dem Hausbau begann, war er bereits zum zweiten Mal verheiratet und hatte vier Söhne. Andreas Silbermann war am 16. Mai 1678 geboren und folglich schon im dritten Lebensjahr, als Vater Michael seine Initialen in den Deckenbalken des neuen Kleinbobritzscher Hauses schnitzte.

Einladung „Zum Nassauern"

Nassau, heute Stadtteil von Frauenstein, ist schon seit mehr als hundert Jahren ein beliebter Wintersport- und Erholungsort. Gut beschilderte Wanderwege, ein Trimm-Dich-Pfad mit Minigolfanlage, eineinhalb Kilometer beleuchtete Nachtskiloipe sowie Pensionen, Hotels und Gasthöfe bieten prima Voraussetzungen für Urlaub oder ein Aktiv-Wochenende.

Im Sommer geht es beim Dorffest besonders heiß zu. Dann laden die Organisatoren mal so richtig „Zum Nassauern" ein. So heißt das Fest auch gleich, der Name liegt ja irgendwie auf der Hand. Dazu kommen dann noch mehr Nassauer, nämlich die aus der Partnergemeinde Nassau an der Lahn.

Bemerkenswert in der Nassauer Kirche ist auch der schwebende Engel, in dessen Kranz bei Bedarf das Taufbecken gesteckt werden konnte.
Solche geschnitzten Engel gab es früher in vielen Kirchen des Erzgebirges. War eine Taufe geplant, wurde der Engel herabgezogen und mit dem gefüllten Taufbecken ausgestattet.
Wie die Sagensammlung „Der flinke Knecht zu Rechenberg" berichtet, enthält die Kirchenchronik auch die Klage eines Nassauer Pfarrers über den wenig erbaulichen Charakter dieser wohl nicht immer störungsfrei ablaufenden Prozedur. So erhielt die Kirche 1816 einen Taufstein. Seitdem ist der Taufengel nur noch Zier.

Ein Bild wie aus längst vergessenen Zeiten, aber dahinter steckt eine besondere Geschichte. Der Sachse liebt nicht nur das Reisen sehr, sondern auch die mehligen Kartoffeln. Die festkochenden werden glatt verschmäht. „Mehlsch" muss für ihn die Kartoffel sein - oder „mahlsch", wie es weiter oben im Gebirge klingt.
Und da hat die Agrargenossenschaft „Burgberg" ein echtes Plus: Sie baut noch die beliebte „mehlsche" DDR-Sorte „Adretta" an. Zur Erntezeit können Feinschmecker wie sonst anderswo Erdbeeren oder Blumen hier ihre Kartoffeln frisch vom Acker holen.

Altes und Neues aus Burkersdorf

Weil Burkersdorf an der alten Salzstraße liegt, einer einst bedeutenden Handelsverbindung, besaß es schon Mitte des 14. Jahrhunderts Marktrecht, also weit vor Frauenstein. Die Kirche ist sehenswert, unter anderem durch die komplett erhaltene und schön restaurierte barocke Bauernmalerei von 1720 an Decke und Emporen und den spätgotischen Flügelaltar. Die älteste der Glocken stammt von 1375. Bei Anlässen wie zum Tag des offenen Denkmals kann auch der Glockenstuhl besichtigt werden.

Weit bekannt und urgemütlich Burkersdorfer Fasching

Wenn der Burkersdorfer Narrenclub die fünfte Jahreszeit feiert, dann ist die Bude knackend voll, meint Claus Böhme. „Die Bude" - damit meint er die Turnhalle des Ortes. Und weil selbst die schon längst nicht mehr reicht für den Andrang, wird jedes Mal noch ein großes Festzelt aufgebaut. Nicht nur witzig und ausgelassen ist der Burkersdorfer Fasching, sondern urgemütlich. Das hat sich herumgesprochen und lockt mittlerweile auch viele Besucher von auswärts an.

Den Start für die närrische Karriere von Burkersdorf gab's 1986 im damals noch sehr beliebten Kulturhaus unter dem für DDR-Zeiten nicht ganz unverfänglichen Motto „Eine Reise um die Welt". Sei aber ganz harmlos gemeint gewesen, versichert Claus Böhme.

1988 wurde dann der „Burkersdorfer Narrenclub" gegründet, der sich 1990 als einer der ersten Vereine ins Vereinsregister eintragen ließ und 1998 mit einer gigantischen Party sein Zehnjähriges feierte. Jedes Jahr am 11.11. veranstaltet der BNC einen großen Umzug und lässt sich vom Frauensteiner Bürgermeister die Schlüssel übergeben. Im Februar dann gibt es zu fünf närrischen Veranstaltungen volles Haus.

Ihren besonderen Ehrgeiz stecken die Narren nicht nur ins Programm, sondern auch in die Ausgestaltung der Turnhalle. „Eine Wahnsinnsarbeit!", stöhnt Claus Böhme. Doch weil viele mithelfen, wird es immer wieder toll.

In der Kröhnert-Mühle entdeckt

Ein doppeltes Erlebnis bietet der Ferienhof „Kröhnert-Mühle": Reitferien für die Kinder und einen Rundgang durch die alte Mühle, deren Ursprünge bis ins 16. Jahrhundert zurückgehen und die heute noch über die komplett erhaltene Mühlentechnik aus der Zeit um 1920 verfügt. Oft kommen auch Schulklassen hierher, um zu erfahren, wie früher das Korn zum Mehl verarbeitet wurde.

Klein aber fein: Dittersbach

Das einschneidendste Ereignis der letzten fünfzig Jahre für die Dittersbacher war der Bau der Talsperre Lichtenberg, denn dadurch wurde der Ort um die Hälfte kleiner. Von 1966 an wurden 230 Menschen aus Dittersbach umgesiedelt, 45 Gebäude abgerissen. Den meisten fiel es schwer, das eigene Haus, die Menschen in der Nachbarschaft zu verlassen. Ein Großteil der Betroffenen wurde

in Wohnblöcken in Bienenmühle und Lichtenberg untergebracht, die anderen suchten auf eigene Faust eine neue Bleibe. Landeigentümer wurden mit 12 bis 15 Pfennig pro Quadratmeter entschädigt. Auch die Dorfstruktur änderte sich gravierend. Die Kirche befand sich auf einmal nicht mehr in der Mitte, sondern am Rand des Ortes, ein neuer Friedhof musste angelegt werden. Die Schule wurde geschlossen.

Fast alle Handwerksbetriebe mussten ausgesiedelt werden. Das gesamte Vereinsleben erlitt riesige Einschnitte. Da der verbliebene Rest des Dorfes als Trinkwasserschutzzone eingestuft worden war, gab es rigorose Einschränkungen bei jeglicher Bautätigkeit.

Doch die Dittersbacher gaben nicht auf. Sie hielten zusammen und organisierten einen großen Teil des zerstörten Dorflebens neu.

Dann kam die Wende: Die Infrastruktur wurde verbessert, Abwasser, Straßen und Gehwege gebaut. Die Einwohner verschönerten und modernisierten ihre Häuser. Bäume wurden gepflanzt, am Ortsrand ein ganzer Wald mit 10.000 Eichen, der Dorfbach begrünt.

Vor allem der Sportverein, der über einen Sportplatz, einen Tennisplatz und nun sogar wieder eine funktionstüchtige Sprungschanze verfügt, und die Freiwillige Feuerwehr sind die Initiatoren für ein reges Freizeitleben. Viele Dittersbacher, auch ehemalige, halfen bei der Erarbeitung einer bemerkenswerten Dorfchronik. Dass Dittersbach sehr schön geworden ist, honorierten die Juroren im Sächsischen Landeswettbewerb „Unser Dorf soll schöner werden, unser Dorf hat Zukunft" mit einem 2. Platz.

Und wenn sich alljährlich viele einstige und jetzige Dittersbacher zu einer kleinen Rentnerfeier treffen, lebt das alte Dittersbach wieder auf.

Freiberg

Aus Freibergs Silber wurde Sachsens Glanz

Ein wunderbar erhaltenes mittelalterliches Stadtzentrum, ein außerordentlich geschichtsbewusster Menschenschlag, eine Universität, die schon bald nach ihrer Gründung internationalen Ruf erworben hat - so haben viele Fremde Freiberg kennen gelernt.

„Silberstadt" oder „Sachsens alte Berghauptstadt" nennen die Freiberger gern und mit Stolz ihre Heimatstadt. Gelegentlich fällt auch das Wort vom „Heidelberg des Ostens". Ein Vergleich, den vermutlich die Heidelberger genau so entrüstet zurückweisen würden wie die Freiberger. So wie man am Neckar wahrscheinlich nur lächelt über eine Universität mit 4.000 Studenten, sind die Menschen in der „Stadt am freien Berge" stolz auf ihre Tradition als legendäre Silberstadt Deutschlands, ja Europas.

Ab 1168 hallt die Kunde durch die deutschen Lande, in Freiberg liege pures Silber geradezu auf den Straßen. Schon um 1300 war Freiberg die bevölkerungsreichste Stadt Sachsens. Hier wurde europäische Wirtschaftsgeschichte geschrieben; das im Freiberger Revier zutage geförderte Silber begründete den legendären Reichtum der Wettiner.

Vom einstigen Reichtum künden heute noch viele Zeugen aus Stein und Metall, vor allem das nach dem letzten großen Stadtbrand um 1500 prachtvoll errichtete Ensemble des Obermarktes und die Kunstschätze im Dom.

Obwohl der Bergbau hier vor reichlich dreißig Jahren eingestellt wurde, prägt er heute noch auf vielfältige Weise das Leben der etwa 43.000 Einwohner zählenden Stadt. Wo in anderen Städten Putten und Engel aus Stein die Fassaden verzieren, sind es in Freiberg Häuer und Hüttenmann. Umjubelte Höhepunkte im Leben der Stadt sind die Paraden der Historischen Freiberger Berg- und Hüttenknappschaft. Der ranghöchste Freiberger Beamte sitzt nicht im Rathaus oder im Landratsamt, sondern in der Kirchgasse 11. Hier hat das schon vor mehr als 450 Jahren gegründete und von einem Präsidenten geleitete Sächsische Oberbergamt sein Domizil, das älteste in Deutschland.

Was dem Bayern das „Grüß Gott", ist dem Freiberger sein „Glück auf!" Und das Steigerlied ist immer noch die heimliche Hymne der Freiberger.

Das Brunnendenkmal, über dem Markgraf Otto der Reiche mit der (in Wirklichkeit nicht existenten) Urkunde der städtischen Freiheiten thront, wurde erst vor gut hundert Jahren errichtet, nachdem sich Bürger über das „öde Aussehen" des Marktes beklagt hatten. Der Ritt auf den Löwen des Brunnens ist nicht nur ein beliebtes Fotomotiv. Das einst dafür ausgeteilte polizeiliche Knöllchen galt früher unter Studenten als der definitive Beweis dafür, wirklich in Freiberg studiert zu haben.

Dieser grimmig drein schauende Gaffkopf auf dem Bild in der Mitte stellt in den Augen der meisten Freiberger den Ritter Kunz von Kauffungen dar. Der hatte 1455, nachdem ihm sein Lehnsherr Kurfürst Friedrich der Sanftmütige schweres Unrecht zugefügt hatte, aus Rache die Prinzen Ernst und Albert aus Schloss Altenburg entführt. Er wurde gefasst, im Schnellverfahren in Freiberg verurteilt und auf dem Obermarkt hingerichtet. Es heißt, der Kopf am Rathauserker schaut genau auf jenen schwarzen Stein im Pflaster des Marktplatzes, der den Ort der Exekution markiert.

Typisch für die Bürgerhäuser am Obermarkt sind neben ihrer reichen Ausstattung auch die hohen Steildächer. Viele der Patrizierhäuser heißen immer noch nach den einstigen Bewohnern. Das Alnpeckhaus wurde von der Familie des letzten Freiberger Münzmeisters Andreas Alnpeck errichtet, im Möllerhaus wohnte im 17. Jahrhundert der Stadtchronist Andreas Möller und im Schönlebehaus mit dem reich geschmückten Portal lebte eine Familie, die über Generationen zu den Freiberger Ratsherren gehörte.

Bergparaden - ein Stück Freiberger Identität

In Freiberg gilt: Kein wirklich bedeutendes gesellschaftliches Ereignis ohne Berg- und Hüttenleute in historischer Uniform. Und es gibt zwei feste Termine im Jahr, da sind die Straßen im Freiberger Stadtzentrum von tausenden Menschen aus Nah und Fern gesäumt, die extra hierher kommen, um eine originalgetreue Berg- und Hüttenparade zu sehen: der letzte Sonntag im Juni zum Bergstadtfest und der Sonnabend vor dem 2. Advent, wenn die „Mettenschicht" der Bergleute im Fackelschein gefeiert wird.
Solche Paraden sind schon seit Jahrhunderten in Freiberg Tradition. Am Maria-Magdalenentag, dem 22. Juni, begann einst so für die Bergleute ein ausgelassenes Fest. Später machten es sich die sächsischen Herrscher zur Gewohnheit, eine Freiberger Parade anzuordnen, um sich huldigen zu lassen und bei der Gelegenheit auch gleich noch vor ein paar auswärtigen „Amtskollegen" zu protzen. Wenn da 3.000 Berg- und Hüttenleute vorbeizogen - und solche Zahlen sind überliefert -, war das ein nicht gerade dezenter Hinweis auf den allseits bekannten Reichtum der hiesigen Gruben.

Ab 1719 wurde den Berg- und Hüttenleuten sogar eine Paradeuniform vorgeschrieben, die sie auf eigene Kosten zu beschaffen hatten. Das fanden die Herrscher sicher erbaulich, die Bergleute aber weniger. Die Chroniken sind voll von Klagen, dass viele von ihnen vorschriftswidrig in zusammengestümperten, sehr freien Variation der Kleiderordnung erschienen oder sich nur kurz beim Vorgesetzten blicken ließen und umgehend in die nächste Gastwirtschaft oder in ihre kleinen Vorgärten verschwanden. Das soll's ja später bei anderen Kundgebungen auch gegeben haben.
Im 20. Jahrhundert verschwand die Tradition der Berg- und Hüttenparaden von der Straße, aber nicht aus den Herzen der Freiberger. Als im Vorfeld der 800-Jahr-Feier der Stadt 1986 die Direktion des Bergbau- und Hüttenkombinates „Albert Funk" verkündete: Wir stellen für Freiberg wieder eine Berg- und Hüttenparade auf die Beine, war das eine Sensation. Viele bezweifelten, ob das überhaupt zu machen sei. Wie ein cleverer Haufen mit allen Wassern gewaschener Beschaffungsspezialisten es schaffte,

alles Nötige für 300 Uniformen mit ausgefallenem Zubehör aufzutreiben, wo doch angeblich in der sozialistischen Planwirtschaft jedes Gramm strengstens bilanziert war, ist eine Geschichte für sich. Nur soviel sei gesagt: Möglich war das nur mit flächendeckender Wiederbelebung der Ware-Ware-Beziehung und außergewöhnlichem Improvisationsvermögen. So lief's eben in der DDR.

Der 4. Juli 1986 wird immer als ein großer Tag in Freibergs Geschichte in Erinnerung bleiben. An jenem Abend erlebte die Historische Freiberger Berg- und Hüttenknappschaft ihre Premiere.

Zwischen 70.000 und 100.000 Besucher sollen dabei gewesen sein, die den Bergbrüdern ein grandioses Willkommen bereiteten. Immer wieder flammten Jubelrufe und Beifall, erschallte der traditionelle Bergmannsgruß „Glück auf!" Ein unvergesslicher Moment für alle, die dabei waren, ganz besonders natürlich für die Knapp-

schaftsmitglieder, von denen viele noch selbst untertage gearbeitet hatten.

Uniformen und Paradeordnung entsprechen exakt historischen Vorlagen. Inzwischen gehört zum Verein auch eine Frauen- und eine Kindergruppe. Mehrere Fachgruppen erforschen die Geschichte des Berg- und Hüttenwesens. Und unbedingt erwähnt werden müssen natürlich die Auslandsauftritte der Knappschaft, die schon bis nach New York gereist war, um bei der Deutsch-Amerikanischen Steubenparade mitzumarschieren.

Eine Bergstadtkönigin repräsentiert Freiberg im In- und Ausland. Als Erste errang Annett Krause 2000 diesen Titel. Seitdem wird jährlich zum Bergstadtfest eine neue Königin gekrönt.

Tritt ein in den Dom

Der Dom St. Marien zu Freiberg ist Freibergs meistbesuchte Sehenswürdigkeit. Rund 70.000 Besucher kommen jährlich hierher. Dabei ist das Äußere des Sakralbaus eher schlicht; in der Silhouette der Stadt überragt er nicht einmal die Petrikirche und so mancher Fremder hat schon die an der Bundesstraße gelegene neogotische Jakobikirche irrtümlich für den Freiberger Dom gehalten.

Was dieses Bauwerk so besonders macht, ist die überreiche Ausstattung mit kulturhistorisch bedeutenden Werken.
Erbaut worden war hier bereits im 12. Jahrhundert eine Kirche, die zum Burglehn gehörte. Sie wurde 1480 zum Dom erhoben, doch der große Stadtbrand vier Jahre später zog das Bauwerk stark in Mitleidenschaft. Zwischen 1490 und 1501 wurde der Dom als bedeutende spätgotische Hallenkirche neu errichtet.
Zu seinen wertvollsten Kunstschätzen gehören die romanische Triumphkreuzgruppe von 1225 und die Goldene Pforte, ein mit Figuren prachtvoll geschmücktes Portal, das die biblische Geschichte erzählt. Sie gilt heute noch als eines der bedeutendsten romanischen Kunstwerke Deutschlands. Ursprünglich war die Goldene Pforte mit Blattgold und kräftigen Farben geschmückt. Seit 1903 schützt auf Anregung früher Denkmalpfleger ein Jugendstilvorbau das Kunstwerk. Nach wie vor von faszinierender Schönheit ist die sagenumwobene Tulpenkanze. Die Bergmannskanzel wurde von Bürgermeister Jonas Schönlebe nach den 30jährigen Krieg gestiftet.

Von großer Pracht ist das Monument für Kurfürst Moritz, den wohl bedeutendsten Wettiner, der in der Begräbniskapelle des Domes beigesetzt worden ist. Und in jüngster Zeit erst auch weit über Freiberg hinaus berühmt geworden ist die „Engelskapelle" darüber: Die Engel auf dem Gesims der Begräbniskapelle halten in ihren Händen echte Musikinstrumente aus der Zeit um 1500. Die Lauten, Zinken, Harfen usw. sind jetzt mit modernster Technik untersucht und von erfahrenen Instrumentenbauern nachgebaut worden. Im Mai 2004 fand im Dom das erste Konzert mit diesem Renaissanceorchester statt - eine Sensation für die Fachwelt und ein großes Erlebnis für die Zuhörer.

Nicht nur zwei Kanzeln hat der Freiberger Dom, sondern auch zwei Orgeln: eine große und eine kleine Orgel des berühmten Gottfried Silbermann.

Freiberg - die Orgelbauerstadt

Seit einigen Jahren ist Deutschland durch Freiberg in der Vereinigung Europäischer Städte mit Historischen Orgeln (ECHO) vertreten. In Freiberg sind vier Orgeln des berühmten Silbermann erhalten. Außer der großen Silbermannorgel gibt es im Dom noch eine zweite, kleinere Orgel von ihm, die einst in der Johanniskirche stand. Die Petrikirche und die Jakobikirche können ebenfalls bedeutende Silbermannorgel aufweisen.

Die große Silbermannorgel im Freiberger Dom wird von vielen Kennern zu den besten der Welt gerechnet. Immer wieder kommen Organisten selbst aus Übersee hierher, um einmal darauf spielen zu können. Und für die meisten auswärtigen Besucher ist es das größte Erlebnis im Dom, wenn nicht sogar Grund ihres Kommens, einmal diese Orgel klingen zu hören.

Mit ihr legte der noch junge, kaum bekannte „Orgelmacher" Gottfried Silbermann 1714 ein Meisterwerk vor. Nur wenige Schritte vom Dom entfernt, im Haus am Schlossplatz 6, hatte er vierzig Jahre lang Logis und Werkstatt. Heute ist dieses Haus Sitz der Gottfried-Silbermann-Gesellschaft. Als gemeinnütziger Verein organisiert sie Konzertreihen und die beliebten „Orgelexkursionen", gibt Publikationen heraus und veranstaltet alle zwei Jahre die Gottfried-Silbermann-Tage, zu denen Organisten und Musikwissenschaftler aus aller Welt anreisen.

Konzerte im Dom zu Freiberg gehören zu den Höhepunkten des kulturellen Lebens der Stadt. Seit 1998 gibt es kein Weihnachtsprogramm im deutschen Fernsehen ohne die Klänge der großen Silbermannorgel. Im Bild: Der Freiberger Knabenchor singt im Dom für die Aufzeichnung der ZDF-Sendung: „Musik aus dem Weihnachtsland - Heiligabend im Erzgebirge", die am 24. Dezember 2003 ausgestrahlt wurde.

Entlang der alten Stadtmauer

Der schnell legendär gewordene Silberreichtum Freibergs lockte nicht nur Bergleute. Schon bald nach der Stadtgründung errichteten die Bürger eine starke Mauer mit wehrhaften Türmen und Toren, um die Stadt zu schützen. Bis zum Dreißigjährigen Krieg blieb Freiberg uneingenommen; es war eine der ganz wenigen Städte, die auch der Belagerung durch die gefürchteten Schweden widerstand. Im 19. Jahrhundert aber wurden die fünf Stadttore, der größte Teil der Stadtmauer und der 39 Türme abgebrochen.

Dem damaligen Freiberger Altertumsverein ist es zu danken, dass am Donatsring, am Meißner Ring und an der Schillerstraße noch Abschnitte der alten Befestigung erhalten sind. Inzwischen größtenteils saniert, vermitteln sie einen Eindruck von der Mächtigkeit dieser Anlagen, zu der mehrere Mauerringe gehörten. Dazwischen lag ein acht bis zehn Meter tiefer Graben, der in Kriegszeiten geflutet werden konnte. In friedlichen Zeiten hielt der Rat dort Hirsche.

Das „Schwanenschlößchen" auf dem unteren Kreuzteich war seit Beginn des 20. Jahrhunderts ein außerordentlich beliebtes Ausflugslokal. Als es in den siebziger Jahren fast über Nacht wegen Baufälligkeit abgebrochen wurde, trauerten ihm viele ältere Freiberger nach. Spätere Vorschläge zum Bau einer Gaststätte in modernem Design stießen bei ihnen auf Entrüstung. Ein junger, erfolgreicher Freiberger Gastwirt schaffte schließlich das unmöglich Geglaubte: Nach alten Karten, Fotos und Zeichnungen ließ er in den Neunzigern das „Schwanenschlößchen" wieder in all der Verspieltheit aufbauen, mit der es die Freiberger noch kannten und liebten.

Die Stadtmauer an der Mönchstraße mit dem Pestturm: Hier wohnte bei Epidemien der Pestpfarrer.

Der markanteste der noch erhaltenen neun Türme ist der runde Donatsturm. Seine Mauern sind bis zu fünf Meter stark. Der Turm wurde erst im 15. Jahrhundert erbaut, als Feuerwaffen schon aufgekommen waren und er nun auch solchem Beschuss widerstehen musste. Vor der Stadtmauer war eine Kette von zehn Teichen angelegt, die zum Schutz der Stadt und als Wasserreservoir dienten. Der Schlüsselteich und die Kreuzteiche sind noch erhalten. Der Albertpark mit den Kreuzteichen ist beliebtes Ziel für Spaziergänger und gehört zum „grünen Gürtel" um die historische Altstadt.

Freiberg wird „Stein"-reich

Als das einstige Renaissanceschloss Freudenstein vor rund 200 Jahren zum Speicher degradiert und umgebaut wurde, versank es in Dornröschenschlaf. Doch der ist jetzt vorbei. Am 1. Juli 2004 erfolgte der offizielle Baustart für die Sanierung des Schlosses, mit dem nun das zukunftsträchtigste Großvorhaben der Bergstadt verbunden ist: Hier soll einmal die größte Mineraliensammlung der Welt ihren Platz finden. Zu der jetzt schon hochrangigen Mineraliensammlung der TU Bergakademie mit mehr als 336.000 Stücken kommt noch eine bedeutende private Kollektion aus der Schweiz mit 80.000 ausgesuchten schönen Exponaten als Dauerleihgabe nach Freiberg. Zusammen werden beide noch umfangreicher sein als die derzeit größte Mineraliensammlung der Welt, die amerikanische Nationalsammlung im Smithonian in Washington. Um die Schweizer Sammlung haben sich noch weitere Städte in Europa und den USA beworben. Der Ruf Freibergs als traditionelles Zentrum der Geowissenschaften gab letztlich den Ausschlag.

So schließt sich ein Kreis, denn in Freiberg wurde die Mineralogie als Wissenschaft begründet. Abraham Gottlob Werner, Professor an der hiesigen Bergakademie, teilte als Erster die faszinierende und vielfältige Welt der Minerale in ein heute noch gültiges System ein. Hier wurde auch das erste Mineralienkontor der Welt eingerichtet, in dem Sammler und Forscher ausgesuchte Stücke kaufen konnten.

Schloss Freudenstein. Sein Vorläufer war die 1171 bis 1175 erbaute Burg Freiheitsstein. Anfang des 16. Jahrhunderts residierte hier Herzog Heinrich der Fromme. Hier wurden seine Söhne Moritz - der spätere bedeutende Kurfürst - und August geboren. Anstelle der baufällig gewordenen Gebäude ließ Kurfürst August von 1566 bis 1579 ein Renaissanceschloss errichten. Im Siebenjährigen Krieg wurde es schwer beschädig und bald zum Militärmagazin umgebaut. Nun soll es wieder zu einem Mittelpunkt gesellschaftlichen Lebens werden.

Das sächsische Bergarchiv wird ebenfalls im Schloss einziehen, mit seinen mehr als 100.000 Grubenrissen aus sechs Jahrhunderten.

Dieser Feueropal aus Kasachstan gehört zu den prächtigen Schaustücken einer Schweizer Sammlung, die bald im Schloss Freudenstein ausgestellt wird. Die Mineraliensammlung der Bergakademie zählt zu den bedeutendsten weltweit. Sie dient in erster Linie zu Lehrzwecken, hat aber auch beträchtlichen Schauwert.

Die Börsen der Freiberger Mineralienfreunde jedes Jahr Mitte Juni sind ein Muss für viele Sammler. Sie zählen nicht nur wegen der Angebote von Händlern aus rund zwanzig Ländern zu den angesehensten Veranstaltungen dieser Art, sondern auch wegen des sachkundigen Publikums. Nicht zuletzt hoffen viele Sammler, hier noch ein paar der begehrten Minerale aus den Freiberger Gruben zu ergattern.

Freiberg ist auch eine Tempelstadt

Seit der Erweiterung hat der Freiberger wie fast alle anderen Mormonentempel auch ein großes Taufbecken, das auf zwölf lebensgroßen weißen Rindern ruht. Sie symbolisieren die zwölf Stämme Israels.

Für die fast zwölf Millionen Mitglieder der Kirche Jesu Christi der Heiligen der Letzten Tage ist Freiberg ein besonderer Ort - eine Tempelstadt. Tausende Angehörige dieser Religionsgemeinschaft kommen jährlich in die Bergstadt, um hier den stadtauswärts an der Hainichener Straße gelegenen Tempel zu besuchen. Ein Tempel ist für die Mormonen - so die landläufige Bezeichnung - ein solch heiliger Ort, dass nur bewährte Mitglieder dieser Kirche ihn betreten dürfen.

Unter den weltweit mittlerweile mehr als hundert Tempeln dieser Kirche nimmt der Freiberger durch seine Entstehungsgeschichte eine besondere Stellung ein, denn er war der erste im Ostblock überhaupt. Dahinter steckt ein verblüffendes und auch wieder typisches Stück DDR.

Die hiesigen Mitglieder der Kirche Jesu Christi der Heiligen der Letzten Tage beantragten immer wieder Reisen in die Schweiz oder die USA, um dort einen Tempel besuchen zu können, ein sehr wichtiger Bestandteil ihres religiösen Lebens. Das sahen die DDR-Oberen sehr ungern, konnten es aber nach der 1973 in Helsinki zugesicherten Religionsfreiheit schlecht verwehren. So zäumten sie einfach das Pferd anders herum auf und fragten die verblüfften Mormonen: Wollt ihr denn nicht einfach einen Tempel in der DDR bauen? Sie wollten, und aus verschiedenen Gründen - eine Großstadt als Standort war von der Regierung nicht gewünscht - fiel die Wahl auf Freiberg. Nach zweijähriger Bauzeit wurde der Tempel 1985 geweiht und war kurz zuvor für zwei Wochen allen Interessenten offen. Obwohl das nie in der zensierten Presse publik gemacht worden war, kamen fast 90.000 und standen stundenlang Schlange!

Da in den osteuropäischen Ländern im letzten Jahrzehnt mehr als hundert Gemeinden der Kirche Jesu Christi der Heiligen der Letzten Tage entstanden, wurde dieser damals kleinste Mormonentempel zwischen 2001 und 2002 um ein Drittel erweitert. Dabei kam endlich auch auf die Turmspitze - wie bei fast allen anderen Tempeln der Kirche Jesu Christi - eine Statue des Posaune blasenden Engels Moroni. Das nämlich hatte die DDR-Regierung bei allem Entgegenkommen dann doch strikt abgelehnt. Geweiht wurde der Tempel im September 2002 vom religiösen Oberhaupt der Kirche Jesu Christi der Heiligen der Letzten Tage persönlich, dem damals 93-jährigen Gordon B. Hinckley. Davor stand der Tempel wieder für zwei Wochen allen Interessenten offen; fast 28.000 Menschen kamen. Die Freiberger Gemeindemitglieder bereichern das Leben der Stadt unter anderem durch Vorträge und Konzerte im Gemeindezentrum. Außerdem können Interessenten dort die genealogischen Archive der Mormonen nutzen, um Ahnenforschung zu betreiben.

Hier geht's abwärts: 600 Jahre Bergbaugeschichte untertage erlebt

Irgendwann auf der Strecke untertage lässt der Führer alle Lampen erlöschen. Nach einem Moment völliger Finsternis entzündet er eine Kerze. Spätestens da bekommt der ahnungslose Tourist eine vage Vorstellung, wie es für die Bergleute einst gewesen sein muss, allein, nur im Schein ihrer flackernden Unschlittlichte, den ganzen Tag lang zu schuften.

Die Himmelfahrt-Fundgrube - einst das größte Silberbergwerk Sachsens - ist kein übliches Besucherbergwerk, denn hier wird noch gearbeitet und manchmal sogar gesprengt. Sie ist ein Lehrbergwerk. Hier machen sich die Studenten der TU Bergakademie mit der praktischen Arbeit untertage vertraut. Die Bergakademie ist die einzige Uni der Welt, die ihren Studenten so etwas bieten kann.

Der Förderverein Himmelfahrt-Fundgrube sorgt hingegen dafür, dass auch Besucher die Welt untertage kennen lernen können. Hier erleben sie Bergbaugeschichte so authentisch wie kaum sonst irgendwo. Mit Helm, Gummistiefeln und -jacke ausgestattet, fahren sie im Förderkorb 150 Meter hinab in die Tiefe (der Bergmann sagt „Teufe"), lassen sich mit der Grubenbahn ein Stück weiter befördern und erleben dann auf ihrer Tour, wie sich die Arbeit des Bergmanns über die Jahrhunderte verändert hat.

Wem das zu anstrengend ist, der kann derweil die oben ausgestellten Minerale besichtigen oder in der Besucherhalle das liebevoll mit hunderten beweglichen Figuren ausgestaltete Schaubergwerk per 1 Euro-Münze in Bewegung setzen.

Der Förderturm der „Reichen Zeche". Von hier aus starten die Besucher ihren Ausflug untertage.

Die Alte Elisabeth gehört ebenfalls zur Himmelfahrt-Fundgrube, hat aber auch übertage schon viel Bergbaugeschichte zu bieten. In der Betstube finden gelegentlich Orgelkonzerte an dem kleinen Orgelpositiv und Feiern statt, neuerdings sogar Trauungen.

Studenten der TU Bergakademie Freiberg 90 Meter untertage.

Klasse statt Masse - so wirbt die TU Bergakademie

Vor rund 300 Jahren schaffte es doch tatsächlich ein vorausschauender Freiberger, der Oberberghauptmann Abraham von Schönberg, seinen Landesfürsten davon zu überzeugen, dass es gerade in wirtschaftlich schlechten Zeiten eine lohnende Geldanlage sei, begabte junge Menschen zu praxiserfahrenen und naturwissenschaftlich bewanderten Bergbau- und Hüttenfachleuten auszubilden.

Aus dieser staatlich finanzierten „Stipendienkasse" von 1702 wurde 1765 die Bergakademie - nach einer ähnlichen Argumentation hiesiger Bergbeamter. Die Geldausgabe hat sich für das Land bezahlt gemacht. Daran sollten die Landesfürsten heute gelegentlich erinnert werden.

Diese Entstehungsgeschichte macht die Bergakademie, die erst seit 1992 offiziell Universitätsstatus hat, zur ältesten Hochschule der Welt, die sich von Anfang an auf Bergbau und die damit in Zusammenhang stehenden Naturwissenschaften spezialisiert hat.

Diese so ganz neuartige Bergakademie erwarb sich schnell einen Namen über Sachsen hinaus. Sie hatte bedeutende Gelehrte; allen voran den Begründer der wissenschaftlichen Mineralogie, Abraham Gottlob Werner. Clemens Winkler entdeckte hier das Germanium, Ferdinand Reich und Theodor Richter das Indium. Berühmtester Absolvent war Alexander von Humboldt, der sich 1791 mit der Matrikel-Nummer 357 einschrieb und in Freiberg auch seinen künftigen Wegbegleiter und Freund Carl von Freiesleben kennenlernte. Auch Friedrich von Hardenberg, besser bekannt unter seinem Dichternamen Novalis, und Theodor Körner studierten hier. Zeitweise waren mehr als die Hälfte der Studierenden Ausländer. Heute noch berichten Absolventen der Bergakademie immer wieder, wie ihnen im Ausland der Name „Freiberg" Türen öffnet.

Dabei muss es hier anfangs recht familiär zugegangen sein. Zunächst waren hier nur ein paar Handvoll Studenten. Sie speisten bei ihren Professoren, die Lehrräume und Labors waren im Wohnhaus eines ihrer Begründer untergebracht. Dort hat heute noch die Universitätsleitung ihren Sitz.

Vergleichsweise familiär ist es auch jetzt noch an der TU Bergakademie, die mittlerweile 4.000 Studenten hat - ein Zwerg unter deutschen Universitäten, aber ein bemerkenswerter. „Klasse statt Masse" ist ein Slogan, den viele Studenten als Aufkleber an den Autos haben, auf die der Freiberger Lokalpatriotismus schon abgefärbt hat, was in der Regel ziemlich schnell geht. Hier kennen die Professoren noch ihre Studenten. Vor allem wer von einer großen Uni überwechselt, weiß es zu schätzen, dass er hier ohne Probleme mal übern Gang seinen „Prof" oder Betreuer ansprechen kann, auf Praktika nicht warten muss und auch nicht im Flur vor überfüllten Hörsälen hockt. Das alles hat dazu beigetragen, dass die Freiberger Uni bei Rankings vorn liegt und zu den „schnellsten" Hochschulen in Deutschland gehört: 90 Prozent der Studenten schließen in der Regelstudienzeit ab. Das mag für so manchen zielstrebigen jungen Menschen aufwiegen, dass hier das Nachtleben nicht ganz so ausschweifend ist wie in einer Großstadt.

Moderne Ausstattung: Am Massenspektrometer im Institut für Mineralogie der Bergakademie wird das Alter von Gesteinsproben bestimmt, die Freiberger Wissenschaftler von einer internationalen Forschungsexpedition mitgebracht haben.

Aus der Tiefe des Meeres in die Weiten des Alls

Seit 1990 hat die Freiberger Uni ihr seit Jahrzehnten ausgeprägtes Profil „Rohstoffe - Werkstoffe - Energie" auf den Umweltschutz ausgedehnt. Neue Studiengänge wurden eingerichtet, davon sind einige einmalig in Deutschland, wie Ingenieurarchäologie oder Angewandte Naturwissenschaft, eine Kombination von Chemie, Physik, Biologie mit den klassischen Ingenieurwissenschaften.

Auch in der Forschung wird stärker auf Umweltschutz und geschlossene Stoffkreisläufe orientiert. Das passt zum Wirtschaftspotential der Stadt, die sich mit HighTech-Recycling einen Namen macht. Hier gibt es eine Kooperation auf kurzen Wegen zwischen Hochschule und Betrieben, zu der auch die gemeinsame Nutzung gehört.

Das Forschungsspektrum der Bergakademie reicht im wahrsten Sinne von den Tiefen der Ozeane bis zu den Weiten des Weltalls. Freiberger Wissenschaftler sind an Meeresexpeditionen ebenso wie an Experimenten beteiligt, bei denen Kristallzüchtung unter Schwerelosigkeit getestet wird.

Von herausragender Bedeutung für Freiberg sind Halbleiterwerkstoffe. Nicht nur an der Bergakademie, sondern auch als zukunftsträchtigster und erfolgreichster Produktionszweig in der Stadt. Die Bergakademie und die Freiberger Halbleiterfirmen arbeiten eng zusammen, sowohl in der Forschung als auch bei der Ausbildung von Ingenieurnachwuchs.

Ein besonderes Netzwerk gibt es auf einem Gebiet, auf dem Freiberg schon immer Maßstäbe gesetzt hat: den Geowissenschaften. Die zahlreichen hiesigen geologischen Firmen, Oberbergamt und Landesamt als Behörden und die TU Bergakademie haben mit ihren Potenzen Freiberg zum „Geokompetenzzentrum" in Deutschland gemacht.

Laboruntersuchungen an neuartigen Dachsteinen und Fliesen aus Glas am Institut für Keramik, Glas- und Baustofftechnik der TU Bergakademie. In einem hier entwickelten neuen Verfahren entsteht aus mineralischen Reststoffen, wie sie zum Beispiel als Gießereischlacke in großen Mengen anfallen, unter Temperaturen von mehr als 1.400 Grad ein extrem langlebiges neuartiges Produkt. Gemeinsam mit Firmen der Region will das Institut dieses Verfahren zur Produktionsreife bringen. Dann sollen im Raum Freiberg Produktionskapazitäten für bis 100.000 Tonnen Dachdeckungsmaterial entstehen.

Diese Rekonstruktion eines zweieinhalb Meter langen Hundertfüßers ist am Eingang zur Paläontologischen Sammlung der Bergakademie angebracht. Der Freiberger Professor Jörg Schneider hatte fossile Reste des Urzeitmonsters entdeckt und für eine Sensation in der Fachwelt gesorgt.

Die Ende 2003 an der Bergakademie in Betrieb genommene Hochdruck-Synthesegasanlage HP POX gilt als das größte Energieforschungsprojekt an einer deutschen Universität. Gemeinsam mit der Frankfurter Lurgi AG wird hier an der Weiterentwicklung von Verfahren zur Gewinnung von hochwertigem Synthesegas aus Erdgas geforscht.

Seit über 100 Jahren heißt es: Ins Tivoli kommen die Stars

Generationen von Freibergern haben im Tivoli ihre erste Tanzstunde, ihren ersten Ball und ihren ersten Kuss erlebt. Das Konzert- und Ballhaus war 1902 mit einem großen Fest für das „elegante, tanzende Freiberg" eröffnet worden. Ein Lokal mit Gartenschänke hat es hier schon seit mindestens 1786 gegeben, doch 1900 brannte es ab, um zwei Jahre später in nie da gewesener Pracht wiederzuerstehen. Durch seine Bälle und als Vereinsdomizil war das Haus schnell zum Gesellschaftstreff allererster Güte in Freiberg geworden. Mit recht skurrilen Details, wie die Hauschronik verrät: Saalpolizei und Tanzmeister kassierten nach jeder Tanzrunde von den Pärchen die Vergnügungssteuer ab, und als 1911 die Amtshauptmannschaft den eng umschlungen getanzten Schieber wegen „Gefährdung der Sittlichkeit" verbot, drohten zuwider Handelnden zwei Wochen Haft.

Doch zu Ruhm weit über Freiberg hinaus gelangte das Tivoli vor allem durch die Bühnenprominenz, die sich hier die Klinke in die Hand gab. Ufa-Stars wie Paul Kemp und Lucie Englisch, Musikclown Grock - der Akrobat „Schööön" - und die Comedian Harmonists sind hier aufgetreten. In jüngster Zeit wird diese Liste fortgesetzt mit Namen wie Slade, Sweet, Suzi Quatro, Smokie, Uriah Heep, The Lords und natürlich die Ostrocker wie Tamara Danz, City und viele andere.

In die deutsche Rockgeschichte eingegangen ist das Tivoli als die Bühne, auf der die Puhdys 1969 ihr allererstes Konzert gaben. Seit Jahren feiern die Rockerrentner immer am 19. November hier Bandgeburtstag. Zu diesem Konzert reisen Fanclubs aus ganz Deutschlands an. Dabei freuen sich die Puhdys nicht nur auf die Riesenstimmung und die große Geburtstagstorte, sondern - wie unter der Hand verlautbarte - auch auf Gänsebraten mit Rotkohl und Klößen aus der Tivoli-Küche, denn das ist hier ihr Leibgericht.

Fotos links: Treten gern im Tivoli auf: City, Manfred Krug, Renft.

Das älteste Stadttheater Deutschlands

„Da das Geld müßig in den Lassen liegt ..." Mit dieser heute neidisch stimmenden Bemerkung kaufte der Freiberger Rat 1790 das Theater am Buttermarkt, das ein Jahr zuvor ein Messerschmiedemeister etabliert hatte, um schnell zu merken, dass sich damit kein Geld verdienen ließ.

Die Theatertradition Freibergs ist allerdings schon viel älter, die Freiberger scheinen schon immer geradezu kunstversessen gewesen zu sein. Die Stadtchronik berichtet von den Pfingstspielen, die hier Anfang des 16. Jahrhunderts von der Bürgerschaft auf dem Obermarkt ausgerichtet wurden und tausende Zuschauer hatten; hier gastierten die Neuberin, Clara Wieck und viele durchreisende Theatergesellschaften.

Der oben genannte Kaufbeschluss macht das Freiberger Theater zum ältesten Stadttheater Deutschland. Zugegeben, bis vor kurzem hieß es noch: das älteste Stadttheater der Welt. Aber wer kann das schon so genau wissen?

Seit 1876 hat das Haus eine eigene feste Schauspieltruppe. Und immer wieder wird in den Annalen erwähnt, dass hier 1800 Carl Maria von Webers frühe Oper „Das stumme Waldmädchen" uraufgeführt wurde. Verschwiegen wird hingegen zumeist, dass sie durchfiel und der erst fünfzehnjährige Komponist und vor allem sein Vater sich noch monatelang mit dem Theater stritten, wer nun an der Blamage schuld sei.

Das Theater ist immer wieder umgebaut und erweitert worden. Der Bühnensaal wird oft als „kleine Ausgabe der Semperoper" bezeichnet, die kleine „Bühne in der Borngasse" für Studioproduktionen ist hinzugekommen. Seit 1994 bilden die Theater Freiberg und Döbeln die Mittelsächsische Theater und Philharmonie gGmbH als Zweispartentheater, das in ganz Mittelsachsen auftritt.

Zum Repertoire gehören Klassiker ebenso wie moderne Stücke. Einen besonderen Ruf in der Musikszene hat sich das Theater durch Wiederaufführungen zum Unrecht vergessener Erfolgsopern des 19. Jahrhunderts gemacht, unter anderem von Lortzing und Nessler. Seit der Eröffnung der Konzerthalle Nikolaikirche gibt die Mittelsächsische Philharmonie ihre gefragten Sinfoniekonzerte dort, wofür ihr das Publikum bald einen nochmaligen Qualitätssprung bescheinigte.

Heute liegt das Geld nicht mehr so müßig in den Kassen und die Kommunen allein können kein Theater mehr finanzieren. Deshalb setzen sich inzwischen nicht nur Theatergänger in Freiberg und ganz Mittelsachsen dafür ein, dass der Freistaat weiter seinen Anteil am Erhalt dieser traditionsträchtigen Bühne leistet.

Foto oben: Theaterführungen durch das ganze Haus einschließlich der Werkstätten sind ein gern angenommenes Angebot.

Foto Mitte: Probenfoto mit Ines Kramer, Michael Berger und Susanna Voß.

unten: Nach umfangreicher Instandsetzung und Rekonstruktion wurde die Nikolaikirche im Mai 2002 als Konzert- und Tagungshalle eröffnet. Hier gibt die Mittelsächsische Philharmonie ihre Sinfoniekonzerte und gastieren viele Ensembles und Solisten.

Freizeitangebote zwischen Himmel und Hölle

Wohl nur wenige Städte in dieser Größenordnung haben ein so vielseitiges Kultur- und Sportleben zu bieten. Rund sechzig Kultur- und fast fünfzig Sportvereine, Einrichtungen vom modernen Hallen- und Freibad bis zum Großraumkino bieten vielfältige Möglichkeiten der Betätigung.

Freibergs Musikleben ist außerordentlich reich. Eine Facette darin: die Jazztage, die schon seit mehr als 30 Jahren jeweils im April von der IG Jazz des Studentenclubs veranstaltet werden und namhafte Jazzer als aller Welt anziehen.

Der Freiberger Knabenchor unter Leitung von Wolfgang Eger zählt mittlerweile zu den renommiertesten Laienchören Deutschlands. Auftritte in etlichen Ländern Europas, CD- und Fernsehaufnahmen künden davon. Das unlängst mit dem Freiberger Kunstförderpreis ausgezeichnete Ensemble hat in seinem Repertoire nicht nur Volkslieder, sondern auch anspruchsvolle Werke klassischer Komponisten.

Nicht nur in einem der schönsten, sondern auch in einem der ältesten Gebäude, die nach dem Stadtbrand von 1484 errichtet wurden, ist jetzt das Freiberger Stadt- und Bergbaumuseum gegenüber vom Dom untergebracht. Untersuchungen belegen, dass das hierbei verwendete Holz 1488 gefällt wurde. Aus dem ehemaligen Domherrenhof wurde nach der Reformation eine Lateinschule. Seit 1903 beherbergt es das Museum, das wiederum eines der ältesten in Sachsen ist. Der Freiberger Altertumsverein hatte seit seiner Gründung 1860 so viele historische Ausstellungsstücke zusammengetragen, dass er auf ein repräsentatives Museumsgebäude drängte. Heute beherbergt das Haus unter anderem eine bedeutende Sammlung spätgotischer Holzplastik und viele Sachzeugen zur Bergbau- und Stadtgeschichte. In der Fotothek sind rund 30.000 historische Aufnahmen von den Anfängen der Fotografie an aufbewahrt.

Das zweite städtische Museum ist das Naturkundemuseum in der Waisenhausstraße, das über die hiesige Flora und Fauna und den Einfluss des Bergbaus darauf informiert.

Der Buttermarkt zwischen Nikolaikirche und Theater als weiterer wichtiger Ort für die Kultur gilt nach einer alten Freiberger Redensart als der Punkt, wo Himmel, Hölle und Teufelskapelle aufeinander treffen. Gemeint sind die Kirche, die frühere Schankwirtschaft in der Aschegasse und das Theater.

Zu einer Art „Freiberger Kneipenmeile" hat sich die Meißner Gasse nahe dem Untermarkt entwickelt.

Ein echter Geheimtipp ist Helga Fickers „Kommode" im Kunsthandwerkerhof in der Burgstraße. In ihrem Handarbeitsmuseum versetzt sie die Besucher hundert Jahre zurück in die Vergangenheit. Umgeben von zart besticktem Tüll, Perlen, Federboas und stickereigeschmücktem Aussteuerschrank führt sie auf Wunsch auch beinahe vergessene Handarbeitstechniken vor. Selbst Gäste aus Übersee gerieten hier schon in Verzückung angesichts des nostalgischen Flairs, das die geschickte und freundliche Textilgestalterin in ihren Räumen geschaffen hat.
Im Kunsthandwerkerhof haben unter anderem auch Zinngießer und Handweber Werkstatt und Verkaufsladen.

Bild rechts: Im Sommer wird für ein Wochenende lang eine Wiese am Stadtausgang zum Treff für Blumenkinder. Beim Flower-Power-Festival reisen Tausende aus ganz Deutschland an, um hier friedlich miteinander die Zeit zu verbringen.

Eine Milliarde Euro: Freiberg als „Silicon Valley Europas"

Nicht mehr dem Silber, sondern silbrig glänzenden Wafern verdankt Freiberg heute seinen Wirtschaftsaufschwung. Eine Milliarde Euro Investitionen in zehn Jahren und 1.500 hochqualifizierte Arbeitsplätze - diese Zahlen stehen für die atemberaubende Entwicklung der hiesigen Halbleiterfirmen in den letzten Jahren. Im Freiberger Industriegebiet Süd werden die Kristalle „gezüchtet" und Wafer hergestellt, die in Dresden zu Chips verarbeitet werden. Längst ist für den Großraum Dresden - Freiberg das geflügelte Wort vom „europäischen Silicon Valley" üblich geworden. Wafer made in Freiberg sind wegen ihrer hohen Qualität gefragt, die hiesigen Firmen haben führende Positionen in einer Wachstumsbranche erkämpft, die nur von wenigen technologisch beherrscht wird. Ein Golfball auf der Oberfläche Münchens - nur so unvorstellbar klein dürfen bei den hier unter Reinraumbedingungen hergestellten Wafern Verunreinigungen sein, schon ein einziges Staubkorn hätte verheerende Wirkung.

Jüngster Höhepunkt dieses „Wirtschaftswunders" war die Inbetriebnahme der neuen HighTechproduktionsstätte der Wacker-Tochter Siltronic AG 300-Millimeter-Scheiben im Juni 2004, die einen Technologiesprung in der Branche verkörpert. Doch auch damit ist längst noch kein Ende abzusehen. Kaum ist hier eine Produktion angefahren, wird bereits über weitere Investitionen diskutiert.

Diese Erfolge sind den Freibergern nicht in den Schoß gefallen. Übereinstimmend sagen alle Großinvestoren, dass zu ihrer Entscheidung für den Standort Freiberg neben der Förderpolitik des Freistaates vor allen eines beigetragen habe: die Kompetenz und Leistungsbereitschaft der Mitarbeiter hier. Schon vor fast einem halben Jahrhundert begann in Freiberg die Produktion von sogenannten Halbleitern. Der 1963 gegründete VEB Spurenmetalle produzierte Siliciumkristalle und -wafer für den gesamten Ostblock. Natürlich brach auch hier der Markt mit der Einführung der D-Mark 1990 weg. Doch kurz bevor die Treuhand den Betrieb schließen konnte, gelang der Verkauf in drei Teilen - eine „Musterprivatisierung", wie damals ein Minister jubelte. Die daraus hervorgegangenen Firmen - Freiberger Compound Materials, Wacker Siltronic (heute Siltronic AG) und Deutsche Solar - produzieren unter Reinraumbedingungen Galliumarsenid, Silicium und Solarsilicium und besetzen auf ihren Gebieten Spitzenpositionen auf dem Weltmarkt.

Freiberger Compound Materials ist übrigens die erste israelische Großinvestition in Ostdeutschland, initiiert durch einen inzwischen verstorbenen israelischen Industriellen aus Sachsen, der hochbetagt noch die Grundsteinlegung für das neue Werk in Freiberg selbst vornahm.

Freiberg auf dem Weg zur Solarstadt

In Freiberg werden durch die Großinvestitionen der Solar World AG nicht nur Solarsiliciumscheiben produziert, sondern daraus auch Zellen und Module für Photovoltaikanlagen, die gleich an Ort und Stelle für Kundenwünsche maßgeschneidert zusammengestellt und versandt werden. Das alles an einem Standort und eine Recyclingstation gleich daneben - das ist weltweit einmalig.

Durch eine Initiative der Solar World AG sind inzwischen auch riesige Solaranlagen auf Industriegebäuden der Stadt installiert.

Mit rund 9.000 Quadratmetern Solardach in Freiberg ist die Bergstadt eine der führenden deutschen Städte dieser Größenordnung. Zwei Solarkraftwerke sind durch Bürgerbeteiligungen finanziert: das auf dem Dach der Winkler-Schule und das auf dem Tivoli.

Der Freiberger Timo Leukefeld, Absolvent der TU Bergakademie, erhielt 2002 den „Deutschen Solarpreis" und wurde 2003 sächsischer „Solarmeister". Niemand sonst in Deutschland hat auch nur annähernd so viele Quadratmeter Solardach installiert wie seine Firma Soli fer. Ihr Erfolgsrezept: Das Solardach ersetzt die Dachziegel und macht so die Anlage wirtschaftlicher, wenn ohnehin das Dach erneuert werden müsste.

Timo Leukefeld zählt seit Jahren schon zu den Aktivisten beim Einsatz erneuerbarer Energien. In rund 60 Vorträgen pro Jahr, übers Internet, auf Messen und Weiterbildungsveranstaltungen informiert er über wirtschaftliche Lösungen insbesondere für Heizung und Warmwasserbereitung durch Sonnenenergie. Das lebt er mit seiner jungen Firma vor: Hier sind alle Fahrzeuge auf Pflanzenöl umgerüstet, geheizt wird mit Sonnenenergie bzw. Holzpellets.

In der Deutschen Cell GmbH in Freiberg, einer Tochter der Solar World AG, werden Siliziumscheiben zu Solarzellen verarbeitet. Der im September 2002 eingeweihte Betrieb ist nach Angaben des Unternehmens die größte und modernste Fertigungsstätte Europas für Solarzellen aus kristallinem Silizium. Die Zellen werden unter Reinraumbedingungen aus Wafern gefertigt, die in unmittelbarer Nachbarschaft in der Deutschen Solar AG entstehen.

In der Freiberger Solar Factory, ebenfalls eine Tochter der Solar World AG, entstehen aus den Zellen Module. Die Nachfrage ist riesig und kann kaum mehr befriedigt werden. Ein Logistikzentrum auf dem Saxonia-Areal übernimmt Konfektionierung und Versand der in Freiberg gebauten Solarstromanlagen.

Produkte aus Freiberg mit Weltruf

Traditionell stark ist in Freiberg die metallverarbeitende Industrie. Neben langjährig bestehenden Gießereibetrieben, Maschinenbaufirmen und Zulieferern für die Automobilindustrie gibt es auch erfolgreiche Neugründungen. Dazu gehört ACTech, wo nach speziellen, hier entwickelten und patentierten Verfahren komplizierte Gussteile gefertigt und in mittlerweile 27 Länder exportiert werden.

Oder die für zehn Millionen Euro erbaute Freiberger Niederlassung der Streicher Maschinenbau GmbH, in der im Frühsommer 2004 die Produktion begann. Hier werden u.a. Sondermaschinen für Glasbedampfungs- und Beschichtungsanlagen gebaut, die zum Beispiel für die neuen Generationen von LCD-Bildschirmen und Flachbildfernsehern benötigt werden. Für die Ausrüstung hat die traditionsreiche Firma Union Chemnitz das bisher größte Bohrwerk geliefert, das für Bauteile mit 25 Tonnen Gewicht geeignet ist.

Auf dem Industriegebiet Saxonia-Areal, dem einstigen Gelände der Hütte Freiberg, haben sich insbesondere Firmen angesiedelt, die sich auf HighTech-Recycling spezialisiert haben - ein Gebiet, für das Freiberg inzwischen als Zentrum in Sachsen gilt.

Eines der Aufsehen erregenden innovativen Verfahren wurde in der Freiberger Firma Choren Industries entwickelt. Hier wird aus Biomasse wie Holzresten oder Stroh Kraftstoff gewonnen.

Die Exportrate der hiesigen Industrie ist hoch: Sie liegt für den gesamten Landkreis Freiberg im verarbeitenden Gewerbe bei 28 Prozent.

Die B.U.S Zinkrecycling GmbH gilt weltweit als führendes Kompetenzzentrum für das Recycling zinkhaltiger Materialien. In ihren Wälzöfen auf dem Saxonia-Areal wird ein in Freiberg entwickeltes patentiertes Verfahren eingesetzt, das als „Beste verfügbare Technologie" für die Gewinnung von Zink aus Stahlwerksstäuben gilt und mit verschiedenen Innovations- und Umweltpreisen ausgezeichnet wurde. Es kommt ohne Gas aus, senkt den Koksverbrauch und damit den CO_2-Ausstoß um 40 Prozent und erhöht zugleich die Produktion um mehr als 30 Prozent. Die internationale Nachfrage danach ist enorm. Nach dem 2001 in Betrieb genommenen hochmodernen Wälzofen von 43 Meter Länge wurde im Jahr darauf ein weiterer mit 50 Meter Länge aufgebaut.

Am Prüfplatz für Kondensatoren, die in elektronischen Baugruppen von Airbags und ABS zum Einsatz kommen, in der Frolyt Kondensatoren und Bauelemente GmbH Freiberg. Das Unternehmen, das in Freiberg bereits auf eine lange Tradition zurückblickt, ist Zulieferer für weltweit rund 200 Kunden.

Moderne Joghurtproduktionslinie in der 1994 in Betrieb genommenen Molkerei Hainichen-Freiberg GmbH und Co. KG. Die hier hergestellten Cremejoghurts und Käsesorten sind bundesweit im Handel und werden in mehrere Länder exportiert. Für ihre Qualität gab´s Gold- und Silbermedaillen.

Ein kräftiges Prosit mit Freibergisch Bock

Das populärste Freiberger Unternehmen ist die Freiberger Brauhaus AG. Rund 850.000 Hektoliter Bier werden hier jährlich in einer hochmodernen, 1995 eingeweihten Braustätte produziert. Haupterzeugnis ist das „Freiberger Premium Pils", aber sehr gefragt sind auch Spezialbiere wie das kräftige „Freibergisch Schwarzbier" und das „Freibergisch Bock". Mittlerweile wird Freiberger Bier nicht nur in ganz Ostdeutschland, sondern auch bei den Weintrinkernationen Ungarn, Spanien und Italien genossen.

Die Freiberger Brauer waren früher nicht nur sächsischer Hoflieferant, zum Beispiel für den Genussmenschen August den Starken, sondern besitzen auch die älteste deutsche Urkunde über das Brauen. Sie wurde - wie könnte es anders sein - durch einen weiteren „Bierkrieg" überliefert. 1227 waren sich Freiberger und Dippoldiswalder heftig darüber in die Haare geraten, wer wohl in Dipps Bier brauen und verkaufen durfte. Der Markgraf entschied: Die Freiberger dürfen. Der Freiberger Altertumsverein hatte diese Story bei seinen Forschungen zur Freiberger Braugeschichte herausgefunden. Zu den wichtigsten Erkenntnissen aus dieser Arbeit, gehört der enge Zusammenhang zwischen Bier und Bergbau. Nicht in Form durstiger Bergleute, obwohl es die natürlich gegeben haben soll, sondern durch die vielen Einnahmen aus Steuern auf Bier und seine Rohstoffe. Damit wurden zu einem großen Teil die Investitionen bezahlt, die im 17. Jahrhundert zu einer neuen Blüte des Freiberger Bergbaus führten.

Phantastische Feuerwerke aus Freiberg: Die Sachsen Feuerwerk GmbH produziert auf dem Gelände der einstigen Pulvermühle, wo schon vor 300 Jahren Sprengpulver für den Bergbau hergestellt wurde. Zu ihrem Sortiment gehören mehrere tausend Produkte von Tischfeuerwerken und Knallern bis zu Spezialeffekten für Bühnen und Großfeuerwerken. Ein faszinierender Lichterzauber vom Pulvermühlenweg ist auch jedes Mal krönender Abschluss des Freiberger Bergstadtfestes.

Beliebt sind die Führungen durch die moderne Braustätte. Sie gehören auch zu den Brauhausfesten jedes Jahr an einem Wochenende Mitte August. Dann verwandelt sich das Gelände der Freiberger Brauhaus AG stadtauswärts an der Leipziger Straße in eine riesige Festwiese für bis zu 70.000 Besucher. Die genießen dann die Musik, den Festtrubel - und natürlich dieses oder jene Freiberger Premium Pils.

Endkontrolle für Überflurhydranten im Freiberger Betrieb der Eisenwerke Düker AG & Co. KG aA. Die Freiberger „Roten", die aus emailliertem Kugelgraphitguss mit Edelstahlarmaturen gefertigt werden, zieren mit ihrem nostalgischen Outfit viele Kommunen in Deutschland. Die gut sichtbaren Löschwasserspender können nicht mit parkenden Autos zugestellt werden und stehen als schmückender Farbtupfer in den Innenstädten.

Die dörflichen Ortsteile Freibergs

Jungzüchterwettbewerb beim Tag der Offenen Tür im Staatlichen Amt für Landwirtschaft mit Lehranstalt in Zug. In fünf verschiedenen Fachschulen erlernen hier mehr als 200 junge Leute einen Beruf in Wirtschaft, Landwirtschaft, Hauswirtschaft oder Technik.

Die Hammerbrücke in Halsbach von 1569 wurde nach „Thieles Hammerwerk" direkt unterhalb der Brücke benannt. Es gehörte zur Freiberger Fabrik für leonische Waren, die einst eine der größten sächsischen Manufakturen war. Dutzende Drahtzieher fertigten hier feinste Messingdrähte, die von Posamentierern und mehreren hundert Klöpplerinnen zu feinen Litzen und anderen Schmuckborten verarbeitet wurden. Als „Thiele und Steinert" besteht die Firma heute noch in Freiberg. Halsbach entstand als Streusiedlung für Berg- und Hüttenleute und hieß einfach „Das Dörfchen". Hier macht die Fernverkehrsstraße B 173 eine halsbrecherische Kurve. Wegen ihrer Schönheit bei Sammlern gefragt sind die Halsbacher Achate.

Nicht weniger als 26 Brücken hat Kleinwaltersdorf aufzuweisen, was Euphoriker sogar zu der Bezeichnung „Klein-Venedig" veranlasste. Gemütlich und fröhlich geht´s beim Dorffest zu, dem Kleinwaltersdorfer Altweibersommer.

Ein ganz außergewöhnliches technisches Denkmal befindet sich im Drei-Brüder-Schacht in Zug: 272 Meter tief im Schacht befindet sich ein unterirdisches Kraftwerk, das Siemens hier 1914 errichtete und das noch funktionstüchtig ist. Betrieben wird es durch Wasserkraft aus einem unterirdischen Reservoir mit eineinhalb Millionen Liter Fassungsvermögen - so groß also wie der Großhartmannsdorfer Großteich. Ein Förderverein engagiert sich dafür, das einmalige Kavernenkraftwerk wieder in Betrieb zu nehmen. Seine Mitglieder haben die übertägigen Schachtanlagen instand gesetzt und veranstalten Führungen.

Von europäischem Interesse: Die Zuger Bergbaulandschaft

Die Landschaft um Zug ist das vielleicht beste Beispiel dafür, dass der Bergbau nicht nur das Leben der Menschen, die wirtschaftliche Entwicklung der Region und das Brauchtum, sondern sogar die Landschaft verändert hat. Und das nicht allein durch Huthäuser und Schachtgebäude, sondern auch durch das bereits erwähnte Kunstgrabensystem und die noch erkennbaren Halden.

Auf den Halden hat sich inzwischen sogar eine besondere Flora angesiedelt. Die hier wachsenden Pflanzen müssen sich auf schwermetallhaltigen Böden behaupten können. Das - so berichtet André Günther vom Naturschutzinstitut - hat die Zuger Haldenlandschaft zu einem „Lebensraum von europäischem Interesse" gemacht.

Mehrere Arten haben hier lokale Sippen gebildet, die nur auf diesen Standorten bestehen können und von denen einige ausschließlich im Freiberger Raum vorkommen. Beispiele dafür sind schwermetallgeprägte Formen der Grasnelke, des Gebirgs-Hellerkrauts oder Schokoladenblümchens und des Pfeifengrases. Der Reichtum der Haldenlandschaft an Blütenpflanzen ist für Schmetterlinge und andere Insekten besonders attraktiv.

Eine direkte Landschaftsveränderung gab es auf der Alten Mordgrube. Der Sage nach soll sich hier 1350 die Erde aufgetan und eine fröhlich feiernde Gesellschaft verschlungen haben, die bei den Zechenhäusern tanzte; nur ein Fiedler soll verschont geblieben sein, weil er angesichts eines vorbei gehenden Priesters niedergekniet hatte. Dahinter verbirgt sich hier die erste überlieferte Nachricht von einem Tagebruch. Möglicherweise ist er in dem durch und durch untergrabenen Terrain durch das Stampfen der Tänzer ausgelöst worden.

Dieser Kunstgraben wurde Ende des 16. Jahrhunderts angelegt und nach der Grube Junge Hohe Birke benannt. Die hölzerne Abdeckung soll Verschmutzungen und Schneeverwehungen vermeiden.

Gahlenz

Lust und Frust am „Platz der Liebe"

Der Dorfplatz von Gahlenz heißt „Platz der Liebe". Der Name stammt nicht etwa von einem ortsansässigen Pazifisten, sondern ist durchaus wörtlich zu nehmen. Genau dort, gegenüber der Gaststätte, in der auch zum Tanz aufgespielt wurde, stand einst neben einer Bank eine riesige Trauerweide. Der ideale Platz für Jungverliebte und solche, die es werden wollten.

Die Trauerweide ist leider weg, dafür ist heute am „Platz der Liebe" ein außergewöhnliches Denkmal mit einer besonderen und teilweise auch skurrilen Geschichte besser sichtbar: das Arbeitslosendenkmal.

Gar nicht lustig war der Anlass, aus dem es geschaffen wurde. Zwei arbeitslos gewordene Gahlenzer, der Schlosser Max Rülke und der Kupferschmied Walter Hermsdorfer, hatten da im Jahr 1926 ihren Frust über die missliche Lage in den Gneis gemeißelt. „Arbeitslos - Geldlos" schrieben sie über das Bildnis eines Mannes, der die leeren Taschen umkrempelt. Die beiden hatten das ganz heimlich im Wald hinter dem Fürstenweg getan und dann die Platte dort liegen lassen. Es dauerte nicht lange, bis Pilzsucher das eigentümliche Denkmal fanden und davon erzählten. Sofort setzte ein Streit ein, ob der Gedenkstein nun nach Gahlenz gehöre, woher seine Schöpfer stammten, oder nach Breitenau, denn genau genommen lag er auf Breitenauer Flur. Die Sache sollte sogar vor Gericht, doch dazu kam es nicht. Der 2003 verstorbene Peter Schönfeld, langjähriger LPG-Vorsitzender und Initiator des Gahlenzer Dorfmuseums, berichtet in einem Aufsatz über das Denkmal, was dann geschah: Kurz vor dem Gerichtstermin beschloss eine Männerrunde im „Oberen Gasthof" nach heftiger Debatte und einem kräftigen Umtrunk, ganz einfach Tatsachen zu schaffen. Noch in der gleichen Nacht holten sie den Stein in einer Hauruck-Aktion nach Gahlenz.

Gerichtsunterlagen dazu gibt es nicht, meint Museumsleiterin Karin Ullrich. Aber es heißt ja auch, nach diesem Husarenstück hätten die Breitenauer auf ein Verfahren verzichtet. Und Peter Schönfeld versicherte, dass einer der Beteiligten ihm die Sache persönlich erzählt hätte.

Das Gahlenzer Knickohr

Die gedrechselten Riesenosterhasen im Dorfzentrum stehen für die mehr als hundertjährige Gahlenzer Holzkunstfirma, in der heute rund sechzig geschickte „Männelmacher" Räuchermännchen, Nussknacker, Engelchen, Blumenkinder und eben auch Osterhasen fertigen. Einen Osterhasen aus Gahlenz erkennt man am keck abgeknickten Ohr - sozusagen das Markenzeichen für das schon immer reichhaltige Ostersortiment aus dem Ort. Den Trick mit dem Knick haben sich die Gahlenzer Kunsthandwerker vor ein paar Jahren ausgedacht, um den Sammlern etwas zu bieten und ihre Erzeugnisse unverwechselbar zu machen.

Die Unternehmensgeschichte beginnt schon 1896 als „Gahlenzer Kunstanstalt". Hier wurden für die reichen Bauern zunächst Abbilder der Bauernhöfe und Holzbrettchen mit frommen Sprüchen oder Lebensweisheiten angefertigt. 1928 nahm dann ein neuer Besitzer auch Holzfiguren ins Sortiment auf.

Rund 800 verschiedene kunsthandwerkliche Artikel entstehen heute in den Werkstätten der Erzgebirgischen Holzkunst Gahlenz GmbH RuT, weitere 250 werden als Zulieferung an andere Firmen gefertigt. Aus Gahlenz stammen die 14,60 Meter hohe Riesenpyramide für den

Dresdner Striezelmarkt und die großen Pyramiden für die Weihnachtsmärkte in Berlin, Mainz und anderen Städten. Doch auch ganz kleine „Männel" für die Wohnstube entstehen unter den begabten Händen der Holzspielzeugmacher. Das übrigens ist der einzige Beruf aus DDR-Zeit, der in die Ausbildungsliste der Bundesrepublik übernommen wurde, meint Gundolf Berger, der gemeinsam mit Jochen Schumann den Betrieb 1993 von der Treuhand gekauft hat und seitdem erfolgreich weiterführt.

Sportliches und Knochenarbeit

Ein fast 100 Hektar großer Golfplatz bietet in Gahlenz sportlichen Ausgleich. An jedem Mittwochabend öffnet auch der hiesige Schützenverein die KK-Schießhalle für Interessenten. Jeweils an einem Juniwochenende veranstaltet der Verein sein streng nach Tradition ablaufendes Schützenfest.
Wanderwege, Trimm-Dich-Anlage, Reiten und Kremserfahrt sind weitere Freizeitofferten für Einheimische und Gäste. Der höchste Berg von Gahlenz misst 512 Meter und heißt - wie mehrere andere in der Umgebung „Knochen".
Vielleicht, weil es so eine Knochenarbeit war, dort noch etwas anzubauen?

Exoten im Erzgebirge: Yaks auf der Weide

Es müssen nicht immer Holsteiner sein. Seit 1990 züchtet Thomas Poerschke aus Gahlenz Yaks. Nicht die Wildrinder aus dem zentralasiatischen Hochland, die bis zu zwei Meter Schulterhöhe erreichen, sondern die kleinere, domestizierte Form.
Die ersten der Hochlandbewohner wurden ihm vom Chemnitzer Tierpark angeboten. Aus dem Pärchen ist mittlerweile eine stattliche Herde geworden. Auf dem Hügel hinter dem Dorf, wo oft ein kalter Südwind pfeift, fühlen sich die Zottelrinder richtig wohl.
„Feine Tiere, sehr freundlich und genügsam", meint Thomas Poerschke, der sich für die Yaks begeistert. Weil der Leitbulle so ein friedlicher Bursche sei, heißt er auch Frieder.

Mitten im Dorf stehen zwei der „Gahlenzer Knickohren" - gewissermaßen ein Markenzeichen für die Erzgebirgsgemeinde.

Leitbulle Frieder posiert hier in der Mitte. Den Yaks macht der kalte Wind auf dem Hügel nichts aus, sie fühlen sich wohl.

Hecheln, Spinnen, Dreschen - Im Dorfmuseum ist ganz schön was los

Im Erdgeschoss sitzen die Käthe und die Frieda beim Federnschleißen, daneben schnurrt ein Spinnrad, vom Hof klingt das rhythmische Klopfen der Dreschflegelgruppe herüber. Und während ein Stockwerk höher die Klöpplerinnen gerade eine Runde Kaffee ausschenken, tönt aus der benachbarten Schnitzerwerkstatt lautes Lachen: Als einer die Bohrmaschine anstellen will, wird er vor „Kurzschluss-Otto, dem Sicherungstod von Gahlenz", gewarnt. Zwischen all dem wuseln zu Hunderten die Besucher umher und staunen, was es so zu sehen gibt.

Jeden zweiten Märzsonntag im Jahr kann sich das auch sonst sehr beliebte Gahlenzer Dorfmuseum vor Besuchern kaum retten. Wenn die Männer und Frauen vom Heimatverein die traditionellen Winterarbeiten auf dem Bauernhof vorführen, ruft der Einlass schnell nach gelben Karten - nicht weil sich die Gäste daneben benehmen, sondern weil Nachschub bei den Eintrittskarten für Erwachsene gebraucht wird.

„Da haben mich die Kinder drauf gebracht", erzählt Museumsleiterin Karin Ullrich, wie die Idee zu dieser besonderen Aktion entstand. Beim Anblick der „Guten Stube" vermissten die jüngeren Museumsbesucher nämlich sofort den Fernsehapparat. Ein Leben ohne Fernsehen - unvorstellbar! Wie soll das gehen? Das Argument, im Sommer hätten die Bauern sowieso keine Zeit für so etwas, leuchtete ja noch einigermaßen ein. Aber was machen sie dann im Winter?, wollten die Kleinen wissen. Da wäre doch nichts zu tun ...

Dass das ein Irrtum ist, beweisen die vielen Vorführungen zum „Tag der Winterarbeit" vom Strohseilbinden bis zum Butterstampfen. Über manchen geschickten Handgriff, den nur noch die Älteren beherrschen, staunen nicht nur die Kinder. Das Museum will mithelfen, damit das nicht in Vergessenheit gerät.

„Wir haben da eine Verantwortung für die nächste Generation", meint Karin Ullrich, die ihre Arbeit spürbar mit Herz und Leidenschaft ausübt. Der bereits erwähnte Peter Schönfeld hatte deshalb angeregt, in einem typischen Dreiseitenhof das Museum einzurichten. Er gewann auch die anderen Landwirtschaftlichen Produktionsgenossenschaften und weitere Einrichtungen des Altkreises Flöha, das Vorhaben zu unterstützen, so dass das Museum 1992 eröffnet werden konnte.

Beliebt sind auch die Führungen durch den Kräutergarten, der Karin Ullrich besonders ans Herz gewachsen ist. Schon als Kind wurde sie von der Großmutter und der Mutter zum Kräutersammeln angehalten, weshalb sie nicht nur die guten Eigenschaften der geschätzten Pflanzen aufzählen, sondern auch viele persönliche Tipps für den Umgang damit geben kann.

Für Schulklassen organisiert sie gern thematische Führungen. Dann können die Kinder mal auf Urgroßmutters Art Wäsche waschen oder backen, was für die meisten ein gewaltiges Abenteuer ist.

Und wer möchte nicht mal mit Inbrunst etwas so richtig durchhecheln? Auch das gibt's im Museum, denn auf Wunsch werden hier auch die einzelnen Arbeitsgänge der Leinenverarbeitung vorgeführt. „In dieser Gegend wurde früher viel Flachs angebaut und verarbeitet", berichtet Karin Ullrich. Flachs wurde zu Leinen, Wolle zu Tuch. Zwischen den armen Leinewebern und den besser gestellten Tuchmachern wurde strikt getrennt, denn die Letztgenannten stellten das vornehmere, teurere Erzeugnis her - für die gut Betuchten eben, was den Ursprung der Redewendung erklärt.

Federnschleißen erfordert Geduld und eine ruhige Hand. Es braucht Zeit, bis die nötige Menge für ein weiches Kissen oder eine kuschlige Bettdecke zusammen sind.

GAHLENZ

Großhartmannsdorf

"Erbfehler" rettete Mayoratsgut

„Ein Erbfehler", sagt Ortschronist und Heimatforscher Otto Härtig halb erstaunt, halb im Spaß als Antwort auf die Frage, was ihn getrieben habe, seit nun schon mehr als 25 Jahren unzählige Arbeitsstunden, Geld und Nerven zu investieren, damit das Mayoratsgut in Großhartmannsdorf erhalten und wiederhergerichtet wird.

Aber offensichtlich können „Erbfehler" auch ihr Gutes haben. Denn jetzt ist das Haupthaus des historischen Rittergutes wieder ein Schmuckstück und eine echte Attraktion fürs Dorf. In den geschichtsträchtigen Räumen sind wunderschöne architektonische Details wieder sichtbar, werden Gemälde ausgestellt, Feste gefeiert und neuerdings auch mit wachsender Beliebtheit Ehen geschlossen. Fachleute hatten das einst reichverzierte, aber verfallene und von Schwamm durchsetzte Hauptgebäude vor fünfzehn Jahren längst aufgegeben. „Noch drei Monate vor dem Mauerfall gab es den dringenden Antrag zum Abriss, denn es war nicht nur Schandfleck, sondern auch eine Gefahrenquelle", erinnert sich Otto Härtig. „Doch ein paar meiner Freunde, die sich da auskannten, waren anderer Meinung."

Nicht nur als passionierter Heimatforscher, sondern auch aus persönlicher Verbundenheit wollte er das Haupthaus erhalten. Weniger deshalb, weil einer seiner Vorfahren namens Gregorius Härtig von 1720 bis 1734 das Gut gepachtet hatte, sondern weil er selbst einen Teil seiner Kindheit auf diesen Höfen verbrachte. Seine Mutter war dort Tagelöhnerin und hatte ihn oft zur Arbeit mitgenommen.

Ohne die politische Wende wäre das Gutshaus nicht zu erhalten gewesen, ist er jetzt rückschauend überzeugt. Doch als ihm der damalige Brand-Erbisdorfer Landrat, der inzwischen verstorbene Volkmar Krauß, ausgerechnet zum 60. Geburtstag einen symbolischen Scheck über 100.000 Mark für die dringendsten Sanierungsarbeiten in die Hand drückte, war das für Otto Härtig die größte Freude von allen. Im September 2000 war es endlich soweit. Die ersten Gäste konnten das Majoratsgebäude besichtigen und staunten über wiederhergestellte Deckenmalereien und Kassettengewölbe in Räumen, die noch in den siebziger Jahren als Kuhstall oder Geräteschuppen zweckentfremdet worden waren.

Es heißt, dass einst Kunz von Kauffungen, der berühmt-berüchtigte Prinzenräuber, der 1455 auf dem Freiberger Obermarkt geköpft wurde, Besitzer des Gutes war. Kann schon sein, meint Otto Härtig, aber gewohnt habe der Kauffunger hier nie. Spätere Besitzer waren die von Schönbergs, die in der Region über Jahrhunderte eine bedeutende Rolle spielten, und von 1730 bis 1930 die Familie von Carlowitz.

Zu den Besonderheiten des Gutes zählt die einzige restaurierte „Gerichtslaube" Sachsens, ein Saal, in dem seit dem 15. Jahrhundert Gerichtsbarkeit ausgeübt und

Im Mai 2003 wurde die erste Hochzeit im Mayoratsgut gefeiert. Seitdem ist es ein beliebter Ort zum Heiraten in historischem Ambiente geworden. Peggy und Matthias Reichelt sagten als erste hier „Ja" zum gemeinsamen Leben.

noch 1744 ein Todesurteil ausgesprochen wurde. „Der Angeklagte war ein Pferdedieb, doch das Urteil konnte nicht mehr vollstreckt werden", weiß Otto Härtig.

Der Dieb war bereits im „peinlichen Verhör" gestorben, also unter der Folter. So wurde der Leichnam zum Prozess auf einen Karren geladen und der Übeltäter posthum zum Tode verurteilt.

In den Geschichten, die sich um seinen Heimatort und insbesondere um das Mayoratsgut ranken, kennt sich Otto Härtig bestens aus. Nur die Weiße Jungfrau, die gelegentlich mit einem großen Schlüsselbund durch das Herrenhaus spuken und durch Türen gehen soll, ohne sie zu öffnen, die hat er noch nicht gesehen.

Heißer Draht von Großhartmannsdorf nach Großhartmannsdorf

Die Großhartmannsdorfer Feuerwehrleute fahren öfter mal nach Großhartmannsdorf. Logisch, sollte man meinen - aber nicht bei 780 Kilometern Distanz! Dass es in Österreich auch ein Großhartmannsdorf gibt, hatte Heimatforscher Hans Gläser schon Anfang der neunziger Jahre festgestellt. Doch erste Kontaktversuche verliefen im Sande. Bis im Jahr 2000 Hartmut Eschner, der Leiter der Freiwilligen Feuerwehr, im Anschluss an eine Dienstreise spontan beschloss, einen kleinen Umweg zu fahren und einmal in dem gleichnamigen Ort in der Steiermark Halt zu machen. Er stellte sich bei der dortigen Wehr vor und kam mit den Kameraden schnell ins Gespräch. Als im Jahr darauf die hiesige Freiwillige Feuerwehr ihr 125-jähriges Bestehen feierte, folgten acht Österreicher der Einladung in die Erzgebirgsgemeinde, feierten kräftig mit und kamen schnell zu dem für sie überraschenden Schluss: Es ist ja alles ganz anders und überhaupt nicht so, wie man ihnen Ostdeutschland geschildert hatte.

„Im Herbst sind dann vier Leute von uns hingefahren und haben Videos und Fotos von dem Fest überbracht", erzählt Hartmut Eschner weiter. „Wir sind empfangen worden wie bei einem Staatsakt und wurden zum Dorffest 2002 eingeladen. Da sind wir dann mit der gesamten Wehr einschließlich Blaskapelle hingefahren - 84 Mann."

Seitdem besuchen sich die Großhartmannsdorfer aus Sachsen und der Steiermark gegenseitig in großen und kleinen Gruppen. Viele Privatfreundschaften sind daraus gewachsen.

„Man möchte es nicht mehr missen", meint der Wehrleiter. „Auch wenn das Feuerwehrsystem dort ganz anders aufgebaut ist - wir haben die gleichen Ansichten. Der Grundgedanke ist der selbe."

Die Wehren feiern nicht nur zusammen, sondern bestreiten auch Wettbewerbe. Seit kurzem stehen in beiden Orten identische, drei Meter große Schwibbögen aus Hartmut Eschners Schlosserwerkstatt. Am ersten Advent werden sie entzündet - und eine Datenverbindung über Webcam sorgt dafür, dass dies in beiden Großhartmannsdorfs auch zeitgleich geschieht.

Vorführungen alter Löschtechnik gehören zu den Attraktionen bei Feuerwehrfesten.

Großhartmannsdorfer Teiche - das Vogelparadies des Erzgebirges

Nicht nur, dass er der größte Teich des Erzgebirges ist, macht den Großhartmannsdorfer Großteich zu etwas Besonderem. Einen außergewöhnlichen Status nimmt er vor allem wegen seiner Entstehungsgeschichte und seiner Flora und Fauna ein.

Der Großteich ist das Kernstück eines gewaltigen, ausgeklügelten Systems von Kunstgräben und Wasserspeichern, das der geniale Oberbergmeister Martin Planer in der zweiten Hälfte des 16. Jahrhunderts erdacht und in die Praxis umgesetzt hatte. Über ein riesiges Gebiet von Zethau bis ins Freiberger Revier leitete er so das Wasser - Feind und Freund des Bergmanns - mit natürlichen Gefällen und Pumpen, damit es ganzjährig zum Betreiben der Kunsträder und anderer Bergwerksmaschinen genutzt werden konnte. Weit seiner Zeit voraus, wollte Martin Planer dafür sogar nach Wasser aus dem Einzugsgebiet der Flöha nutzen. Dieser kühne Plan, von seinem Nachfolger weiterentwickelt, wurde erst dreihundert Jahre später Wirklichkeit.

Dafür ließ der kluge und tatkräftige Oberbergmeister einen schon Anfang des 16. Jahrhunderts angelegten Fischteich in Großhartmannsdorf ab 1572 vergrößern und leitete persönlich den Bau einer Staumauer, die später mehrfach erhöht wurde.

Sein Projekt brachte dem Bergbau in der Region einen gewaltigen Produktivitätsschub.

Doch der Bau zeigte noch ganz andere Folgen. Die künstliche Anlage eines Großgewässers, das heute 66 Hektar Fläche und 1,5 Millionen Kubikmeter Fassungsvermögen hat, führte dazu, dass sich hier mit der Zeit Tier- und Pflanzenarten ansiedelten, die man normalerweise nicht in diesen Höhenlagen erwarten würde.

„Heute ist der Großteich das bedeutendste Brut- und Rastgebiet für Wasservögel im Erzgebirgsraum", berichtet André Günther vom Naturschutzinstitut Freiberg. Ornithologen aus vielen Orten kommen zu Beobachtungen hierher. Mehr als 260 Vogelarten wurden bereits nachgewiesen, sogar seltene nordische Gäste wie Eisente oder Prachttaucher.

Der Großteich beherbergte jahrelang eine der höchstgelegenen Lachmöwenkolonien mit bis zu 1.000 Brutpaaren. Seit kurzem allerdings ist - wie andernorts auch - diese Population fast vollkommen zusammengebrochen. Die Ursachen sind noch unklar, aber André Günther vermutet, dass neben dem erosionsbedingten Verlust von Brutplätzen auf den vom Torfabbau zurückgebliebenen kleinen Inseln vor allem das Abdecken der Müllkippen dazu beigetragen hat. So sind den Möwen früher bequem zu nutzende Nahrungsquellen nicht mehr zugänglich. Ihr Verschwinden hat auch Auswirkungen auf andere Arten. „Eine Wolke schreiender Möwen gab den brütenden Vögeln Schutz statt sie zu verscheuchen, wie oft irrtümlich angenommen", sagt er. So gab es zwischen den Nestern der Möwen am Großteich jahrelang eine der größten sächsischen Kolonien des Schwarzhalstauchers, der auf der Roten Liste als stark gefährdet geführt wird.

Wenn der Teich abgelassen ist, rasten hier Watvögel von nördlich des Polarkreises, ebenso seltene Arten aus Südeuropa wie der Silberreiher. An den Ufern kann man den zur Paarungszeit leuchtend blau gefärbten Moorfrosch finden. Nicht weniger als 31 Libellenarten wurden hier beobachtet, darunter auch die großen Königslibellen.

Zu den Kostbarkeiten der Flora zählen das bestandsgefährdete Scheidige Wollgras und das Scheidenblütgras, das nur an wenigen Stellen der Erde wächst (Bild linke Seite). Vermutlich haben Vögel es als Samen im Gefieder hierher gebracht. Es kann jahrelang im Schlamm überdauern. Wird der Teich abgelassen, dann reichen dieser bemerkenswerten Pflanze wenige Wochen, um keimen, blühen und fruchten zu können. Die Populationen jener seltenen Art an den Freiberger Bergbauteichen zählen europaweit zu den bedeutendsten. Hier ist in Deutschland das größte und beständigste Vorkommensgebiet.

Um die Tiere und Pflanzen zu schützen, dürfen bestimmte Zonen nicht betreten werden. Die beste Aussicht auf die reiche Vogelwelt hat man von der Beobachtungskanzel in der Nähe der Heidemühle im Südosten des Gebietes.

Abgefischt wird am Großhartmannsdorfer Großteich aus Gründen des Naturschutzes nur alle paar Jahre.

Der Moorfrosch ist im Erzgebirge selten geworden.

Die geheimnisvolle Wunderpflanze

Alte Legenden berichten von einer wundersamen Heilpflanze namens „Zeitheide" oder „Zeitheed", die einst in der Torfheide bei Großhartmannsdorf sehr häufig vorgekommen ist und von Kräuterfrauen in großer Menge gesammelt wurde. Ihr durchdringender, aromatischer Geruch soll dazu beigetragen haben, dass Großhartmannsdorf im Gegensatz zu den Nachbarorten von der Pest verschont blieb.

Ist etwas dran an dieser Legende? Die heutigen Kräuter- und Pflanzenbücher verzeichnen keine „Zeitheide", aber André Günther hat so eine Ahnung, um welche Pflanze es sich gehandelt haben könnte: den Sumpf-Porst. „Ein Heidegewächs, das es früher hier im Moor gab und als Heilpflanze in gutem Ruf stand. Es wurde gegen Fieber und vieles andere eingesetzt und riecht sehr stark. Heute gibt es hier allerdings keinen Sumpf-Porst mehr, er ist sicher durch das intensive Sammeln stark reduziert worden. Letztendlich verschwunden aber ist er wohl durch den Torfabbau für das einstige Moorbad Helbigsdorf."

Die Nachfrage hat ihn angeregt, einmal in alten Kräuterbüchern weiter zu forschen. Dort fand er für die Zeitheide unter anderem auch die Bezeichnungen Moor-Rosmarin, Flohkraut, Zeitheil und Bienenheide. Auf Englisch heißt der Sumpf-Porst „Wild Rosemary". Einige der deutschen Namen weisen darauf hin, dass der Name nicht auf „Zeit", sondern auf „Zeideln" zurückzuführen ist - also „Bienen-Heide" bedeutet.

GROSSHARTMANNSDORF

Die besten Schützen kommen aus Obersaida

Wie es scheint, sind die Obersaidaer abonniert auf den Titel des Schützenkönigs. Alljährlich am letzten Augustwochenende treten beim Großgemeindefest die Großhartmannsdorfer und die Einwohner der „Drei Saiden", wie Obersaida, Mittelsaida und Niedersaida auch zusammenfassend genannt werden, zum gemeinsamen Vogelschießen an, und fast jedes Mal konnten die Obersaidaer den Titel nach Hause holen. Da der Siegerort auch das nächste gemeinsame Vogelschießen ausrichtet, kommen sie gar nicht richtig aus dem Feiern raus, denn seit 1994 organisieren sie alljährlich zu Pfingsten noch ihr eigenes Schützenfest. „Wir haben hier eben sehr viele Schützen", versucht Harald Gehmlich das Phänomen zu erklären. Von den nur rund 350 Einwohnern treten immer wieder fünfundzwanzig bis dreißig zum Wettbewerb um den Schützenkönig an - und das spricht für einige Begeisterung für diese Disziplin im Ort.

In Mittelsaida steht eine Wehrgangkirche

Eine ganz besondere Geschichte erzählt die Kirche in Mittelsaida. Sie zählt zu den fünf noch erhaltenen erzgebirgischen Wehrgangkirchen.
Ausgangspunkt für das Bestreben, wehrhafte Kirchen zu errichten, in denen die Dorfbewohner nicht nur Zuflucht fanden, sondern sich sogar gegen Angreifer verteidigen konnten, waren die Hussitenkriege. Nachdem Jan Hus, ein geistlicher Reformer der katholischen Kirche, 1415 in Konstanz auf dem Scheiterhaufen verbrannt wurde, überfluteten seine militanten Anhänger das Erzgebirge. Sie plünderten, brandschatzten und mordeten. „Aus der Not heraus, weil Beten allein nichts nützt, wurden dann diese Wehrgangkirchen als so genannte „Bauernburgen" gebaut", erzählt Pfarrer Michael Escher.

Vom Wehrgang aus konnten die Belagerten schießen oder die Angreifer mit siedendem Pech oder Wasser begießen. Gott sei Dank ist die Mittelsaidaer Kirche nie in diese Lage gekommen, sagt der Pfarrer. Denn sie steht für eine Verteidigungsanlage an einer strategisch ungünstigen Stelle und wäre bestimmt nicht lange einer Belagerung gewachsen gewesen.

Mit dem Aufkommen der Feuerwaffen verloren die Wehrgangkirchen ohnehin bald ihre Schutzfunktion. Die mangelnde Festigkeit gegen derartige Waffen hätte sie in eine tödliche Falle für die Eingeschlossenen verwandelt.

Immer wieder wurde die Kirche den Zeitumständen angepasst und um- und ausgebaut. Gerade das macht die Mittelsaidaer Wehrgangkirche mit ihrem Uhrenhäuschen, aber auch dem zum Teil vom Dach verdeckten Wehrgang und vielen anderen Details so interessant.

Anhand der noch erkennbaren Spuren jeder Epoche konnte bei der Sanierung des Daches mit der Außenhaut im Jahr 2002/03 vieles neu entdeckt und teilweise auch wiederhergestellt werden. Dazu haben neben dem Landeskirchenamt und der Denkmalpflege die Gemeindemitglieder mit Spenden und enormen Eigenleistungen erheblich beigetragen.

Doch gerade in dieser Zeit traf das Augusthochwasser 2002 die Mittelsaidaer Kirche auf besondere Weise: In den Tagen der extremen Niederschläge, die zu der Katastrophe führten, waren Teile des Daches durch die Bauarbeiten geöffnet. „Diese Wassermengen konnten auch mehrfach gespannten Planen nicht mehr abhalten. Wir sind die ganze Nacht gerannt, haben Bottiche ausgeschöpft und so den Schaden in Grenzen gehalten. Trotzdem wurde die hölzerne Kassettendecke arg in Mitleidenschaft gezogen", berichtet Pfarrer Escher.

Die Robert-Bosch-Stiftung unterstützte mit einer großzügigen Förderung die Restauration der wertvollen, zum Teil noch barocken Deckenmalerei.

Sportlich und gesellig: Niedersaida

Das gesellige Leben von Niedersaida spielt sich in der Turnhalle und dem dazugehörigen Vereinszimmer ab - ob Vereinstreffen, Familienfeiern, Fasching, Dorffest oder Sportlerball.

Schon vor mehr als siebzig Jahren hatten die Sportler des Ortes die Turnhalle selbst gebaut. Viele ortsansässige Geschäftsleute, Bauern und andere Helfer unterstützten das Vorhaben. 2001/02 haben die Sportler und Freunde des Sports erneut tüchtig zugepackt, um die Halle zu sanieren und zu modernisieren und das Vereinszimmer anzubauen. Kaum waren sie damit fertig, musste auch noch der Sportplatz wiederhergerichtet werden, denn den hatte das Augusthochwasser 2002 verwüstet.

„Unsere Partnergemeinde Röttenbach in Bayern hat uns dabei mit einer Spende unterstützt", berichtet der Vereinsvorsitzende Peter Fritzsche. „Es tut gut, wenn man erlebt, wie sie in der Not hinter einem stehen."

Mehr als 180 Mitglieder zählt der „Turn- und Sportverein „Saidenbach gegr. 1912 e.V. Niedersaida Erzgebirge". Die kommen nicht nur aus Niedersaida. „Wir wollten, dass sich alle Sportfreunde entlang der Saidenbach (man beachte: Die Bach! S.E.) angesprochen fühlen, deshalb auch der lange Vereinsname", meint Peter Fritzsche.

Die meisten Mitglieder hat die Sektion Fußball. Die Nachwuchsfußballer, die in einer Spielgemeinschaft mit dem SV Lippersdorf auch regelmäßig im Mittleren Erzgebirgskreis antreten, sind dort schon zweimal Kreismeister geworden. Die Frauengruppen treffen sich nicht nur zur Gymnastik, sondern auch zum Wandern oder Baden

Großschirma

und plötzlich Stadt

Großschirma hat einen Präzedenzfall in Sachsen geschaffen. Erstmals hat eine Gemeinde eine Stadt eingemeindet und nicht umgekehrt. Mit dem nicht ganz freiwilligen Anschluss von Siebenlehn per 1. September 2003 wurde die Gemeinde Großschirma zur Stadt, die Kleinstadt Siebenlehn zum Stadtteil. Durch den Zusammenschluss sollte die drückend hohe Verschuldung Siebenlehns besser abgetragen werden - er war die Bedingung dafür, dass Freistaat und Kreis für einen Teil der Schulden aufkamen. Dieser mutige Schritt hat der nunmehrigen Stadt Großschirma Staunen, aber auch gelegentlich Häme seitens einiger alteingesessener Städter ein paar Kilometer entfernt eingetragen, während viele Siebenlehner noch schwer am Statusverlust ihres Heimatortes tragen. Aber in allen Stadtteilen haben die meisten Menschen begriffen, dass in dem radikalen Schnitt auch eine Chance für alle Beteiligten liegt. Wie sich das gemeinsame Leben fügt, wird in vielen Details erst die Zeit ergeben
Allen Spöttern zum Trotz ist Großschirma mit seinen Ortsteilen nun die flächenmäßig größte Stadt im Kreisgebiet.

Rund 100.000 Tonnen Getreide aus den Agrarbetrieben der Region werden jährlich in der BayWa AG Agrar in Großschirma erfasst, getrocknet und für den Verkauf weiterversandt. Abnehmer sind unter anderem Mühlen, Mälzereien und Kraftfutterwerke, ein Teil des Getreides wird auch an verschiedene Abnehmer in Europa und Übersee geliefert. Außerdem verkauft die BayWa in Großschirma Futter-, Dünge- und Pflanzenschutzmittel sowie Diesel- und Heizöl.

Historisch bedeutend ist die Kirche von Großschirma. Der um 1200 erbaute Turm war als Wehrturm errichtet worden und hatte ursprünglich keine Fenster. Seine Mauern sind mehr als zwei Meter stark. Dachreiter und Giebel sind erst 1890 aufgesetzt worden. Bevor der Ort in der zweiten Hälfte des 12. Jahrhunderts von Siedlern erschlossen worden ist, sollen im 10. Jahrhundert hier schon Slawen gelebt haben.

Zu einem beliebten Einkaufszentrum entwickelt hat sich das Zellwaldcenter. Beinahe wäre es als Investruine geendet und musste 1995 halbfertig zwangsversteigert werden. Doch ein neuer Investor führte die Arbeiten zu Ende, ließ neben den Geschäften auch Gastronomie, Bowlingbahn, Übernachtungsmöglichkeit und Tankstelle einrichten. Beliebte Aktionen wie Marktschreiertage sorgen für zusätzliche Kundenströme.

Von einer kleinen Pflugschmiede Ende des 19. Jahrhunderts zum modernen Landmaschinenbauer entwickelt hat sich die Firma Ralle in Großvoigtsberg. Hier werden unter anderem eigene Produktreihen von Bodenbearbeitungsgeräten hergestellt, ein eigens nach Kundenwünschen entwickelter Ballenauflöser, aber auch Erzeugnisse für den Steinkohlenbergbau und den Gleisbau. Außerdem bietet das Unternehmen, das nun in der vierten Generation von Barbara und Dr. Christoph Ralle geführt wird, unter anderem ein breites Sortiment an Rasentraktoren und Profi-Gartentechnik.

Aus Pappe, aber nicht von Pappe

Bis nach Togo, China und Australien sind die Produkte der Kurprinz G.I. Keil AG Großschirma gefragt. Seit fast hundert Jahren werden hier Bierglasuntersetzer gefertigt - mittlerweile rund 800 Millionen Stück pro Jahr für 500 Kunden weltweit.

„Bierfilze" sind eine sächsische Erfindung, weiß Firmenchef Ingo Keil, dessen Vorfahren 1901 die Holzschleiferei für Pappen- und Fasergussherstellung auf dem einstigen Gelände der Grube Churprinz erworben hatten. Der Dresdner Robert Sputh kreierte 1893 die Idee, solche saugfähigen buntbedruckten Pappuntersetzer unter das kühle Blonde zu stellen. In Großschirma begann schon wenig später der Siegeszug dieser Idee rund um die Welt.

Das Unternehmen war immer international präsent und ist nach wie vor einziger ostdeutscher Produzent in dieser Branche, berichtet Vorstand Ingo Keil.

Für die Herstellung der Pappe wird ausgeforstetes Holz aus der Umgebung verwendet. Der daraus gewonnene fasrige Brei wird zu einer endlosen Bahn geformt, bei 120 bis 130 Grad getrocknet, in Bogenformate geschnitten und dann bedruckt. Die Ende 2003 in Betrieb genommene hochmoderne Fünffarbenbogen-Offsetdruckmaschine sorgt nicht nur für brillantere Farben, sondern hat auch die dreifache Kapazität der alten Druckmaschine.

Auch eine „Pappe": der Trabi als Feuerwehrauto, aufgebaut von der Jugendfeuerwehr und zum Männertag eingeweiht.

GROSSSCHIRMA 103

Großvoigtsberg: Überfall aufs Ferkeltaxi

Laut Fahrplan hält schon längst kein Personenzug mehr in Großvoigtberg. Doch manchmal - vornehmlich am Kindertag oder zu Ostern - zuckeln eine Dampflok oder ein „Ferkeltaxi" heran und nehmen hier eine aufgekratzte Bande quietschvergnügter Kinder auf. Für die meisten ist die Fahrt mit dem Zug allein schon ein ungekanntes Abenteuer, aber ab Großvoigtsberg wird die ganze Sache dann noch gewürzt mit einem wildwestmäßigen Überfall von Zugräubern.

Organisator des Spektakels ist die „Freizeitgruppe Museumsbahnhof Großvoigtsberg" des Bahn- und Sozialwerkes. Doch deren Aktivitäten reichen weit über solche Spaßaktionen hinaus. Die hiesigen Eisenbahnfreunde haben zunächst einmal dafür gesorgt, dass die einst vielbefahrene Strecke der Zellwaldbahn zwischen Nossen und Freiberg nach der Einstellung des regulären Zugverkehrs 1995 nicht stillgelegt und das Bahnhofsgebäude in Großvoigtsberg unter Denkmalschutz gestellt wurde, ebenso Gleisanlagen und Signale.

Die einstige Mitropa-Gaststätte und den „Warteraum 3. Klasse" haben sie dann zur Ausstellung umgebaut. „Die ganze Ausstattung ist typisch für die sechziger und siebziger Jahre", erklärt Mario Elsner, der Leiter der Freizeitgruppe. Tatsächlich - da lagern noch die winzigen Pappfahrkarten mit den bunten Streifen, an der Wand hängt ein Schild „Nach den Aborten". Und auch die Tafel „Der aus Richtung .... um ... Uhr ... min fällige Zug wird voraussichtlich .... Minuten später kommen.", auf der die Bahnhofsaufsicht mit Kreide die Verspätungen ankündigte, erinnert sicher viele Besucher noch an frühere Zugfahrten. Nur die Waage „Prüfe dein Gewicht" fehlt, auf der man für zehn Pfennig seine Kilos auf einer kleinen Karte ausgedruckt bekam. Dafür haben die Großvoigtsberger sogar noch einen alten Morseschreiber für Zuglaufmeldungen und - ihr ganzer Stolz - ein Signalkurbelwerk von 1898. „Das ist ein Stück ganz selten gewordener Stellwerktechnik", erklärt Mario Elsner stolz, der als Elektroinstallateur gut mithelfen konnte, die Rarität zu restaurieren.

Mit all dem hat er sich wenigstens teilweise einen Kindheitstraum erfüllen können, denn wie so viele wollte er einmal Lokführer werden. Vielleicht lädt die Freizeitgruppe auch deshalb so gern Kinder in den Museumsbahnhof ein? Dann wird auf dem Bahnhofsgelände gegrillt und gespielt. Aber für die Kinder ist es stets der größte Spaß, an der alten Pumpe ihre Kraft zu beweisen, bis der ganze Hof schwimmt. Mario Elsner weiß auch, wie die „Ferkeltaxen" zu ihrem Namen kamen, jene kleinen Triebwagen, die einst über Land fuhren. „Sie haben an jeder Milchkanne Halt gemacht und oft auch Tiere mitbefördert. Die Eisenbahner aber nannten diese Wagen wegen ihrer roten Farbe nur „Blutblase" oder „Marmeladeneimer", meint er und grinst. Dagegen klingt ja „Ferkeltaxi" noch harmlos.

Ein Huthaus in Kleinvoigtsberg für viele Zwecke

Bergbaudenkmal, Wohnhaus, Vereinsraum und Verlagsgebäude – das alles zusammen ist das Huthaus der Grube „Alte Hoffnung Gottes Erbstolln" in Kleinvoigtsberg.

Die so vielseitige Nutzung ist dem Geologen und Bergbauenthusiasten Jens Kugler zu verdanken. Er hat das schon schlimm verfallene Huthaus von 1769 samt Glockenturm mit Wetterfahne und fast zweihundert Jahre alter Bergglocke mit eigenen Händen wiederhergerichtet. Jetzt wohnt er dort und betreibt zugleich seinen Ein-Mann-Verlag, der komplett auf Bergbauhistorie ausgerichtet ist. Er publiziert Schriftenreihen, Reprints und nicht zuletzt auch die ausnehmend schönen Bergbaukalender, die unter Fans längst zu echten Sammlerstücken geworden sind. Als Basis dafür dient ihm seine eigene, mittlerweile zwischen 20- bis 30.000 Stück umfassende Fotosammlung von Motiven über- und untertage aus dem gesamten erzgebirgischen Montanwesen.

Jens Kugler hat auch mit seinem enormen bergbauhistorischen Fachwissen in einer Arbeitsgruppe der TU Bergakademie dazu beigetragen, die Bewerbung der „Montanregion Erzgebirge" um den Status „UNESCO-Weltkulturerbe" vorzubereiten und zu begründen.

Seit er mit mehreren Jugendlichen zusammen im Jahr 2000 den Dorfverein gegründet hat, dient das Huthaus auch als Vereinstreff. Im Juni wird nun rund ums Haus Sommerfest gefeiert, im August Huthausfest.

Gleich hinter dem Fachwerkbau stehen noch Bergschmiede und Pulverturm, aber auch in der näheren Umgebung sind viele Zeugnisse des Bergbaus erhalten, der hier über viele hundert Jahre betrieben worden ist. Beliebt sind bergbaukundliche Wanderungen, aber auch das Förderdorf Kleinvoigtsberg selbst bietet mit schön hergerichteten Häusern und Straßenzügen Sehenswertes.

In Rothenfurt lagert Sachsens geologisches Archiv

Mehr als fünfundzwanzig Kilometer Bohrkerne und rund 32.500 weitere Gesteinsproben werden in den Gebäuden des Ferdinand-Schachtes in Rothenfurt aufgewahrt.

Bereits 1872 hatten die sächsischen Landesgeologen begonnen, diese umfassende Sammlung anzulegen. Von allen Bohrungen, die für die komplette geologische Kartierung Sachsens vorgenommen wurden, wurden Belegstücke zusammengetragen und aufgewahrt. Das hatte vor den Sachsen keiner begonnen und auch zu Ende gebracht. Obwohl die Kartierung längst abgeschlossen ist, wird die Sammlung heute noch weiter ergänzt und rege genutzt.

Das Bohrkernlager war früher an verschiedenen Orten verteilt, unter anderem im Schloss Freudenstein und in der Wünschmannmühle Krummenhennersdorf. Doch als mit der Einstellung des Bergbaus 1968 auch der Ferdinand-Schacht geschlossen wurde, übernahm der damalige VEB Geologische Forschung und Erkundung die gesamte Anlage, um in den großzügig angelegten Mannschaftskauen das Probenarchiv unterzubringen. Heute gehört es zum Landesamt für Umwelt und Geologie des Sächsischen Staatsministeriums für Umwelt und Landwirtschaft.

Der Ferdinand-Schacht war 1863 abgeteuft worden. Erst damals begann der Silberbergbau östlich von Rothenfurt, obwohl der Ort schon lange vorher Bergmannssiedlung war. In der letzten großen Periode des Bergbaus im Halsbrücker Revier, die von 1935 bis 1968 dauerte, wurde der Schacht erweitert und mit modernen Anlagen ausgestattet. Eine große, landschaftsprägende Spitzhalde ist später abgetragen worden, der dort lagernde Gneis wurde als Material für den Straßenbau verwendet.

Rothenfurt bedeutete ursprünglich „Siedlung an der roten Furt". Auch der Name von Großschirma soll auf den slawischen Wortstamm für „rote Erde, rotes Wasser" zurückgehen. In diesem Gebiet gibt es besonders eisenhaltige Bleierzgänge. Das Eisenoxid – also Rost – färbt Wasser und Erde rot.

Hohentanne: Sangesfreudige Keglerhochburg

Seit rund einem halben Jahrhundert ist Hohentanne eine Hochburg der Kegler. Schon 1955 wurde hier die erste massive Kegelbahn des Altkreises Freiberg im „Nationalen Aufbauwerk" errichtet. Der SG Hohentanne machte sich bald im Wettkampfbetrieb einen Namen über die Bezirksgrenzen hinaus und hat ihn heute noch.

Gemeinsam mit dem Dorfclub organisiert er auch ein außerordentlich reges Sport- und Kulturleben im Ort: Fasching, Pfingstwanderung und Schützenfest, Familienwanderungen, Sportfeste und auch die Märchenspiele, die jedes Jahr am 4. Advent für die Kinder aufgeführt werden. Die Freiwillige Feuerwehr organisiert das Sommersonnenwendfest.

Für nur 250 Einwohner ist also ganz schön was los in Hohentanne.

Der ehemaliger Gasthof ist vom Dorfclub instand gesetzt worden und dient als Vereinstreff; er ist ebenso wie Sportstätte und Feuerwehrgerätehaus mitten im Ort gelegen.

Unbedingt berichten will die rührige Dorfclubvorsitzende Gudrun Geier aber auch von einer außergewöhnlichen Musiktradition des Ortes, dem „Illgenschen Musikschaffen". Seit 1851 und nunmehr schon in der sechsten Generation haben die Illgens im Ort Musikgruppen gegründet, Chöre geleitet, Musikunterricht gegeben, Laienspiele erdacht und komponiert. Gudrun Geiers Großvater Hugo Illgens war der Enkel des Begründers dieser musikalischen Dynastie. Die Festschrift von 1993 zum 650-jährigen Bestehen von Hohentanne zitiert einen vierstimmigen Kanon über die Schönheit des Ortes, den Hugo Illgen 1928 schrieb und komponierte. Nicht weniger als dreiundzwanzig Strophen hatte im gleichen Jahr Dorfschullehrer Lorenz zum gleichen Thema verfasst, in denen er begeistert jedes Detail seiner Heimat beschrieb und zu dem Schluss kommt: „Ist Hohentanne auch nicht groß, liegt es doch wunderschön!"

Ebenfalls wunderschön gelegen: die etwas außerhalb von Hohentanne errichtete Streusiedlung Teich- und Haidehäuser, die in der zweiten Hälfte des 18. Jahrhunderts entstand.

In Reichenbach gibt´s Frauenstammtisch

Jeden letzten Freitag ist in Reichenbach Männerstammtisch - und jeden ersten Freitag einer für die Frauen. Das lässt sich vielseitig interpretieren, spricht aber in allererster Linie für ein reges Vereinsleben. Das wird demnächst noch zunehmen, denn die Reichenbacher bereiten die 850-Jahr-Feier ihres Ortes im Jahr 2008 vor.

Eigens dafür wurde ein Chronikgruppe gegründet, die sich ausgiebig mit der Geschichte des Ortes befasst. Augenfällig bei den bisher zusammengetragenen Details ist, wie sehr Reichenbach immer wieder in Kriegszeiten gelitten hatte. So wurde der Ort im Dreißigjährigen Krieg fast gänzlich in Schutt und Asche gelegt, die Überlebenden waren dann noch schlimmen Seuchen ausgesetzt. Als Napoleon 1813 mit seinen Truppen durch Sachsen zog, bekam das kleine Reichenbach korsische Einquartierung von 8.359 Mann und 1.782 Pferden!

Doch die Reichenbacher haben nie aufgegeben und ihr Dorf immer wieder aufgebaut und verschönert.

Sehr aktiv ist der Rassegeflügelzuchtverein Reichenbach - hier gerade zu Besuch in der DRK-Kindertagesstätte „Flohkiste" des Ortes. Er sorgte auch für eine besondere Tradition beim Reichenbacher Dorffest: Dabei gibt es einen Wettbewerb im Hähnekrähen. Hier wird streng nach Protokoll gemessen, welcher Hahn am frühen Morgen die meisten „Kikerikis" schafft. Es ist nämlich nicht gleich jeder Schreihals ein Siegertyp.

Ein fester Termin für viele Motorradfahrer ist das Bikertreffen in Reichenbach mit großer Rundfahrt jedes Jahr zu Himmelfahrt.

In Seifersdorf taucht der Weihnachtsmann ab

Jedes Jahr im Dezember erlebt der Seifersdorfer Teich ein ausgefallenes Ritual. Dann kommt eine Gruppe Taucher aus Freiberg, schmückt einen Weihnachtsbaum und taucht samt Baum, Lichterschmuck und Weihnachtsmann ab - auch wenn der Frost nur so klirrt.

Aber Seifersdorf hat auch an Land Attraktives zu bieten. Der Ort ist reich an schön erhaltenen Fachwerkhäusern. Als die Seifersdorfer 1998 die 750-Jahr-Feier ihres Dorfes begingen, sammelten sie Geld für die neue Turmuhr und die Instandsetzung der Glocke. So konnte zum Beginn des Festes erstmals nach zwanzig Jahren wieder die Turmuhr als Wahrzeichen des Ortes schlagen.

Weit über die Ortsgrenzen hinaus bekannt sind die Seifersdorfer Musikanten, die rund dreißig Auftritte pro Jahr absolvieren. Viel Zuspruch finden auch die Hexenfeuer jeden 30. April. Der Heimatverein sorgte dafür, dass 2003 der „weiße Stein" von Seifersdorf wieder aufgestellt werden konnte. So wurden die hellen Sandsteinfragmente einer alten Postmeilensäule an der Straße nach Großschirma genannt.

Auch hier ist lange Bergbau betrieben worden und wird es in gewisser Weise heute noch - im Seifersdorfer Steinbruch. Die Hartsteinwerke unterstützen als Sponsoren viele Vorhaben im Gemeindeleben.

Siebenlehn war einst Stadt der Schuhmacher und Stollenbäcker

Die Dresdner betrachten ihre Stadt als Stollenmetropole - aber in vergangenen Jahrhunderten hatten die Siebenlehner da den Dresdnern den Rang abgelaufen. Wie die Stadtchronik berichtet, durften die Siebenlehner Bäcker schon 1400 ihre Semmeln und Striezel nach Freiberg, Rosswein und sogar Dresden liefern - so gut waren sie.

Zu besonderem Ruf kamen die Siebenlehner Stollen. Am Hof fand man sie so lecker und unverzichtbar, dass der Fürst 1447 eine Ausnahmegenehmigung beim Papst erwirkte. Die Siebenlehner durften von nun an mit allerhöchster Genehmigung auch in der Fastenzeit Stollen mit Butter backen.

Legende sind die Siebenlehner Bäcker auch dadurch geworden, dass sie beispielsweise 1429 das von Hussiten belagerte Meißen vor einer Hungersnot bewahrt haben sollen, indem sie Gebackenes über die Mauer warfen. Mehrfach belieferten sie Not leidende Städte, die von Krieg oder Pest heimgesucht worden waren. Der Teil des Zellwaldes, den sie dabei Richtung Rosswein durchqueren mussten, heißt seitdem „Semmelflügel".

Ende des 16. Jahrhunderts hatte Siebenlehn bei 1.000 Einwohnern vierzig Bäckermeister - viel mehr als Freiberg.

Das Stadtrecht hatte Siebenlehn schon 1370 von Markgraf Friedrich dem Strengen verliehen bekommen. Als Zeichen der fürstlichen Gnade erhielt Siebenlehn sogar als einzige Stadt die Erlaubnis, das markgräfliche Wappen zu übernehmen - den schwarzen Löwen im gelben Feld. Das durfte keine andere Stadt in der Markgrafschaft außer Meißen. Grund für die schnelle Entwicklung des einstigen Marktfleckens war der Bergbau.

Schon der Name Siebenlehn verweist darauf: Lehn ist ein altes bergmännisches Flächenmaß. Wer als erster einen neuen Erzfund vermeldete, bekam sieben Lehn statt sechs.

Ähnlich große Bedeutung wie die Bäcker bekam die 1536 gegründete Schuhmacherinnung von Siebenlehn. Daran erinnert das Denkmal mit dem Schusterjungen auf dem Marktplatz. Wie die Stadtchronik vermerkt, waren Ende des 19. Jahrhunderts unter Siebenlehns 2.000 Einwohnern nicht weniger als 141 Schuhmachermeister, 185 Gesellen und 65 Lehrlinge. Das heißt, jeder fünfte Siebenlehner übte dieses Handwerk aus! Im Jahr 1896 wurde hier eine Schuhmacherschule gegründet, aus der 1910 die erste Schuhmacherfachschule in Deutschland hervorgegangen ist.

Heute wird diese Tradition in der Meisterschule für Orthopädieschuhtechnik fortgesetzt, in der Schuhmachermeister ausgebildet werden.

Drei berühmte Siebenlehner

Moment mal, mag jetzt mancher stutzen: Die Siebenlehner haben Amalie Dietrich, die Australienforscherin, und den Maler Otto Altenkirch. Wer bitte schön soll der Dritte sein?

Dr. Werner Lauterbach vom Freiberger Altertumsverein ist bei seinen Forschungen auf einen fast vergessenen, aber bedeutenden Siebenlehner gestoßen: den Lehrer und Schuldirektor Friedrich Wilhelm Putzger. Der nämlich hat als Erster einen historischen Weltatlas für seine Schüler zusammengestellt. „Putzgers Historischer Weltatlas" erschien 1877 und erlebte inzwischen mehr als 100 Auflagen!

Auch wenn sich Dr. Lauterbach bei seinen Forschungen auf berühmte Freiberger spezialisiert hat; einen berühmten Siebenlehner zu entdecken machte ihm nicht weniger Freude. „Angeregt durch die 100. Auflage des Geschichtsatlas´ hatte ich im Internet nachgeschaut - und siehe da, die Spur führte nach Siebenlehn, da wurde Putzger geboren", berichtet er. „Er war Schulrat, stellte für seine Schüler historische Karten zusammen und bot das so einem Verlag an." Der Rest ist Geschichte. In aktualisierter Form wird der Atlas heute immer noch verwendet und heißt nach wie vor „der Putzger".

Der Kunstprofessor Otto Altenkirch hatte sich Siebenlehn aus Wahlheimat ausgesucht und die Stadt und ihre Umgebung immer wieder zum Motiv für seine impressionistischen Arbeiten gemacht. Um die Jahrhundertwende war er von Eugen Bracht, Professor an der Berliner Akademie, entdeckt worden und folgte ihm an die Kunstakademie Dresden. Später wurde er in Dresden Hoftheatermaler, bis er 1919 in den Ruhestand ging und nach Siebenlehn übersiedelte, um in aller Ruhe künstlerisch tätig sein zu können. Hier ist nun eine Straße nach ihm benannt, in der auch der „Romanus" steht, sein Wohnhaus.

Abenteuerlich und Respekt einflößend ist das Leben der 1821 in Siebenlehn geborenen Amalie Dietrich. Sie stammte aus ganz einfachen Verhältnissen und heiratete einen Botaniker und Apotheker. Jede Gelegenheit nutzte sie, ihr Wissen zu erweitern und unternahm große Reisen zu Fuß, um Pflanzen zu sammeln. Als ihr Mann sie verließ, musste Amalie das Geschäft allein führen, um ihre Tochter und sich durchzubringen. Ihre Pflanzensammlungen und Präparate fanden nach und nach Anerkennung unter den Gelehrten. So geschah es schließlich, dass das Hamburger Welthandelshaus Godeffroy sie unter Vertrag nahm und von 1863 bis 1873 zur wissenschaftlichen Arbeit nach Australien entsandte.

Es ist heute kaum vorstellbar, was Amalie Dietrich damals auf sich nahm und leistete. Als Frau ohne Vermögen, beste Bildung und gesellschaftliche Anerkennung kämpfte sie sich zehn Jahre lang allein durch die damals noch weitgehend unerforschte Wildnis des australischen Kontinents. Doch was sie dabei schaffte, brachte ihr endlich auch die wissenschaftliche Anerkennung der Spötter und Zweifler ein. Sie entdeckte und präparierte 640 bislang unbekannte Pflanzenarten, präparierte hunderte Arten Vögel und andere Tiere. Nach ihr wurden schließlich mehrere Tiere und Pflanzen benannt, indem ihr Vor- oder Nachname in die lateinische Bezeichnung aufgenommen wurde. Inzwischen ist eine Gedenkstätte für Amalie Dietrich eingerichtet, eine Straße und die Kindereinrichtung sind nach ihr benannt. Dort, wo einst das Haus ihrer Eltern stand, erinnert eine Gedenktafel an Amalie Dietrich. Darauf stehen sehr treffende Worte ihrer Tochter Charitas: „Besser ein schweres Leben als ein leeres Leben".

Gäste zur Eröffnung der Amalie-Dietrich-Gedenkstätte 2002 im Siebenlehner Rathaus waren die Ururenkel der Forscherin, Dietrich Klaus und Hans Askegaard aus Dänemark (links und rechts im Bild mit Ortschronist Hans Grahl und Birgit Scheps vom Völkerkundemuseum Leipzig).

Der rührige Heimatforscher Hans Grahl erkundete über Jahrzehnte die Geschichte Siebenlehns und schrieb zahllose Gedichte über seine Stadt.

GROSSSCHIRMA

Ein Wahrzeichen Siebenlehns ist der 42 Meter hohe Wasserturm - hier in den gebastelten Varianten von Siebenlehner Grundschülern. Er war 1912 gebaut worden, um die Stadt mit gutem Trinkwasser aus einem Quellgebiet im Zellwald zu versorgen. Diese Aufgabe erfüllte der Turm, bis Siebenlehn und Obergruna 1993 an die Fernwasserleitung der Talsperre Lichtenberg angeschlossen wurden. Um den Verfall des Wasserturms zu verhindern, gründete sich 1997 ein Förderverein, dessen Mitglieder einige Jahre später gemeinsam das Bauwerk kauften. Sie organisieren nun jährlich das „Wasserturmfest", bei dem Interessenten auch die 117 Stufen bis zur Plattform hinaufsteigen und die Aussicht über das Land genießen können.

Geheime Zutat für Meißner Porzellan

Was nur wenige Auswärtige wissen: Das erste europäische Hartporzellan hätte ohne Feldspat aus Siebenlehn nie seine gefragte Qualität erreicht. Nachdem Johann Friedrich Böttger und Ehrenfried Tschirnhaus 1709 die ersten Porzellanproben vorgelegt hatten, forschten sie weiter, um die streng geheim gehaltenen Rezepturen zu verbessern. Als sie bei diesen Versuchen schließlich auch mit „Siebenlehner Stein" experimentierten, gelang ihnen die Herstellung von weitaus besserem Porzellan. Über viele Jahrzehnte wurde die Meißner Porzellanmanufaktur aus dem Siebenlehner Spatbruch beliefert, der auf alten Karten als „Porcellain-Bruch" verzeichnet ist. Mitte des 19. Jahrhunderts wurde der Abbau im Spatbruch eingestellt, rund hundert Jahre später haben die Siebenlehner das Gelände zur Naturbühne umgebaut.

Feuer gefangen

Neben den Bäckern und Schuhmachern hat es noch eine weitere Berufsgruppe in Siebenlehn zu Berühmtheit gebracht - allerdings zu einer traurigen: die Feuerwehr.

Durch Brandstiftung war Siebenlehn 1620 fast völlig niedergebrannt. Anfang des 20. Jahrhunderts drohte dem Viertel um den Marktplatz das gleiche Schicksal, allerdings nicht bei einem einzigen Großfeuer. In auffälliger Weise häuften sich damals die Brände von Häusern rund um den Markt. Eine schließlich angeordnete Untersuchung brachte ans Tageslicht, dass hier ein „Konsortium" von Feuerwehrleuten, Bauunternehmen und anderen honorigen Bürgern dem Brandgeschehen tatkräftig nachgeholfen hatte. Nachdem die Besitzer der abgebrannten Häuser die Versicherungsprämien kassiert hatten, konnte wieder gebaut werden. So kam das Baugewerbe zu Aufschwung und Siebenlehn zu einem neuen Marktplatz. Doch werfen die Siebenlehner zu ihrer Verteidigung ein, dass hier in vielen Fällen nicht Habgier, sondern Verzweiflung Auslöser der Tat war. In jener Zeit häuften sich Schachteinbrüche, ganze Häuser sackten weg - und in dem Fall zahlte die Versicherung nicht. Bei einem Brand war da die Lage ganz anders. Zudem waren durch den Niedergang des Bergbaus viele Menschen in Not geraten.

Doch die tatkräftige „Selbsthilfegruppe" kam 1907 vor Gericht und in die Schlagzeilen. Der ausgefallene Kriminalfall wurde in den siebziger und achtziger Jahren zum Stoff für den Roman „Der rote Sperling von Siebenlehn" und den Defa-Film „Zünd an, es kommt die Feuerwehr" mit Winfried Glatzaeder. Regisseur Rainer Simon erzählte später, dass er und einige Darsteller auch zur Siebenlehner Premiere des Films in die Stadt kommen wollten, doch eine Autopanne habe sie unterwegs festgehalten. Zum Glück, meinte der Regisseur, denn ihm sei danach berichtet worden, in der ersten Reihe hätte eine Gruppe zorniger alter Männer - die Veteranen des Kriminalfalls - gesessen mit nichts anderem im Sinn als den Filmfritzen für diese Verhohnepipelung kräftig eins überzubraten. Aber da ist dem Künstler die Phantasie sicher durchgegangen.

Seit langem schon jedenfalls erfüllt die Siebenlehner Feuerwehr ihre Aufgaben so, wie es von ihr erwartet wird. Als in der Silvesternacht 1997/98 ausgerechnet der Dachstuhl des Rathauses von einer Feuerwerksrakete in Brand gesetzt wurde, brachten die Kameraden gemeinsam mit anderen Wehren den Brand erfolgreich unter Kontrolle.

Von Apfelsaft bis Erdbeerwein

In den sächsischen Obstanbaugebieten und unter Kleingärtnern ist die Obstkelterei Heide ein fester Begriff. Seit 1954 hat sie ihren Sitz in Siebenlehn. Gegründet worden war die Firma schon 1928 von Richard Heide, dessen Enkel Rosemarie Walcha (eine geborene Heide) und Horst Heide nun den Familienbetrieb weiterführen.

Vielen in Erinnerung sind noch die Schlangen der Kleingärtner, die in den DDR-Jahren hier mit ihren Handwagen anstanden, um die geernteten Äpfel und andere Früchte zu Most verarbeiten zu lassen. Inzwischen hat die Obstkelterei mehrere Annahmestellen und verarbeitet frisch Geerntetes von sächsischen Plantagen und Gärten. Mehr als dreißig Fruchtsäfte, Nektare und Weine gehören zum Sortiment. Zu den Spezialitäten zählen der Edel-Ebereschenwein und „Heides Erzgebirgs-Glühwein".

Beach-Party im Romanusbad

Romanus hieß in Siebenlehn die ertragreichste Grube, die von 1737 bis 1857 in Betrieb war. Das Romanusmännchen ist ein Siebenlehner Kobold, der mit den braven Bürgern seinen Schabernack trieb.

Das Romanusbad war 1932 auf Anregung des rührigen Chronisten und Oberlehrers Kurt Hörig in nur vier Monaten erbaut worden. Ende der achtziger/Anfang der neunziger Jahre war es wieder ein Lehrer, der die Rekonstruktion und Modernisierung des Bades vorantrieb: Herbert Grahl, der Sohn des bereits erwähnten engagierten Heimatforschers.

Um die Schließung des Bades zu verhindern, übernahm 2001 ein Förderverein den Badebetrieb. Höhepunkt jeder Badesaison im Romanusbad sind die Beach-Partys im Juni.

Sie war einst die längste Autobahnbrücke Deutschlands: 403 Meter lang ist die Siebenlehner Autobahnbrücke. Wenige Tage vor Kriegsende, im Mai 1945, sollte sie gesprengt werden. Die Sprengladungen waren schon angebracht; die Druckwelle hätte im Tal jede Menge Menschen getötet, die mit Flüchtlingstrecks gekommen waren und dort umher irrten. Der Siebenlehner Gastwirt Reinhold Ehrlich rettete Menschen und Brücke, indem er mit einem couragierten Einsatz die Zündkabel durchtrennte.

Als die Autobahn A 4 Mitte der neunziger Jahre auch bei Siebenlehn sechsspurig ausgebaut wurde, musste die Brücke aus technischen Gründen verschoben werden.

Die Mulde bei Obergruna.

GROSSSCHIRMA

Die Obergrunaer zeigen: Es geht auch anders

Domizil für Leseratten

„Von Obergruna lernen heißt siegen lernen", titelte der Mitteldeutsche Rundfunk eine Fernsehsendung zum heißen Thema Abwassergebühren.

Die Obergrunaer hatten nämlich Voraussicht und gesunden Menschenverstand bewiesen, als sie es ablehnten, ihren Ort an eine der riesigen, weit entfernten Kläranlagen anzuschließen, wie sie Anfang der neunziger Jahre plötzlich wie Unkraut aus dem Boden wucherten. Denn das hätte bedeutet, das Abwasser aufwändig, teuer und auch irgendwie wider die Vernunft weit weg und über den Berg zu pumpen. Sie schlossen sich zu einem Verein zusammen und errichteten im Ort mehrere kleine, dezentrale Kläranlagen.

Bei sämtlichen Behörden sei das Vorhaben kritisch geprüft, aber ohne Einwände genehmigt worden, berichtet der Vereinsvorsitzende Lothar Rost. Das Ergebnis: Die Abwassergebühren für die Obergrunaer sind nicht einmal halb so hoch wie im sächsischen Landesdurchschnitt.

Als Siebenlehn vor einigen Jahren aus Kostengründen die eigene und die Obergrunaer Bibliothek schließen musste, wollten die Obergrunaer auch das nicht einfach so hinnehmen. Einmal mehr ergriffen sie die Initiative - mit der erfreulichen Folge, dass im Mai 2001 die ehemalige Gemeindebibliothek in einem alten Fachwerkhaus in der Dorfmitte wieder eröffnet werden konnte. Dafür hatten sich den ganzen Winter lang Kerstin Miersch und Betina Galinsky durch einen großen Bücherberg aus der Siebenlehner Bibliothek gearbeitet. Freunde und Ehemänner bauten kostenlos die Regale ein. Jetzt sind im Bestand der Obergrunaer Bibliothek rund 4.500 Bücher; durch Schenkungen werden es ständig mehr. Regelmäßig finden Leseabende und Kinderfeste statt. Der gesamte Bibliotheksbetrieb läuft ehrenamtlich. Heizungs- und Stromkosten, ebenso die kleinen Naschereien für die Kinderfeste werden durch Spenden finanziert.

Das ist der Hammer!

„Der Hammer" - so heißt bei den Obergrunaern die Maschinenbaufabrik im Ort, denn an ihrem Standort befand sich zuvor ein altes Schmiedehammerwerk. Das Hammerwerk wurde schon im 17. Jahrhundert erwähnt und arbeitete hauptsächlich für den Bergbau, der auch in Obergruna betrieben wurde. Stillgelegt wurde es schon 1931 und 1990 abgebrochen. Hammerköpfe und Zangen haben nun im Freibergsdorfer Hammerwerk in Freiberg neue Verwendung gefunden. Mitte des 19. Jahrhunderts wurde nahe der Hammerschmiede eine Eisengießerei errichtet. Wenig später folgten eine Dreherei, mechanische Werkstätten und Wohnun-

gen für die Werksangehörigen. Der Komplex hieß bald „Vorderer Hammer".

Während der DDR-Zeit wurden hier Ausrüstungen für Bergbauanlagen wie zum Beispiel Förderkörbe und Fördermaschinen hergestellt und hat hier beinahe jeder zweite Obergrunaer gelernt oder gearbeitet. Seit der Privatisierung 1991 verlagerte sich das Produktionsprofil auf Turbinenzubehör, dann auf Stahl- und allgemeinen Maschinenbau. Die Hofmeister Maschinen- und Stahlbau GmbH ist mit derzeit dreißig Beschäftigten immer noch größter Arbeitgeber im Ort.

Hier hat Feiern Eigendynamik

Was die Freiwillige Feuerwehr Obergruna 1994 mit einem „Tag der offenen Tür" begonnen hatte, wuchs sich schnell zu einem turbulenten Dorffest aus. Inzwischen organisieren Feuerwehr und Sportverein die Feiern zusammen. Legendär sind die Obergrunaer Seifenkistenrennen. Die Starter aus den ersten Jahren sind inzwischen zwar schon erwachsen, aber manche von ihnen treten immer noch zu dem Gaudi an. Und die kleineren Seifenkistenkapitäne setzen alles daran, den großen Konkurrenz zu machen. Aber auch das Vogelschießen und die Auftritte der beiden Obergrunaer Puppenspieler Gerd Kempe (im Bild) und Gottfried Reinhardt finden gewaltigen Zuspruch.

Zu einem festen Treff ist auch die Heimatstube im Ort geworden, die seit Sommer 1995 in der alten Obergrunaer Pfarrscheune eingerichtet ist. Von Mai bis Oktober lädt die rührige Kirchgemeinde Siebenlehn-Obergruna an Sonn- und Feiertagen nachmittags hierher zur Besichtigung des kleinen Heimatmuseums ein. Sehr beliebt sind die Vorträge und die Schauvorführungen aller drei Wochen, bei denen die Älteren zeigen, wie beispielsweise gebuttert, gedengelt, Getreide gedroschen oder Wolle gesponnen wird.

GROSSSCHIRMA 113

Halsbrücke
Stelldichein der technischen Wunderwerke

Das Augusthochwasser 2002 hatte auch die Altväterbrücke in Mitleidenschaft gezogen und das Fundament stark unterspült, aber die Schäden wurden bald beseitigt.

Ein „achtes Weltwunder", den einst höchsten Schornstein der Welt, das möglicherweise älteste Schiffshebewerk der Welt und eine gewaltige steinerne Brücke, die vor 300 Jahren als Aquädukt diente - für eine einzige Industriegemeinde hat Halsbrücke eine erstaunliche Zahl von Besonderheiten aufzubieten. All diese bemerkenswerten technischen Denkmale verdanken ihr Entstehen Bergbau und Hüttenwesen, die den Ort über Jahrhunderte geprägt haben.

Bei chronologischem Vorgehen muss zuerst die Altväterbrücke genannt werden, die schon aus der Zeit um 1500 stammt. Zwischen 1688 und 1715 wurden daneben zwölf weitere, bis zu 24 Meter hohe Gewölbebögen aus Gneis gemauert, die nun das gesamte Tal auf der gewaltigen Länge von gut 188 Metern überspannten. Über die zweite Etage wurde Wasser aus dem Münzbach in die Grube „St. Anna samt Altväter" geleitet, um dort die Kunsträder anzutreiben. Diese einmalige bergmännische Wasserleitung wurde allerdings 1893 wegen Einsturzgefahr von einem sächsischen Pionierbataillon gesprengt.

Zwischen 1788 und 1789 wurde am Muldenufer in Richtung Rothenfurt das erste bekannte Kahnhebehaus gebaut. Überreste davon sind noch erhalten. Erdacht hat das der Kunstmeister Johann Friedrich Mende, wobei die Berufsbezeichnung leicht in die Irre führen kann. Bei den Bergleuten galten nicht Maler oder Dichter als Kunstmeister, sondern diejenigen, die „Wasserkünste" beherrschten, also die Maschinen und Anlagen, mit denen Wasser über große Strecken geleitet und für die Bergwerksmaschinen nutzbar gemacht werden konnte.

Mende hatte einen Kunstgraben zu einem acht Kilometer langen Kanal erweitern lassen, damit das Erz über mehrer Schleusen mit Kähnen zur Halsbrücker Hütte befördert werden konnte, statt mühselig mit Fuhrwerken. Per Kahnhebehaus wurden die schweren Erzkähne mit einem ausgeklügelten System von Flaschenzügen und einer Laufkatze um sieben Meter angehoben, um auf dem Oberen Kanal die Fahrt fortsetzen zu können. Das Rothenfurter Schiffs- oder Kahnhebewerk war in Betrieb, bis die Schifffahrt auf der Mulde 1868 eingestellt wurde.

Inzwischen war Halsbrücke längst um zwei weitere Aufsehen erregende Einrichtungen reicher. 1791 nahm hier das von Fachleuten als „Achtes Weltwunder" bezeichnete Amalgamierwerk die Produktion auf, das als so sensationell galt, dass sich neben vielen anderen Gelehrten und Ingenieuren auch der Geheime Rat von Goethe aufmachte, um es zu besichtigen. Dort kam ein völlig neuartiges Verfahren für die Silbergewinnung zur Anwendung. Auf „kaltem", chemischem Weg wurde das Silber über viele Zwischenstufen aus dem Erz gelöst. Das steigerte die Ausbeute und sparte jede Menge Holzkohle. Die Freiberger Professoren Gellert und Charpentier hatten das Verfahren entwickelt - sehr zur Freude des Königs, der immer wieder gedrängelt hatte, mehr Silber aus den Freiberger Bergwerken zu holen. Friedrich August III. besuchte das Amalgamierwerk gleich im Jahr der Inbetriebnahme. Eine später angebrachte Gedenktafel huldigt dem König reichlich schmeichlerisch: „Eins seiner zahlreichen Werke, die FRIEDRICH AUGUST der Weise, Gute und Gerechte zum Besten seines Volkers errichtet hat".

Beinahe kurios nimmt sich im Vergleich zu solchen technischen Neuerungen das „Schlackenbad" aus, das 1804 in Halsbrücke eröffnet wurde. Es sorgte dafür, dass sich in Halsbrücke ein regelrechter Kurbetrieb entwickelte. Wo sonst hat es das schon in einer vom Hüttenwesen geprägten Industriegemeinde gegeben?

Getestet hatte die Sache schon acht Jahre zuvor ein Steiger, der mit heißen Rohschlacken aus der Hütte sein Badewasser erwärmte und mit Eisen und Schwefel anreicherte, um die Gicht und andere Übel zu vertreiben. Ein ähnliches Schlackenbad wird schon 1726 in Muldenhütten erwähnt, aber entweder blieb dort die Heilwirkung aus oder die Badegäste trauten sich gar nicht erst her; denn es wurde bald wieder wegen zu geringer Nachfrage geschlossen. Anders in Halsbrücke. 1804 übernahm ein cleverer neuer Besitzer das Schlackenbad, baute ein neues und größeres Badehaus inklusive Wohnstuben für Kurgäste und ging die Sache generalstabsmäßig an. Mit Erfolg, denn bald kamen Kurgäste auch von weiter her. Schon drei Jahre später veröffentlichten die „Freiberger Gemeinnützigen Nachrichten" Kurlisten, als sei Halsbrücke ein mondäner Badeort. Selbst Goethe soll sich hier zur Entspannung in die Wanne gelegt haben, als er Amalgamierwerk und Altväterbrücke besuchte, berichtet die Halsbrücker Ortschronistin Brigitte Gößel.

Von fern schon sichtbares Wahrzeichen ist die „Hohe Esse", zur Zeit ihrer Entstehung der höchste Schornstein der Welt. Aber wer hier „Schornstein" sagt, hat sich schon als Fremder zu erkennen gegeben, in dieser Gegend heißen die Schlote stets „Esse".

140 Meter hoch ist das bemerkenswerte Bauwerk, das 1888/89 in nur 177 Tagen errichtet worden war. Trotz ihrer Höhe schwankt die Hohe Esse an der Spitze selbst bei Sturm nur um wenige Zentimeter. Einen Schornstein in dieser gewaltigen Höhe zu bauen, war ein früher Versuch von Umweltschutz angesichts der Schäden, die der schwefelhaltige Arsenrauch aus den Schmelzhütten auf Wiesen und Feldern anrichtete. Heute wissen wir, dass damals der Effekt ausblieb - die Rauchgase wurden nur weiter fortgetrieben.

Am Fuß der Hohen Esse prangte lange Zeit eine Gedenktafel mit der Inschrift: „Seine Majestät König ALBERT geruhte die Halsbrückner Hütten-Werke und die Hohe Esse am 16. Juli 1892 zu besuchen." Da in der DDR soviel Royalismus nicht opportun erschien, wurde die Tafel später entfernt. Wie der langjährige Halsbrückner Journalist Günter Wünsche berichtete, hatten Hüttenarbeiter die Bronzetafel heimlich in ein sicheres Versteck geschafft, so dass sie die Jahrzehnte überstand. So konnte sie 1992, am 100. Jahrestags des königlichen Besuches, mit großem Zeremoniell wieder an der Hohen Esse angebracht werden. Allerdings nur für kurze Zeit. Jetzt hängt sie im Verwaltungsgebäude der Feinhütte Halsbrücke und ist sicher davor, dass Antiquitätenjäger ihr mit dem Schraubenzieher zu Leibe rücken können.

Meisterleistung untertage - der Rothschönberger Stolln

Am 8. Lichtloch in Halsbrücke. Der zwölf Kilometer lange Stolln war im 19. Jahrhundert von acht Stellen aus abgeteuft worden - eine ingenieurtechnische Meisterleistung. Bis heute dient er der Entwässerung des Freiberger Reviers. Als der Stolln durch die herabstürzenden Wassermassen beim Hochwasser 2002 in Mitleidenschaft gezogen worden war, erfolgte die Sanierung vom 8. Lichtloch aus.

Trotz der vielen Besonderheiten, die Halsbrücke bietet, hat sich das vielleicht spannendste Geschehen der letzen Jahre dort in genau 136 Meter Tiefe - der Bergmann sagt Teufe - abgespielt.

Per Boot kann man über den Stollen untertägig von Halsbrücke bis nach Rothschönberg bei Meißen gelangen. Mit allen Verzweigungen und Nebenstrecken misst der Rothschönberger Stolln, rund 50 Kilometer.

Die Rede ist von der Sanierung des Rothschönberger Stollns, der nicht nur als technisches Meisterwerk von europäischem Rang bedeutend ist, sondern auch für die Entwässerung des gesamten Freiberger Reviers. Beim Augusthochwasser 2002 hatte der Stollen die Stadt Freiberg davor bewahrt, von den Fluten zerstört zu werden. Es klingt fast mythisch: Als schon mit Bangen die große Flutwelle im Münzbachtal erwartet wurde, tat sich wie durch ein Wunder im Stadtteil Zug die Erde auf und stürzten die gewaltigen Wassermassen fast zwei Tage lang in die Tiefe. Über den Stollen wurden sie kilometerlang unterirdisch bis zum Stollenmundloch in Rothschönberg im Kreis Meißen geleitet, wo sie in die Triebisch flossen.

Die Fluten allerdings hatten jede Menge Gestein mit sich gerissen, das den Stollen verstopfte und einen Rückstau bildete, der den Wasserstand in der Reichen Zeche auf 23 Meter über normal steigen ließ. Unter diesen komplizierten Bedingungen musste der Stollen beräumt und wieder funktionstüchtig gemacht werden - eine Leistung, die 2002/03 unter Leitung des Sächsischen Oberbergamtes vollbracht wurde und deutschlandweit nicht nur in den Medien, sondern auch in der Fachwelt viel Beachtung fand. Mehr als 1.000 Kubikmeter Geröll mussten untertägig beseitigt und über den Förderkorb nach oben geschafft werden. Diese gewaltige Schuttmenge brachte Halsbrücke einen neuen Parkplatz ein. Nun führt der Stollen wieder seine ursprüngliche Funktion aus und leitet einen halben Kubikmeter Wasser pro Sekunde untertägig ab.

Den kühnen Plan, einen tiefen Stollen über solche Länge abzuteufen, hatte 1838 schon Oberberghauptmann von Herder vorgelegt. Erst nach seinem Tod begann die Umsetzung in einer „abgespeckten Variante", wie man heute sagen würde. Doch auch die ist respekteinflößend, wenn man die Vorgehensweise näher betrachtet. Damit der Vortrieb von mehreren Orten aus zeitgleich erfolgen konnte, wurden Lichtlöcher angelegt. Das heißt, an acht Stellen wurden Schächte in die Tiefe gebohrt, von denen aus sich die Bergleute in je zwei Richtungen ins Gestein auf der zwölf Kilometer langen Strecke voran arbeiteten. So wurde an bis zu 15 Stellen gleichzeitig untertage gearbeitet - und bei jedem Durchschlag sind die Kolonnen punktgenau aufeinander getroffen. Eine Meisterleistung der Markscheider, der Vermessungsfachleute im Bergbau. Nach 33-jähriger Bauzeit erfolgte 1877 der letzte Durchschlag. Genau 125 Jahre später bewährte sich der Stollen beim Hochwasser aufs Beste.

Am 7. Lichtloch, wo mit Bergschmiede, Pulverturm und dem Treibehaus mit Wächtertürmchen die kompletten Übertageanlagen erhalten sind, engagiert sich der gleichnamige Verein für den Erhalt der wertvollen Bergbauhinterlassenschaft.

Viele historische Ereignisse in Halsbrücke waren Thema einer Zeitreise in einer der stark beachten Schulaufführungen an der Halsbrücker Mittelschule. Seit Jahren stellen dort Schüler und Lehrer in solchen Programmen Vielseitigkeit und Talent unter Beweis. Zu den erfolgreichsten Eigeninszenierungen gehören Maffays Rockmusical „Tabaluga" und das Europaprogramm, mit dem die 160 Mitwirkenden sogar im Europaparlament in Brüssel auftreten durften.

Die Geburtsstätte der Euro-Cents

Jeder zweite Eurocent, den die Europäer in ihren Geldbörsen tragen, stammt aus Halsbrücke. Genauer gesagt: die Rohlinge dafür. Mehr als 20.000 Tonnen solcher noch blitzblanken, ungeprägten Scheiben wurden seit der Euroeinführung hier hergestellt, sogar die Rohlinge für die bei Sammlern begehrten finnischen 1-Cent-Stücke, bevor sie dann in den verschiedenen nationalen Münzprägeanstalten ihr endgültiges Aussehen erhalten.

Die Gewinnung von Edelmetallen aus Erz bzw. Sekundärrohstoffen mit den jeweils modernsten Verfahren hat in Halsbrücke eine jahrhundertlange Tradition und war hier immer Kerngeschäft. Diese Erfahrungen waren mit ausschlaggebend dafür, dass hier 1998 eine der größten europäischen Fertigungsstätten für die Eurocentproduktion geschaffen wurde. Die Saxonia Edelmetall GmbH, hervorgegangen aus dem einstigen Verarbeitungsbetrieb Halsbrücke, erhielt den Auftrag, die Scheiben für sämtliche deutschen Münzen von 1 Cent bis zu 50 Cent Wert herzustellen, bald kamen Aufträge aus weiteren Ländern dazu. 2002 wurde aus dem Unternehmen die Saxonia EuroCoin GmbH ausgegliedert, die seither gewaltige Mengen der begehrten Ronden für alle EU-Länder produzierte, deren Währung der Euro ist. Übrigens nicht nur fürs Kleingeld: In Halsbrücke werden auch Millionen Silberrohlinge für 10 Euro-Gedenkmünzen produziert.

Tuttendorf war einer der frühesten Silberfundorte

Tuttendorf wird gemeinsam mit Berthelsdorf und Christiansdorf, dem späteren Freiberg, in der ältesten Urkunde erwähnt, die sich auf den Silberbergbau in den gerade erst gerodeten und besiedelten Dörfern im Dunklen Wald bezieht.

Das bemerkenswerte Schriftstück von 1185 zeigt einmal mehr, mit wie viel Geschäftssinn Markgraf Otto angesichts der verlockenden Schätze in der Erde vorgegangen war. Ursprünglich hatte er die drei genannten Dörfer dem Kloster Zella (jetzt Altzella) bei Nossen, überlassen. Doch den Großmut bereute er schnell, als in Christiansdorf und bald auch in den Nachbarorten Silber zutage gefördert wurde. Deshalb luchste er dem Meißner Bischof Gerung die Dörfer wieder ab. Wie besagte Urkunde aufführt, gab er dem Kloster im Austausch dafür Bauland und diverse Nutzungsrechte für Mühlen, Wälder, Äcker und Gewässer. Angesichts dessen, wie hart der Meißner Bischof in seiner Amtszeit um den Zehnten und andere Privilegien für die Geistlichkeit gestritten hatte, wird der Markgraf wohl zäh mit ihm verhandelt haben müssen, bis Gerung auf den Rücktausch einging. Interessant ist auch die Zeitfolge: 1168 soll das erste Silbererz gefunden und zur Bestimmung nach Goslar gebracht worden sein, 1170 ist Gerung gestorben. Wenn man bedenkt, dass Transport und Bestimmung einige Zeit gedauert haben werden, der oft auf Reisen befindliche Markgraf eine Entscheidung zum Abbau treffen und kundige Berg- und Hüttenleute heranholen musste, sich außerdem der Bergbau auf die zwei Nachbardörfer ausweiten musste, hat Otto wirklich ziemlich schnell reagiert, um sich seine Pfründe zu sichern.

Um das kulturelle Leben in Tuttendorf kümmert sich seit vielen Jahren der „Blüten- und Pyramidenverein". Seit 1984 gestaltet er das beliebte „Tuttendorfer Blütenfest" und organisiert jedes Jahr in der Adventszeit den Auftritt einer Bläsergruppe vor der großen Pyramide. Ein weiteres Arbeitsfeld der rührigen Vereinsmitglieder ist die Erforschung der Geschichte der bergbauhistorischen Anlagen im Ort.

Falkenberg: Kunst im Kuhstall

Es klingt ein kleines bisschen irritierend, wenn man hört, dass sich das Kulturleben Falkenbergs zu großen Teilen in einem Kuhstall abspielt. Aber das täuscht. Der Kuhstall auf den Gehöft Dorfstraße 59 ist innen ein echter Hingucker: dreischiffig gewölbt mit acht Sandsteinsäulen. Das Ehepaar Xenia und Bernhard Wagenbreth hat das ganze

Wohn-Stall-Fachwerkhaus von 1719 sorgfältig wiederhergerichtet. Im Stall, der nun diesen Namen wirklich nicht mehr verdient, finden jetzt regelmäßig Konzerte, Lesungen und andere Veranstaltungen statt, die der Falkenberger Dorfverein organisiert. Damit hat es der „Kuhstall" 2003 sogar auf die Liste der „Sommerherrlichkeiten" in Sachsen, der besonders niveauvollen Kulturveranstaltungen auf dem Lande, geschafft. In der Scheune entsteht ein kleines Museum zur bäuerlichen Technik- und Kulturgeschichte.

Brückengeschichten

Die Bobritzschbrücke bei Falkenberg trägt die Jahreszahl 1552, wobei niemand weiß, ob sich diese Datierung auf den Bau oder eine erste Instandsetzung der Brücke bezieht. Einst stellte sie eine wichtige Verbindung auf der Post-, Heer- und Reichsstraße zwischen Dresden und Chemnitz nach Hof dar. Am 6. Mai 1945 wurde die Brücke gesprengt, aber schon ein Jahr später wieder aufgebaut. Weil sich jedoch mit der Zeit Risse gebildet hatten und Steine lose saßen, wurde sie instandgesetzt.

Bei der Wanderung durchs Bobritzschtal Richtung Krummenhennersdorf stößt man auf zwei weitere historische Brücken: die Schafbrücke (Bild links unten), die 1983 von Heimatfreunden vorm Verfall gerettet wurde, und die Salzbrücke.

Rege Heimatfreunde in Conradsdorf

Seit 1969 schon erforschen die „Heimatfreunde Conradsdorf" die Geschichte ihrer näheren Umgebung. Damals begann der Lehrer Walter Keller mit Akribie alles zu sammeln, was wie auch immer mit der Historie des Ortes in Verbindung stand. Dieses Erbe führte der inzwischen ebenfalls verstorbene Gotthard Keller weiter und gab 1992 eine Ortschronik heraus. Seit 2001 kümmert sich Ortschronist Peter Härtel um das überaus umfangreiche Archiv im ehemaligen Gemeindeamt, das von den Einwohnern oft und gern auch für private Nachforschungen genutzt wird.
Die Heimatfreunde Conradsdorf unter nunmehriger Leitung von Rita Leonhardt haben dafür gesorgt, dass Gedenktafeln an der alten Muldenbrücke und am Sühnekreuz am Friedhofseingang angebracht wurden, organisieren Vorträge, Ausfahrten sowie die monatlichen Treffen der Senioren und betreuen die Ortssymbole. Sie haben auch angeregt, dass die Fahne des „Königlich-Sächsischen Militärvereins 1895 Conradsdorf und Umgebung" restauriert wurde.
Der „Schützen- und Heimatverein 1895" legte schon im Gründungsstatut ein jährliches Vogelschießen fest - und ab und zu ein Tänzchen, wenn das Geld dafür reicht. Nach längerer, kriegs- und nachkriegsbedingter Pause fand 1967 wieder das erste Vogelschießen in Conradsdorf statt.

Das Vogelschießen des Conradsdorfer Schützen- und Heimatvereins gehört zu den jährlichen Höhepunkten im Dorfleben.

Krummenhennersdorf - Schauplatz eines Verbrechens?

Gleich am Anfang der Geschichte von Krummenhennersdorf steht ein ungeheuerlicher Kriminalfall. Hier - und zwar in der heutigen Wünschmannmühle - soll 1195 Markgraf Albrecht unter großen Qualen an Gift gestorben sein, der ältere der beiden Söhne von Otto dem Reichen. Albrechts Beiname „der Stolze" war eine recht schönfärberische Charakterisierung des Grafen gewesen, der sich keiner großen Beliebtheit erfreute, nicht einmal bei seinen Eltern. Entgegen allen Gepflogenheiten jener Zeit nämlich hatte Otto entschieden, die Mark Meißen nicht seinem ältesten Sohn als Erbe zu hinterlassen, sondern dessen jüngerem Bruder Dietrich. Dabei soll Otto den Einflüsterungen seiner Frau Hedwig gefolgt sein, die von den Chronisten immer wieder als „zänkisches Weib" beschrieben wird. Doch ob sich Otto - ein Mensch mit aufgeprägtem Machtinstinkt - wirklich von einer Frau etwas hätte einreden lassen, das er nicht auch selbst für besser hielt? Wie dem auch sei, die nachfolgenden Ereignisse gaben ihm mit seiner Entscheidung Recht. Albrecht entpuppte sich als Schurke, wie er im Buche steht. Als er hörte, dass nicht er der neue Markgraf werden sollte, sondern sein jüngerer Bruder, nahm er den Vater kurzerhand gefangen und die Herrschaft in Meißen an sich. Der Strolch soll nicht einmal davor zurückgeschreckt sein, 3000 Silbertaler aus dem Klosterschatz Altzella vom Altar zu stehlen, was eine Menge über den zügellosen Charakter des jungen Mannes aussagt. Der Skandal nahm solche Ausmaße an, dass sogar Kaiser Barbarossa eingreifen musste, obwohl der eigentlich Wichtigeres zu tun hatte, denn er war gerade im Begriff zum Kreuzzug aufzubrechen. Wenig später starb Otto und Albrecht regierte von nun an die Mark Meißen mit harter Hand. Als er in sich mit vielen Fehden in eine schier aussichtslose Lage manövriert hatte, soll er sogar vorgehabt haben, alle Siedlungen und Städte außer dem stark befestigten Leipzig zerstören zu lassen. War das der Moment, in dem sich seine Gegner für das Giftattentat entschieden? Eindeutig bewiesen ist der Mordanschlag bis heute nicht, aber dass Albrechts Witwe wenige Wochen später plötzlich unter ähnlich merkwürdigen Umständen starb, lässt ausreichend Platz für Spekulationen.

„Vergiftet wurde Albrecht in Freiberg, gestorben ist er dann hier in der Mühle", meint Christian Rüdiger, der sich heute zusammen mit seiner Frau Marion und Jutta und Klaus Bernhard um den Erhalt der Wünschmann-Mühle kümmert. Die alte Mühle, die einst ein Fuhrwerk bereit gestellt haben soll, um Albrechts Leichnam wegzufahren und dafür Steuerfreiheit erhielt, gibt es zwar längst nicht mehr. Sie ist mehrfach abgebrannt und wurde letztmalig 1912 wieder aufgebaut. In der nach den langjährigen Besitzern benannten Wünschmann-Mühle ist noch die komplette Mühlentechnik aus den zwanziger Jahren erhalten. Das hier gebackene Mühlenbrot war eine gefragte Spezialität, bis die Wünschmanns vor ein paar Jahren die Arbeit aus Altersgründen aufgeben mussten.

Bild oben: Christian Rüdiger. Bild unten: Studenten der Industriearchäologie untersuchen mit dem Freiberger Professor Helmuth Albrecht die Mühlentechnik.

Von 1991 an haben die Mühlenfreunde des neu gegründeten „Mühlenvereins" nach und nach die alte Technik wieder funktionsfähig gemacht, bis sie 1997 offiziell den Status eines Technischen Denkmals für die Wünschmann-Mühle bewirkten.

Nun können Besucher dort nicht nur die historische Technik, sondern auch viele Schaustücke zur Kultur und Lebensweise der Müller betrachten. Den Besucherrekord gab es 1999 zum Mühlentag, als rund 1000 Neugierige kamen.

Viele haben mitgewirkt, die Mühle zu erhalten. Die Freiwillige Feuerwehr half, das Dach zu decken. Und nach dem Hochwasser von 2002 packten auch hier viele Helfer mit an, um die Schäden so schnell wie möglich zu beseitigen.

Idylle im Falkenberger Rosental

Das Weichenfest im Rosental lebt seit einiger Zeit dank der Initiative des Falkenberger Dorfvereins wieder auf. Es nimmt jedes Jahr auf eine andere Tradition des Ortes Bezug - mal altes Handwerk, die Teiche oder die Bahnstrecke.

Dennoch: mit der Bahn hat der Name „Weichenfest" nichts zu tun. Die Anwohner nennen den Platz „Weiche", wo die Straße im Rosental vor dem Felsen wendet. Das Fest jedes Jahr am letzten Juniwochenende vor romantischer Kulisse ist inzwischen so beliebt, dass Besucher in großer Zahl kommen.

Mit typischer Jugendstilmalerei ist die 1900 geweihte Krummenhennersdorfer Kirche ausgestattet. 1994 wurde die Sanierung des Sakralbaus begonnen, 2002 schließlich der Altarraum restauriert. Während der Restaurierung wurden unter den weiß gekalkten Wänden viele Ornamente entdeckt und wiederhergestellt. Im Bild: Pfarrer Hans-Günter Pötzsch.

Alle Neune!

Krummenhennersdorf ist seit langem eine Hochburg des Kegelsports. Dabei wurde der Sportverein Krummenhennersdorf 1969 als Frauenturnverein gegründet. Doch seit dort 1993 eine Kegelbahn eingerichtet wurde, stieg die Mitgliederzahl sprunghaft an und blieb auch nicht mehr auf Frauen beschränkt. Mehrfach haben sich junge Kegelsportler aus Krummenhennersdorf für die Deutsche Jugendmeisterschaft qualifiziert. Inzwischen gehören hunderт von rund 500 Einwohnern dem Sportverein an, der auch maßgeblich das Dorf- und Sportfest mitgestaltet.

Hilbersdorf

Wie Schwager Hans Geschichte machte: Muldenhütten ist der älteste aktive Hüttenstandort Deutschlands

Ein Bild aus dem Jahr 1964: Schachtofen I, Pilzöfen und dahinter die Arsenikhütte, links oben die Schwefelsäurekontaktanlage.

Wenn von der großen, jahrhundertealten Freiberger Bergbautradition die Rede ist, kommt aus Muldenhütten regelmäßig der berechtigte Einwurf: „Kein Bergbau ohne Hüttenleute!"

Denn was nützt schließlich tonnenweise zutage gefördertes Erz, wenn nicht fachkundige Hüttenleute aus dem Gestein das begehrte Silber, Zink und Blei gewinnen?

Schon vor mehr als 700 Jahren wurde nachweislich in Muldenhütten Erz geschmolzen.

Heute steht dort eines der modernsten Hüttenwerke der Welt und produziert rund 50.000 Tonnen Blei jährlich. Das macht das Betriebsgelände auf Hilbersdorfer Flur nicht nur international bedeutend, sondern auch zum ältesten noch aktiven Hüttenstandort Deutschlands.

Seine Geschichte - soweit schriftlich hinterlassen - beginnt mit einer Erbschaftsurkunde von 1318, in der Emmerich Heinemann seinem Schwager Hannus einen Anteil an den Bälgen vermachte, die er an der Mulde hat. Als Bedingung stellte er allerdings, dass der Schwager sich an der Arbeit der Hütte zu beteiligen habe.

Da man nur etwas vererben kann, was schon da ist, müsse also die Hütte schon eine Weile bestanden haben, argumentiert Hans-Peter Behrendt, Geschäftsführer der Muldenhütten Recycling und Umwelttechnik GmbH, und deklarierte kurzerhand das Jahr 2000 zum richtigen Zeitpunkt für die 700-Jahr-Feier des Hüttenstandortes Muldenhütten. Das bot außerdem den Vorteil, gleich noch den fünften Jahrestag der Inbetriebnahme der hochmodernen Sekundärbleihütte mitfeiern zu können.

Zugegeben, es war ein bisschen willkürlich festgelegt, aber durchaus nicht abwegig. Schmelzhütten wurden immer da errichtet, wo Holz als Brennmaterial und Wasser für die Blasebälge vorhanden war. Aus etwa der gleichen Zeit wie Heinemanns Erburkunde gibt es noch mehr als ein Dutzend weitere Schriftstücke über Hütten an der Mulde, bei Hilbersdorf und am Halsbach.

Gut möglich, dass die Hüttentradition in Muldenhütten noch weit älter als sieben Jahrhunderte ist.

Wie auch immer, das Jubiläum wurde mit einer großen Berg- und Hüttenparade und einem Tag der offenen Tür gefeiert. Dabei marschierten diesmal entgegen der üblichen Marschordnung bei Paraden die Hüttenleute zuerst ins Festzelt. Und wer glaubt, eine Bleihütte sei kein lohnendes Ziel für einen Familienausflug, der kennt die Freiberger und Hilbersdorfer schlecht. Mehr als 700 Interessenten strömten an diesem Tag hierher, um den hochmodernen Betrieb zu besichtigen. Unter ihnen waren viele ehemalige Kombinatsangehörige, die sehen wollten, was inzwischen aus der alten Bleihütte geworden ist.

Die zum Fest erarbeitete Chronik von Franz-Peter Kolmschlag und Joachim Scholz eröffnet bemerkenswerte Einblicke in die bis dato noch nicht so gründlich erforschte Hüttengeschichte.

Muldenhütten war über eine lange Zeit der wichtigste Hüttenstandort im Freiberger Revier, weshalb die Landesherren ein auffälliges Interesse daran zeigten. Schließlich wurde hier entschieden, wie viel Silber aus den Schächten direkt in ihre Kassen floss. So erließ der omnipräsente Kurfürst August eine Schmelzhüttenverordnung, in der er sogar vorschrieb, welche Öfen eingesetzt werden sollten. August der Starke, nicht nur ein Lebemann von bedeutendem Ruf, sondern auch ein kluger Förderer der Wirtschaft – irgendwie musste sein aufwändiger Lebensstil ja bezahlt werden – gründete 1710 gar eine „Generalschmelzadministration", um die volle Kontrolle über Aufkauf und Bezahlung der Erze zu haben.

Doch Muldenhütten war nicht nur Schauplatz herrschaftlicher Begierden, sondern auch bedeutender Innovationen. Immer wieder kamen hier neue Öfen und Verfahren zum Einsatz, die einen beträchtlichen Produktivitätsschub bewirkten.

1828 wurde in Muldenhütten das erste Zylindergebläse in einer sächsischen Hütte in Betrieb genommen. Es ist heute noch am ursprünglichen Standort erhalten und kann besichtigt werden.

Hier wurden nicht nur erstmals Rauchgasschäden bewusst wahrgenommen, sondern bereits im 19. Jahrhundert Verfahren zur Rauchgasreinigung und -verwertung entwickelt. Der Chemiker Clemens Winkler schaffte es, in der Muldener Hütte 1887, also ein Jahr nach seiner Entdeckung des Elementes Germanium in der Grube Himmelsfürst, erstmals in einer Versuchsanlage nach dem Kontaktverfahren Schwefelsäure herzustellen, die die rasch wachsende Farbstoffindustrie benötigte. Im gleichen Jahr wurde sogar die Sächsische Münze von Dresden hierher verlegt und blieb hier bis 1953 - vermutlich sehr zum Ärger der Freiberger, denn einst befand sich die Münze in der Bergstadt selbst.

Als Anfang des 20. Jahrhunderts die Einstellung des Freiberger Bergbaus beschlossen wurde, stellte sich Muldenhütten auf die Verarbeitung ausländischer Erze ein. „Good für Freiberg" wurde zu einem festen Fachbegriff im Erzhandel und besagte: Die Gehalte sind gering, aber in Freiberg - genauer gesagt in Muldenhütten - wird noch etwas daraus gemacht.

Der Muldenbogen mit der Hütte Muldenhütten in einem Luftbild von 2001. Vorn die Muldenhüttener Eisenbahnbrücke und die „Otto-Deponie".

Zu DDR-Zeiten wurde der hiesige Hüttenbetrieb mit der Hütte Halsbrücke zum „VEB Freiberger Bleihütten" vereint, später dem VEB Bergbau- und Hüttenkombinat „Albert Funk" angeschlossen. 1992 erfolgte die Privatisierung der Hütten, die sich bis dahin 440 Jahre ununterbrochen in Staatsbesitz befunden hatten. 1994 wurde die neue, weltweit Maßstäbe setzende Bleihütte in Betrieb genommen, in der in zehn Jahren nahezu eine halbe Millionen Tonnen Batterieschrott umweltgerecht aufbereitet wurden. Da in Deutschland keine Bleierzgruben mehr betrieben werden, ist Sekundärblei hier die einzige einheimische Rohstoffquelle für Blei.

Heute ist die Muldenhütten Recycling und Umwelttechnik GmbH, eine Tochter der englischen EcoBat Technologies Ltd., auch Vorreiter für eine saubere Hüttenproduktion. Das Unternehmen hat die Umweltbelastung, die ohnehin nur noch ein Bruchteil der früheren Werte beträgt, durch zusätzliche Investitionen weit unter die gesetzlichen Vorgaben gesenkt.

Die Hüttentradition im Freiberger Revier halten die Muldenhüttener nicht nur durch den eingangs erwähnten Zwischenruf hoch. Etliche Betriebsangehörige sind Mitglieder der Historischen Freiberger Berg- und Hüttenknappschaft. Die Muldenhütten Recycling und Umwelttechnik GmbH ist neben der Saxonia Freiberg Stiftung einer der Hauptsponsoren des Traditionsvereins und unterstützt besonders die Arbeit der Fachgruppe Hüttengeschichte, die sich unter anderem um den Erhalt des bereits genannten Zylindergebläses kümmert.

Das älteste „lebende" Gebläse der Welt

Das Zylindergebläse in Muldenhütten ist gleich in mehrfacher Hinsicht ein bedeutendes Zeugnis der Industriegeschichte: Es wurde 1828 als erstes in Sachsen errichtet und ist als einziges immer noch am Originalstandort erhalten. Es wurde aufgestellt, damit in den Hütten zum Schmelzen auch Steinkohle und Koks eingesetzt werden konnten.

Roland Kowar, der Leiter der Fachgruppe „Hüttengeschichte" in der Historischen Freiberger Berg- und Hüttenknappschaft, hat die Vita des Technischen Denkmals erforscht und förderte dabei auch einige sehr interessante Details zur damaligen Ausschreibungspraxis zutage. Maschinenbaudirektor Brendel hatte sich an drei Herstellerbetriebe gewandt und ihnen sehr ausführlich dargelegt, was solch eine Maschine alles können müsse. Für die Details der Ausfertigung ließ er ihnen völlig freie Hand, wen nur durch sie „bei dem geringsten Kosten- und Kraftaufwande die oben angegebene Wirkung erreicht wird".

Das Einsiedelsche Eisenwerk in Lauchhammer setzte sich klar gegen die Mitbewerber aus Aachen und Hagen in Westfalen durch. Das Angebot aus dem Osten war deutlich preiswerter als die beiden anderen. Vor der Vergabe drückten die Auftraggeber den Preis noch einmal von 2.165 auf 2.000 Taler, dann durfte Lauchhammer bauen. Die Brandenburger lieferten erstklassige Arbeit. Das Zylindergebläse wurde zwar 1848 noch einmal verändert; es wurde von da an mit einer Turbine statt des Wasserrades angetrieben und ein dritter Zylinder aufgestellt. Aber es

war zuverlässig bis 1954 ununterbrochen in Betrieb, also 126 Jahre! Selbst 1962 konnte es noch einmal einer Gruppe von Fachleuten in Funktion vorgeführt werden.

Von 1986 an kümmerte sich Roland Kowars Fachgruppe um den Erhalt des Zylindergebläses, das inzwischen so stark verrostet war, dass sich kein Teil mehr bewegen ließ. „Immer wieder musste in den Hütten Altes Neuem weichen und wurde einfach abgerissen oder verschrottet - da sind wir froh, wenn wir noch komplett erhaltene Zeitzeugen haben und erhalten können", meint der Hütteningenieur, der sich dieser Sache auch aus der Berufsehre heraus verpflichtet fühlt.

Zwischen 1991 und 1993 wurde das Zylindergebläse zielgerichtet restauriert und konnte im Sommer 1993 wieder vorgeführt werden.

Einen schlimmen Einschnitt gab es beim Augusthochwasser 2002, als in Muldenhütten das Wasser einen Höchststand erreichte, der noch 1,52 Meter über dem Hochwasser von 1897 lag. Gebläsehaus und Gebläsemaschine standen komplett unter Wasser. Viele freiwillige Helfer packten in der Not mit an und sorgten dafür, dass schon zum Tag des Offenen Denkmals Anfang September das technische Denkmal wieder in Aktion gezeigt werden konnte.

Bei Führungen zu besonderen Anlässen oder nach Vereinbarung können Interessenten auch andere noch erhaltene historische Gebäude am Hüttenstandort Muldenhütten besichtigen, so das Huthaus von 1655, ein Schachtofengebäude mit Bleischachtofen aus der Mitte des 19. Jahrhunderts und weitere ehemalige Produktionsgebäude.

Gern zitiert Roland Kowar einen Freiberger Professor namens Fritzsche, der schon 1942 konstatierte, die Muldenhüttener Maschine „mag also wohl das älteste lebende Zylindergebläse der Welt sein". Jetzt, mehr als sechs Jahrzehnte später, nötigt diese Einschätzung nur noch mehr Respekt ab.

Hier geht´s um die Wurst

.... genauer gesagt um knackige Würstchen. Die kräftig gewürzten und gut geräucherten Wiener und Knacker sind neben Hausmacherleberwurst und -blutwurst die Verkaufsschlager der Hilbersdorfer Fleischwaren GmbH. Sie sind mittlerweile sogar über die Kreisgrenzen hinaus begehrt: Neun Filialen unterhält die Firma und beschäftigt 43 Mitarbeiter, das sind rund dreimal so viele wie zu DDR-Zeiten. Dabei besteht das Unternehmen schon seit fast 50 Jahren und hat stets nach eigenen Rezepturen ge-arbeitet. Die und ein sorgfältiges Räuchern über Buchenholzspänen sorgen für den deftigen Geschmack der Waren.

Übrigens: Pro Jahr gehen rund eine Million Hilbersdorfer Würstchen über die Ladentische. Aneinander gereiht wäre das eine Kette so lang wie die Strecke von Freiberg nach Berlin.

Leubsdorf

Das „Bergmännel" von Leubsdorf

Im schönsten Teil des Flöhatals - so beschreiben die Leubsdorfer die Lage ihres Ortes. Rad- und Wanderwege locken zu Touren durch die Natur mit mannigfaltiger Tier- und Pflanzenwelt.
Von dem uralten Höhenweg - möglicherweise einst Heerswache - kann man nicht nur den Ausblick auf den Ort und seine Umgebung genießen, sondern bei klarer Sicht bis zum Fichtelberg schauen.

Leubsdorf war über Jahrhunderte hinweg ein typisches Bauerndorf, wie viele von Siedlern im Zuge der Ostkolonisation errichtet wurden. Die 1790 geweihte Kirche steht am Standort der allerersten, von den Siedlern erbauten Kirche. Viele Leubsdorfer mussten Frondienste beim Bau der Augustusburg leisten. Die Industrialisierung des Ortes setzte ein, als Leubsdorf 1873 einen eigenen Bahnhof bekam. Größter Betrieb heute im Ort ist der ursprünglich aus Eppendorf stammende ostdeutsche Marktführer bei Küchenmöbeln, „ratiomat".

Eine Zeit lang wurde auch um Leubsdorf Erz abgebaut, aber das Vorkommen war nicht sehr reich und bald erschöpft. Ein besonderes Denkmal bergmännischer Volkskunst ist jedoch auf dem einstigen Häuersteig und jetzigen Wanderweg zwischen Hammerleubsdorf und Eppendorf zu finden: das „Bergmännel"

Der Leubsdorfer Bergmann Carl August Nendel hat es um 1830 geschafft. Nendel arbeitete auf der Grube Himmelsfürst bei Brand. Es heißt, bei der Rast auf seinem langen Weg zwischen Arbeit und Heim habe er es nach und nach in den rund ein Meter hohen Stein gemeißelt. Kaum vorstellbar für uns Autofahrer heute, dass jemand, der einen harten Arbeitstag in der Grube und danach mehr als zehn Kilometer Wegstrecke hinter sich weiß, dazu noch Zeit, Kraft und Lust hat!

Nendel meißelte in den Stein einen Bergmann in Paradeuniform, die sächsische Krone, gekreuzte Hämmer, gravierte darüber seinen Namen und seinen Herkunftsort Leubsdorf und setzte daneben in großen Lettern: „Andenken an Jubelfeyer D.M.L. 1830". Damit wollte er den Bergmannssohn Doktor Martin Luther ehren und an den festlich begangenen 300. Jahrestag der „Augsburgischen Konfession" erinnern.

Der Eppendorfer Heimatverein erhält und pflegt das Denkmal und den Rastplatz.

Ein zweiter Leubsdorfer Gedenkstein erinnert an die Zeit der Arbeitslosigkeit in den zwanziger Jahren des vorigen Jahrhunderts. Wie die beiden Arbeitslosen aus Gahlenz und sicher angeregt von ihnen hatte auch der Leubsdorfer Otto Heinrich heimlich im Wald in einen Stein das Relief eines Mannes geritzt, der die leeren Taschenfutter vorzeigt. Aber bei ihm lautet die Inschrift „Brot-, Geld-, Arbeitslos".

Dieser Stein blieb weitgehend unbekannt im Wald, bis 1984 die Gemeinde beschloss, das fast vergessene Denkmal im Ort aufzustellen. Da der Stein schon stark verwittert war, fertigte ein Eppendorfer Steinmetz eine Kopie, die nun im Zentrum von Leubsdorf steht.

Bild rechte Seite: Dieser lustig bunte gedrechselte Osterhase stammt aus den Werkstätten für Erzgebirgische Holzkunst ESCO in Hammerleubsdorf. Rund 900 Figuren entstehen hier pro Tag, die nicht nur deutschlandweit, sondern auch nach den USA, Japan und Kanada verkauft werden. Nach dem Weihnachtsgeschäft mit Räuchermännern, Nussknackern und Pyramiden läuft bereits ab Januar wieder das volle Oster- und Frühlingsprogramm. Zu den beliebtesten der rund 250 Hammerleubsdorfer Ostermotive zählen neben diesen Hasenpärchen auf der Bank Miniaturen wie die Häschenschule, Hasen in unterschiedlichen Berufen und etwa vierzig verschiedene Hasenmusikanten.

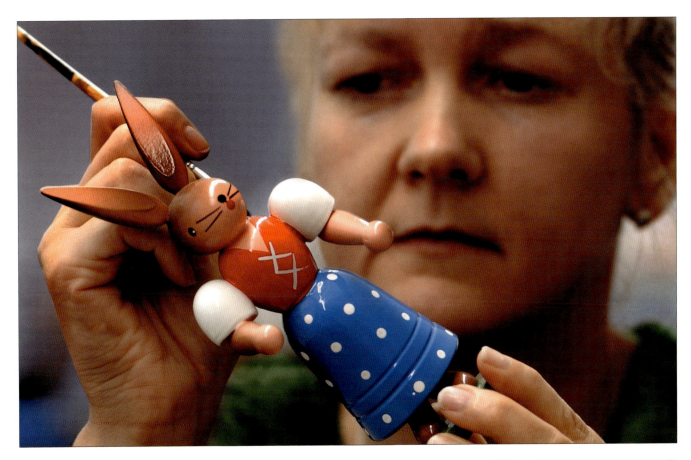

Schöne Aussichten in Marbach

Das idyllisch im Tal gelegene und von schönen Wäldern umgebene Marbach soll früher Margbach oder Marktbach geheißen haben, da hier Pferde gezüchtet und gehandelt wurden. Später hieß es Marienbach, jetzt Marbach - da steckt beides drin, das lässt alles offen.
Die Ortschronik berichtet, Markgraf Wilhelm soll das Dorf für 74 Schock Groschen gekauft haben. Vom Butterberg, vom Reuterberg oder vom Gerlachholz bieten sich herrliche Rundblicke.

Schellenberg hieß früher Dorf

Im Schellenberger Gebiet Höllmühle wurde nach dem Zusammenschluss von Leubsdorf, Hohenfichte, Marbach und Schellenberg das Rathaus der Gemeinde Leubsdorf eingerichtet. Die Villa wurde dafür mit relativ geringem Aufwand umgebaut und ist heute ein echtes Schmuckstück. Der Ort hieß früher Dorfschellenberg, um Namensverwechslungen mit Burg Schellenberg zu vermeiden, der späteren Augustusburg. Seit Schellenberg in Augustusburg umbenannt wurde, heißt Dorfschellenberg nun Schellenberg.

LEUBSDORF

Trampeltiere an der Flöha

Da staunen nicht nur Besucher, sondern sogar die Kühe auf der Weide gegenüber: Kamele im Flöhatal? Doch ungerührt stehen die Zweihöckrigen auf ihrer Koppel direkt am Fluss, kauen gemächlich vor sich hin und genießen mit stoischer Gelassenheit die Ver- und Bewunderung der Betrachter.

Der Schellenberger Gaston Pache hat sein Herz für Trampeltiere entdeckt. Als der gelernte Dachdeckermeister vor Jahren in Kasachstan unterwegs war, wollten ihm seine Gastgeber unbedingt als Zeichen der Wertschätzung ein Kamel schenken. Das kam zunächst einmal reichlich überraschend. Mit höflichen Worten des Dankes ließ er das Geschenk zurück.

Doch der Gedanke hatte sich festgehakt. Ein paar Reisen später waren alle Vorbereitungen getroffen und er suchte sich zwei Tiere aus, um sie in Sachsen anzusiedeln. Mit den beiden Kameldamen Saila und Lonka eröffnete er 2001 sein Gestüt, das inzwischen auf sechs Tiere angewachsen ist.

Mit ihrem weißen Fell stellt Lonka übrigens etwas Besonders dar. Hammer und Sichel auf dem Schenkel verweisen auf ihre Herkunft. Die Neuzugänge kamen aus Kasachstan und der Mongolei hierher. Einer jedoch wurde in Schellenberg geboren, was eine echte Sensation war. Im Vergleich zu den weit verbreiteten einhöckrigen Dromedaren sind die zweihöckrigen Trampeltiere relativ selten geworden, eine Geburt ein außerordentliches Ereignis, erzählt Gaston Pache. Wenn er von den Passgängern redet, kommt er schnell ins Schwärmen. Von wegen: dummes Kamel! Trampeltiere sind nicht nur sehr geduldig, sondern auch ziemlich schlau und beobachten genau. Das erlebt er immer wieder. Er muss nur mit einem Beutel auf sie zugehen und ein bisschen damit rascheln, schon kommen die Tiere angelaufen und suchen nach Leckereien in der Tüte.

Damit sich die Paarhufer in der Fremde richtig wohl fühlen, hat Gaston Pache etliche Tonnen Sand heranfahren lassen, Stallungen errichtet und spezielles Futter angebaut. Aus dem Hobby ist inzwischen ein Vollzeitjob geworden. So lädt er Besucher zum Kamelritt ein, kommt mit den Tieren zu Festen und anderen passenden Veranstaltungen.

Einen besonders medienwirksamen Auftritt hatte der Schellenberger mit Kameldame Lonka im Sommer 2003 auf dem Lausitzring. Da stand er kostümiert mit dem Tier neben einem großen Aufsteller: „Reserviert für Harald Schmidt". Weil das LateNight-Lästermaul mal wieder bei den Ossis in den Fettnapf getrampelt war und in seiner Fernsehshow vorgeschlagen hatte, eine Etappe der Wüstenralley Paris-Dakar auf dem insolventen Lausitzring auszutragen, revanchierten sich die Betreiber der Rennstrecke, indem sie Schmidt schon mal probehalber zum Kamelritt einluden. Das Angebot lockte zwar den Medienstar nicht in den Sattel, aber immerhin eine Riesenmeute von Journalisten aus ganz Deutschland an.

Es ist also manchmal doch nicht übel, von Kamelen umgeben zu sein.

Hohenfichte hat eine Brücke mit Dach

Eine besondere Rarität in Hohenfichte ist die alte überdachte Holzbrücke, die den Ortsteil mit Metzdorf verbindet. Die jetzige stammt von 1735, aber schon seit 1602 gab es an gleicher Stelle eine Brücke, die ähnlich ausgesehen haben muss. Solche Baudenkmale sind in Sachsen sehr selten. Die einzige weitere derartige Holzbrücke in der Umgebung befindet sich in Hennersdorf.

Die Brücke von Hohenfichte ist auf 55,5 Meter Länge überdacht und führt in fünf Meter Höhe über den hier 46 Meter breiten Fluss. Ein interessantes technisches Detail: Die Holzbohlen, die den Brückenbelag bilden, liegen nicht rechtwinklig zwischen den Seitenteilen, sondern leicht schräg. So wird die Last der Fahrzeuge, die darüber rollen, besser verteilt. Früher war für das Überqueren der Brücke Geleitgeld zu zahlen, die Mautgebühr der Vorfahren.

Aller zwei Jahre wird jetzt Brückenfest gefeiert. Das ist die Hohenfichter Variante des Schützenfestes, das die Schützenvereine von Leubsdorf und Hohenfichte gemeinsam feiern und abwechselnd in ihren Ortsteilen ausrichten.

Im Werk Hohenfichte der Sächsischen Baumwollspinnerei GmbH Mittweida wird an über 70 Meter langen Ring-

spinnmaschinen gearbeitet. Die hiesige Spinnerei nahm bereits 1833 die Produktion auf und ist mit rund 50 Mitarbeitern heute nach wie vor größter Arbeitgeber im Ortsteil. In einer uralten, denkmalgeschützten baulichen Hülle werden nun mit modernster Technik hochwertige feine gekämmte Baumwollgarne produziert, aus denen die Abnehmer Oberbekleidung, Bettwäsche und technische Textilien fertigen.

Lichtenberg

Licht auf dem Berge: Sagenhaftes im schönen Gimmlitztal

Malerisch am Fuß des Osterzgebirges zwischen den Landschaftsschutzgebieten Großhartmannsdorfer Teich und Naturpark Erzgebirge/Vogtland liegt Lichtenberg. Die Schönheit dieses Stückchens Heimat ist auch Ausgangspunkt einer in mehreren Varianten erzählten Sage, die den Ursprung des Namens erklärt. Dafür muss auch der 617 Meter hohe Burgberg als markanter Punkt in der Landschaft herhalten.

Der Legende nach hatte die Frau eines grausamen böhmischen Ritters einen Getreuen nach einem Zufluchtsort suchen lassen, um mit ihren Kindern dorthin fliehen zu können. Der Diener wählte das schöne und friedliche Gimmlitztal als neue Heimat für die Bedrängte. Doch der Ritter verfolgte sie, spürte sie auf und ließ auf dem Berg eine gewaltige Burg bauen, von der aus er mit seinen Spießgesellen grausame Raubzüge unternahm. War die Burg nachts erleuchtet, weil die Bösewichter dort eingetroffen waren, so soll - der einen Version nach - der Schreckensruf: „Licht auf dem Berge" durch die Gegend gehallt sein. Nach einer anderen Variante war: „Es wird wieder Licht auf dem Berge!" der Stoßseufzer der geplagten Menschen in der Hoffnung, sie mögen von dem Übel befreit werden.

Ein alter Steinwall auf dem Berg soll der Sage nach die Überreste des Raubritternestes sein. Doch als wahrscheinlicher gilt, dass der Wall und der „Jungfernbrunnen" von einem heidnischen Heiligtum - möglicherweise einer Opferstätte - stammen.

Ein Ortsporträt, das mit nur drei Zahlen die beeindruckende Entwicklung des Ortes auch in den letzten Jahren veranschaulicht: rund 3.000 Einwohner, 160 Gewerbebetriebe mit 1.000 Arbeitsplätzen.

Seit 1999 betreibt die Gemeinde ein kleines Besucherbergwerk, den „Trau auf Gott Erbstolln" am rechten Hang des Gimmlitztales, in dem viele Zeugnisse des historischen Bergbaus erhalten sind.

Das Kinderhaus „Schatzinsel" mit 120 Plätzen für die kleinen Lichtenberger wird von einer Elterninitiative geführt, die sich vor einigen Jahren als Verein zusammengeschlossen hat.

Seit der 750-Jahr-Feier Lichtenbergs 1982 gibt es jedes Jahr ein großes Dorffest mit einem Festumzug, für den die Einwohner immer wieder aufs Neue Ideenreichtum und Kreativität unter Beweis stellen.

Markanter Punkt: die Talsperre

Fünfzehn Millionen Kubikmeter Fassungsvermögen hat die Talsperre Lichtenberg, ihr Damm ist 45 Meter hoch, die Krone 300 Meter lang. Eine Talsperre an dieser Stelle war schon vor hundert Jahren erwogen worden, gebaut wurde sie schließlich zwischen 1966 und 1974 für die Trinkwasserversorgung der Region und zum Hochwasserschutz. Im August 2002 allerdings stürzten Wassermassen herab, mit denen auch die vorsichtigsten Konstrukteure niemals gerechnet hatten. Lichtenberg durchlebte dramatische Stunden, als schon am Nachmittag des ersten Katastrophentages, am 12. August, die Talsperre deutlich mehr Zulauf hatte als beim bislang schlimmsten Hochwasser. Wenig später beschloss der Katastrophenstab die Evakuierung des Dorfes und das gezielte Ablassen des Wassers, um das unkontrollierte Überlaufen der Talsperre noch etwas hinauszuzögern. Vergeblich: Binnen weniger Stunden steig der Zulauf der Talsperre auf das Doppelte des je Erlebten, auf 55 Kubikmeter pro Sekunde. Bei völliger Dunkelheit nach Stromausfall müssen die im Ort verbliebenen Lichtenberger erleben, wie 22.32 Uhr die Talsperre überläuft. Viele Häuser werden bis ins zweite Stockwerk überflutet. Als ein paar Tage später erneute Niederschläge angekündigt werden, kommen 150 Bundeswehrsoldaten zum Einsatz nach Lichtenberg, um die Gimmlitz mit Sandsäcken zu befestigen.

Seit Ende 2003 ist die Talsperre Lichtenberg mit weiteren sieben Talsperren des Erzgebirges verbunden - eine Vernetzung, wie es sie auf solch großer Fläche nicht noch einmal in Deutschland gibt.

Keine kleinen Fische

Lichtenberg ist Sitz der Fischaufzuchtgesellschaft Südsachsen GmbH, die 1991 aus der Ende der fünfziger Jahre gegründeten Fischereigenossenschaft hervorgegangen ist. Die Lichtenberger Fischer bewirtschaften vierzehn Gewässer im Kreis Freiberg und im Mittleren Erzgebirgskreis, davon sieben kleinere, die als traditionelle Karpfenteiche für die Aufzucht von Satzfischen genutzt werden können. Achtzig Prozent der genutzten Gewässerfläche befinden sich in Naturschutz- oder Trinkwassereinzugsgebieten, sodass das Abfischen nur nach den natürlichen Gegebenheiten möglich ist. Der Fischereibetrieb bietet neben Karpfen und Forellen auch Schleie, Barsche, Weißfische und andere Fische an, die freitags und sonnabends frisch oder frisch geräuchert im Hofladen in der Talmühle gleich neben der Forellenaufzucht- und Mastanlage verkauft werden. Außerdem beliefert er Anglerverbände und Hobbyteichwirte mit jungen Fischen für die eigene Aufzucht.

Der singende Wirt von Lichtenberg: Roland Heldt unterhält seine Gäste in der Lichtenberger Talsperrenschänke gern mit Harmonika und Zither. Er singt nicht nur erzgebirgische Lieder, eingeschlossen sein eigenes „Lichtenberglied", sondern erzählt auch Geschichten in Mundart.

Eine sportliche Attraktion weit über die Kreisgrenzen hinaus ist die Motocrossanlage „Erzgebirgsring" am Lichtenberger Kreuz. 1700 Meter lang mit anspruchsvollen Hindernissen wie 100 Meter Sandstrecke, 30 Meter Wasserdurchfahrt und einem Felsenparcour, ist sie theoretisch sogar für Weltmeisterschaften geeignet. Eine Betreibergesellschaft hat sie gemeinsam mit dem traditionsreichen Lichtenberger Motorsportclub entwickelt und gebaut. Seit der Eröffnung im Jahr 2000 findet hier unter anderem jährlich ein Rennen der Sachsenmeisterschaft im Moto-

cross statt. Auch stellten hier namhafte Fahrzeugbauer wie Mercedes Benz schon schwere LKWs und Jeeps vor.

Alte Technik im Einsatz bewährt

Mit zwei ganz besonderen Fahrzeugen, die jedes für sich ein Unikat sind, rückt die Freiwillige Feuerwehr Weigmannsdorf/Müdisdorf zum Einsatz aus. Das eine ist ein mehr als fünfzig Jahre alter Robur, der Ende der sechziger Jahre an die Weigmannsdorfer Wehr übergeben vom ortsansässigen Stellmacher umgebaut wurde und heute noch „wie verrückt" geht, wie Wehrleiter Roland Schirmer bekräftigt. Vergleichsweise jung ist dagegen der W 50 von 1972, den die Wehr schon mit Teilen von verschiedenen DDR-Löschfahrzeugen aufgerüstet von der Narva Brand-Erbisdorf erhielt, ebenfalls ein Einzelstück. Doch wenn das auch nach Museum klingt - der Wehrleiter legt Wert auf die Feststellung, dass beide Fahrzeuge wegen ihrer Robustheit im Einsatz geschätzt werden. Das zeigte sich bei verschiedenen Gelegenheiten. Zum Beispiel in November 1989, als der Weigmannsdorfer Gasthof in Flammen aufging und die Wehren bei minus 12 Grad ausrücken mussten. Damals war es so kalt, dass sogar die Sirenen eingefroren waren.

Vor allem aber beim Augusthochwasser 2002, als die Wehr eine Woche lang fast pausenlos im Einsatz war. „Beim Robur, da ist das Wasser auf einer Seite durch die Tür ins Fahrerhaus rein und auf der anderen wieder raus", erinnert sich Roland Schirmer.

Aber während unter diesen Bedingungen bei vielen neueren Fahrzeugen die Elektronik ausfiel und manchen Fuhrpark stilllegte, hielt der Robur „Garant" tagelang durch.

Die Wehren von Müdisdorf und Weigmannsdorf hatten sich bereits 1978 zusammengeschlossen.

Seit ein paar Jahren organisieren die Kameraden gemeinsam mit dem Heimatverein Müdisdorf-Weigmannsdorf die Walpurgisnacht mit Hexenfeuer, das Maibaumsetzen und das Dorffest. Außerdem veranstalten sie jeden September auch ihr eigenes Vogelschießen.

Fanclub für die Rennpappe

Ebenfalls ein Faible für Oldtimer haben ein paar Weigmannsdorfer, die 1994 eher aus einer Laune heraus einen Trabiclub gründeten. Für manchen jungen Führerscheinbesitzer war die vielbelächelte, aber längst legendäre Zwickauer „Rennpappe" zunächst vor allen die kostengünstigste Variante fürs motorisierte Lebens. „Ich wollte nie 'nen Trabi koofen", erzählt zum Beispiel Vorstandsmitglied Monti Erler. Aber das Kultmobil stellte sich nicht nur als billig, sondern auch als außerordentlich robust heraus. Geübte Trabifahrer kommen schließlich mit Schraubenzieher, zwei Ringschlüsseln und einem Hammer für den Notfall auch ohne Werkstatt klar.

Zum Fuhrpark des Fanclubs gehört inzwischen so ziemlich jede Sorte Trabant, auch noch die „rundgelutschten" aus den frühen Jahren. Monti Erler fährt einen Hycomat Baujahr 1985, der für einen Rollstuhlfahrer umgebaut ist und nur mit den Händen bedient werden kann - wirklich kein Serienstück und bei Trabifahrertreffen vielbestaunt. Wichtig ist den Trabifans das Ersatzteillager, in dem - wie sie betonen - von A wie Achse bis Z wie Zündung alles vorhanden ist. Ein Anblick, bei dem sich früher so mancher Trabantfahrer ins Paradies versetzt gefühlt hätte.

Mulda
Von Hüten, Störchen und Extrazügen

Vor hundert Jahren schon hatte Mulda wegen seine Vielzahl an Gewerbe- und Handwerksbetrieben den Beinamen „Hut-Mulda". Das besagte, dass es hier geradezu städtisch zuging, weil nämlich die zu Wohlstand gekommenen Unternehmer und ihre Frauen einen Hut trugen, während im benachbarten „Kupptichl-Zeth", also in Zethau, das Kopftuch die angemessene Haarbedeckung für die Frauen sei.

Vom gehobenen Selbstbewusstsein der Muldaer in jener Zeit berichtet auch eine köstliche Anekdote, die Frank Bachmann für das Gemeindeblatt niedergeschrieben hat. Er hat sie von einem alten Muldaer, der sie einst im Gasthaus mit paffender Pfeife gern zum Besten gab.

Die Geschichte handelt vom Muldaer Sägemüller Hermann Gelbrich, der ein äußerst sparsamer Mann war, aber einmal im Jahr nach Freiberg fuhr, um dort nach allen Regeln der Kunst einen drauf zu machen. Das hat er einmal so ausgiebig getan, dass er den Nachtzug nach Mulda verpasste. Da er aber sowieso beim Geldausgeben und reichlich bezecht war, charterte er am Freiberger Bahnhof einen Extrazug mit Lok und einem Personenwagen.

Als der Muldaer Bahnhofsvorsteher die Nachricht von der Ankunft eines Extrazuges erhielt, schlussfolgerte er kühn: Der könne nur für den König sein. Denn Seine Majestät war schon öfter mit dem Zug hier entlang zur Jagd gefahren. Was nun folgte, schildert Frank Bachmann so: „Kein Wunder, dass jetzt der Bahnhofsvorsteher von Mulda wie ein Extrazug in Fahrt kam. Der Bürgermeister und die Vereine wurden unterrichtet, der Schulmeister trommelte zu nachtschlafender Zeit die Schulkinder zusammen und die Bahnangestellten wurden sofort zum Dienst gerufen. Im Morgengrauen stand alles zum Empfang bereit. ... Pünktlich fuhr der Extrazug im Bahnhof ein. Als die Wagentür aufging, nahm alles Haltung an und die Schulkinder setzten unter dem Gefuchtel des Lehrers zum Gesang an. Schon bei den ersten Worten blieb ihnen das Lied im Hals stecken. Denn aus dem Extrazug stolperte übermüdet der Gelbrich Hermann mit seiner Leinschürze und Holzpantoffeln über den ausgelegten roten Läufer an der Abordnung vorbei und torkelte nach Hause ..."

Das lang gestreckt am Fluss entlang gebaute Dorf hat nicht nur eine lange Industrie- und Gewerbetradition, sondern auch eine besondere Flora und Fauna. Auf den Muldenwiesen kann man mit etwas Glück regelmäßig den Schwarzstorch beobachten. Die Mulde ist reich an Forellen. Und weil sie an dieser Stelle noch Bergbach statt Tieflandfluss ist, kommen hier auch einige seltene Fischarten vor, zum Beispiel die Westgroppe, die klares, schnell fließendes, sauerstoffreiches Wasser braucht und sich unter Steinen versteckt. In guten Beständen lebt hier auch das selten gewordene aalartige Bachneunauge, dessen Larven mehrere Jahre im Sand eingegraben überstehen können.

Radwanderwege führen zu denkmalgeschützten bergbauhistorischen Wasseranlagen und zu den Talsperren Rauschenbach und Lichtenberg. Interessante Freizeitmöglichkeiten bieten auch Reiterhöfe und die 1996 erbaute Muldentalhalle. Das dort jährlich stattfindende Blasmusikfest lockt inzwischen Musikfreunde aus ganz Deutschland.

Markant im Ortsbild: der 25 Meter hohe Schornstein des historischen Dampfsägewerkes Drechsel. Es wurde 1880 als Brett- und Lohrmühle errichtet und bekam später einen Dampfantrieb. Eine Dampfmaschine von 1900, die übrige Ausstattung mit Transmissionen von 1920 machen das 1985 geschlossene Sägewerk als technisches Denkmal interessant.

Der „Förderverein Technische Denkmale" hat sehr viel Arbeit hineingesteckt, um das Sägewerk wieder in Funktion vorführen zu können und dann noch einmal, um die Schäden der Augustflut zu beseitigen.

Deutsche Markenware made in Mulda

Viele Freiberger wissen gar nicht, dass in Mulda eine Firma beheimatet ist, deren Erzeugnisse in die Liste der typischen deutschen Markenprodukte aufgenommen wurde. Im Buch „Deutschen Standards - Marken des Jahrhunderts" steht „Berlebach" aus Mulda thematisch passend neben dem Kamerahersteller „Leica".

Unter Fotoprofis sind die Eschenholz-Stative der Marke Berlebach längst ein Klassiker. Bereits 1898 begann Peter Otto Berlebach, in Mulda auf einem Grundstück mit wasserbetriebener Sägemühle Fotostative aus diesem speziellen Holz zu fertigen. Die Fotografie war noch jung, aber schon wenige Jahre später waren Berlebach-Produkte bis nach Übersee gefragt.

Und sind es noch heute. Das mag den Amateur verwundern angesichts der Vielzahl der zusammenklappbaren Leichtmetall- und Kunststoffstative auf dem Fotomarkt. Doch anspruchsvolle Fotografen wissen die Eschenholzstative überaus zu schätzen, insbesondere bei sehr langen Brennweiten oder bei Mittel- und Großformatkameras.

Es ist verblüffend für Laien, welche Lasten die hölzernen Stativbeine mühelos tragen können. „Im Verhältnis von Eigengewicht zur Belastbarkeit ist Eschenholz konkurrenzlos gut", meint Firmenchef Wolfgang Fleischer. Doch der wichtigste Vorzug von Eschenholz gegenüber anderen Materialien besteht darin, dass es so hervorragend schwingungsdämpfend ist.

Praxistests für Fachzeitschriften berichten wiederholt, dass es in dieser Hinsicht sogar noch besser als Metall oder Carbon ist. Nicht einmal elektronischer Verwacklungsschutz kann es mit den besonders ausgesuchten Hölzern aufnehmen.

Wolfgang Fleischer, langjähriger Berlebach-Mitarbeiter, hatte 1993 nach schwierigen Verhandlungen von der Treuhand Grundstück, Anlagen und Namen kaufen können und sorgte dafür, dass in der ältesten deutschen Stativfabrik heute noch produziert wird. Mit zunächst sieben Mitarbeitern nahm er die Produktion wieder auf, investierte in moderne Maschinen und Anlagen und suchte nach neuen Märkten in Übersee. Heute exportiert Berlebach wieder in mehr als fünfundzwanzig Länder. Das Sortiment ist erweitert und umfasst nicht nur Stative für Foto- und Videokameras, sondern auch für Vermessungsgeräte, Zielstöcke für den Schießsport und Stative für astronomische Ferngläser bis 80 Kilo Gewicht. Das ist eine besondere Herausforderung. Je höher die Vergrößerung, um so vibrationssicherer muss das Stativ sein, damit die unendlich weit entfernten Objekte überhaupt noch fixiert werden können.

Ein himmlisches Orchester

Was heute der Musikwinkel im Vogtland, war im 16. Jahrhundert Randeck, das heute in Mulda liegt: ein Zentrum des sächsischen Musikinstrumentenbaus.

Das würde vielleicht kaum noch jemand außer den Muldaer Heimatforschern wissen, denn wo sind schon noch Musikinstrumente aus der Renaissance erhalten? Doch eine besondere Hinterlassenschaft sorgte dafür, dass Instrumente aus Randeck bewahrt wurden und in das Interesse der Musikwelt rückten. Als Bildhauer Nosseni vor mehr als 400 Jahren den Engeln in der Begräbniskapelle des Freiberger Domes echte Musikinstrumente in die Hände gab, anstatt welche von Bildhauern gestalten zu lassen, sorgte er unbeabsichtigt dafür, dass ein ganzes Renaissanceorchester erhalten blieb - eine Sensation für die Fachwelt.

Bereits bei Untersuchungen in den sechziger Jahren des vergangenen Jahrhunderts wurden in vier Instrumenten Zettel gefunden, die auf die Geigenbauer Paul Klemm und Georg Klemm aus Randeck verweisen. Inzwischen haben die Forschungen des Musikinstrumentenmuseums der Universität Leipzig ergeben, dass der größte Teil der Instrumente in den Händen der Engel aus Randeck stammt.

Die Muldaer Ortschronik führt den Ursprung des Musikinstrumentenbaus übrigens auch auf einen Klemm, den 1577 verstorbenen „Forst- und Jagdpfeifer Klemm", zurück. Später wurden hier auch Orgeln gebaut, und die Ortschronik legt ziemlich überzeugend dar, dass auch die Gehilfen, die Gottfried Silbermann beim Bau seiner ersten Orgel für Frauenstein unterstützten, aus Randeck kamen. Bis ins 18. Jahrhundert wurden in Randeck Streichinstrumente gebaut - dann verlagerte sich die Herstellung ins Vogtland, in den Raum um Markneukirchen.

Mühlenbauer - ein rar gewordenes Handwerk

Der Weg ist ausgeschildert, aber bald braucht man nur noch dem unverkennbaren Duft von frisch geschnittenem Holz zu folgen. Auf dem Hof lagert gerade eine gewaltige Welle, in der nach Leim riechenden Werkstatt liegt ein gewaltiges Rad mit mehreren Metern Durchmesser.
Mühlenbauer Gottfried Schumann ist der letzte seiner Zunft in Sachsen, sein Betrieb in Mulda wahrscheinlich der älteste von den kaum einem Dutzend vergleichbarer in Deutschland. Seit 1878 und schon in der vierten Generation werden in seiner Firma Wasserräder, Hammerwerke, Öl- und Mahlmühlen restauriert und gebaut.

Gottfried Schumann hat Kunden weit über Sachsen hinaus, einige sogar im Ausland. Aufträge vom Deutschen Museum in München und vom Technischen Museum Wien zählen zu seinen Referenzen.
Der jetzige Firmenchef ging kaum zur Schule, da stand für ihn fest: Mühlenbauer und nichts anderes wollte er werden. Während er im väterlichen Betrieb Holz über den Hof karrte und den Männern bei der Arbeit zusah, wuchsen kindliche Neugier und Faszination. „Dann kam Anfang der sechziger Jahre das große Mühlensterben", erinnert er sich. „Bis dahin haben noch in vielen Orten kleine Mühlen das Mehl der kleinbäuerlichen Agrarbetriebe sorgfältig ausgemahlen, doch das alles wurde bewusst zerschlagen."
Gottfried Schumanns Vater Reinhold konnte seinen Beruf noch in einer Dresdner Mühlenbauerschule erlernen. Doch inzwischen ist das Handwerk so selten, dass keine Ausbildung mehr dafür gibt. Der Vater sah damals keine andere Chance als auf Metallbau umzurüsten. Mühlen rekonstruierte und baute er nur noch nebenbei, der Sohn lernte Werkzeugmacher.
1990 übernahm Gottfried Schumann - inzwischen „Anerkannter Kunsthandwerker" - den Betrieb. Der ist nun wieder fast durchgängig mit dem Mühlenbau ausgelastet. „Fördermittel machten es möglich, dass es viele technische Denkmale wieder restauriert werden, auch viele Vereine engagieren sich", sagt er. Etliche bekannte technische Denkmale Sachsens hat er wieder mit instand gesetzt - von der Saigerhütte in Olbernhau bis zum Dorfchemnitzer Eisenhammer. Am lebhaftesten in Erinnerung ist ihm noch die Montage des neuen Mühlrades für das Frohnauer Hammerwerk. Denn die fand in einem Januar statt und so standen er und seine Leute bei der Montage knietief in eiskaltem Wasser.
Sachsen ist reich an Mühlen, sagt der Fachmann. Allein zu den Mühlentagen sind hier rund 120 technische Denkmale zu besichtigen. Zu den Öl- und Mahlmühlen und auch einigen Windmühlen im Leipziger Raum kommen in den einstigen Bergbaugebieten noch viele Hammerwerke. In seine eigene Firma pilgern zum alljährlich am Pfingstmontag beinahe 1.000 Besucher. Doch auch außerhalb des Mühlentages ist seine Werkstatt oft Ziel für Schulklassen, Vereine und Mühlenfans.
Nicht nur aus Geschäftsinteresse ist Gottfried Schumann im Vorstand des Deutschen und des Sächsischen Mühlenvereins aktiv. Seine Faszination für Mühlen ist ungebrochen. Er mag die stete Bewegung der Räder im Wasser,

die Vielseitigkeit seines Berufs, in dem Holz- und Metallverarbeitung gleichermaßen beherrscht werden müssen, vor allem aber die historische Seite des selten gewordenen Handwerks.

Einmal hat er eine Hadernstampfe nur nach Unterlagen aus der Zeit um 1600 komplett neu gebaut. Die Maßangaben dafür musste er erst von Zoll und Elle in herkömmliche Angaben umrechnen, aber das habe tadellos funktioniert.

Das größte Wasserrad, das er gebaut hat, war für ein Bergbaumuseum bestimmt und hatte mehr als neuneinhalb Meter Durchmesser.

Manchmal macht sich Gottfried Schumann schon Gedanken, ob sein Handwerk nicht ausstirbt, wenn die staatliche Förderung für solche Rekonstruktionen wegfällt.

Doch er tut, was er kann, hat auch maßgeblich bei der Wiederherrichtung des alten Muldaer Sägewerkes geholfen. Dabei waren nicht nur seine handwerklichen Erfahrungen Gold wert, sondern auch die vielen alten Kleinteile, die er in seinem riesigen Werkzeugschuppen aufbewahrt. Da stellte sich als Glücksfall heraus, dass er nichts weggeschmissen hat. Wer immer aus dem Ort etwas Spezielles zum Reparieren oder Restaurieren braucht, kommt vorbei und fragt nach „Schumanns Raritätenkiste". Selbst handgeschmiedete Nägel sind da fein nach Größe sortiert. Wo sonst findet man denn noch so was?

Der Sauensäger von Mulda

Wenn Förster Andreas Martin mal so richtig die Sau raus lässt, kommen die Leute zu Hunderten, um das mitzuerleben. Dann greift er zur Motorsäge, die Menge hält den Atem an – und schon geht das Getöse los.

„Ich komme und mache ihren Stamm zur Sau", verspricht Andreas Martin auf seiner Homepage www.sauensaeger.de und meint das durchaus wörtlich. Aus dicken Baumstämmen schafft er mit erstaunlichem Geschick mit der Motorsäge allerlei Figuren und Skulpturen. Die Sauen sind dabei sein bevorzugtes Motiv – sie sind kompakt und über eine Sau kann jeder lachen, meint er und gibt unumwunden zu: „Je mehr Leute zuschauen, umso mehr Spaß macht die Sauerei."

Die Sache liegt ihm im Blut. Schon als er das zum ersten Mal in einem Partnerforstamt ausprobiert hat, geriet der Versuch vielversprechend. Den Umgang mit scharfen Werkzeugen ist ihm von den Vorfahren mütterlicherseits vererbt, erzählt er, denn die waren über viele Generationen Scharfrichter in der Gegend hier. Die künstlerische Ader stamme von der väterlichen Linie, denn über die ist er mit Ernst Rietschel verwandt, der vor rund 200 Jahren das berühmte Goethe und Schiller-Denkmal für Weimar schuf.

Inzwischen hat Andreas Martin mit seinem Geschick im Umgang mit der Motorsäge nicht nur deutsche Zuschauer verblüfft, sondern war sogar als Aktiver beim Schnitzertreffen in Roigdway, USA dabei.

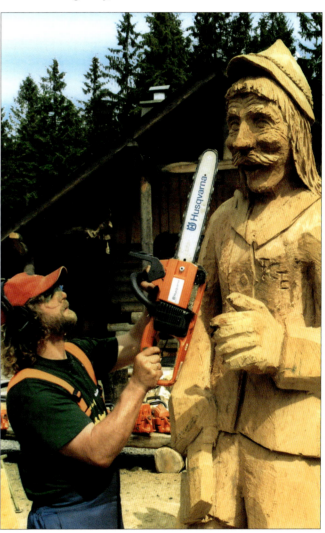

Doch der Muldaer sorgt nicht nur als „Sauensäger" für Abwechslung im Ort, sondern auch als Mitbegründer der Muldaer Jagdhornbläser. Wenn die zünftig gekleidete Gruppe mit den Parforce-Hörnern auftritt, macht das optisch und akustisch was her. Beim europäischen Jagdhornbläsertreffen konnten die Muldaer sogar schon erste bis dritte Plätze erkämpfen!

Attraktion von Randeck - eine Bahnlinie von 168 Metern Länge

Nach Feierabend eine gemütliche Runde hinterm Haus zu drehen ist für die meisten Zeitgenossen sicher nichts Außergewöhnliches. Es mit der eigenen 60-mm-Schmalspurbahn zu tun schon. Ulrich Klieboldt aus dem Muldaer Ortsteil Randeck hat sich auf diese ausgefallene Weise einen Kindheitstraum erfüllt und dabei gleich noch ein technisches Denkmal vor der Verschrottung bewahrt.

Der jetzige Bergassessor im Oberbergamt hat sich schon von klein auf für Bahnen begeistert. Und weil er sich sagte: Normalspur kann jeder, richtete er bald sein Interesse auf die nun sehr selten gewordenen kleinen Privatbahnen mit Spurweiten zwischen 500 und 900 Millimetern, die vor allem in Ziegeleien, Kies- und Tongruben, Steinbrüchen und Torfmooren zum Einsatz kamen.

In gewisser Weise habe das Hobby sogar die Berufswahl bestimmt, sagt er, denn auch im Bergbau sind solche Bahnen oft verwendet worden. Er studierte Bergbau in Clausthal-Zellerfeld und wechselte gleich 1992 nach Freiberg. „Ich wollte eigentlich von Anfang an hier studieren, aber das ging nicht. Nach dem Mauerfall aber war ich der erste Weststudent in Freiberg!"

Die Einzelteile für seine private Bahn hat er sich über Jahre deutschlandweit zusammengesucht, gekauft und vieles auch getauscht. So erhielt er die mehr als 70 Jahre alte Kletterdrehscheibe - die Bergleute sagen „Frosch" dazu -, mit der ein Mann allein einen zwei Tonnen schweren Förderwagen aus dem Gleis drehen kann, als Gegenwert für eine Flasche Magenwürze und einen Kasten Freiberger Bier.

Die tschechische Diesellok von 1963 ist eine besondere Rarität: Es gibt nur noch eine einzige außer seiner mit Originalmotor, erzählt Ulrich Klieboldt. Bei 3,1 Tonnen Dienstgewicht kann sie mit nur 15 PS auf ebener Strecke 50 Tonnen ziehen „Ganz robuste Technik!" Und da in der DDR aus gutem Grund Ersatzteile gehortet wurden, wo es nur ging, ist er zuversichtlich, dass das wertvolle Stück noch lange funktionieren wird.

Für das Gleisbett hat er 60 Tonnen Schotter gebraucht. Seit dem Frühjahr 2004 fährt das „Bähnle" auf einer 168 Meter langen Strecke hinter dem Haus der Familie.

Bei der Grundstückssuche war es von Anfang an ein Kriterium, ob hier Platz für die Bahn ist, erzählt lächelnd Ulrike Barbara Klieboldt, die mittlerweile ganz schön angesteckt ist vom Hobby ihres Mannes. Die nächste Erweiterung der Bahnstrecke ist schon geplant. Und über jeden Eisenbahnfan, der einmal eine Runde mitfahren will, freuen sich die Klieboldts.

Zethau - grün und grenzenlos

Die „Grüne Schule grenzenlos" in Zethau ist ein gefragter Treff für naturverbundene Mädchen und Jungen. Seit 1994 besteht sie im historischem Gebäudekomplex der alten Zethauer Schule als internationales Jugendbegegnungs- und Naturerlebniszentrum. Hier können die Kinder Natur erleben und erforschen. Bei den Jüngsten besonders beliebt: mit dem „Stülpner-Karl" durch Wald und Flur streifen.

Zethau ist stolz auf seine mehr als hundertjährige Sporttradition. Jeder fünfte Zethauer ist Mitglied der örtlichen Sportgemeinschaft. Die Favoriten unter den Disziplinen sind Fußball, Tischtennis, Kegeln und Volleyball. Stark ist auch der örtliche Reit- und Fahrverein, dessen Vorführungen wie hier auf dem Michelshof jedes Mal viele Zuschauer anlocken.

Gemeinsam mit der Freiwilligen Feuerwehr organisiert der Sportverein auch das jährliche Bockbierfest.
Das Zethauer Frühlingsfest wird vom Dorfclub auf die Beine gestellt. Es war nach dem begeistert gefeierten Schul- und Heimatfest von 1988 ins Leben gerufen worden.

Storchenheimat Helbigsdorf

In Helbigsdorf fühlen sich nicht nur die Helbigsdorfer wohl, sondern auch die Störche. Im Gewerbegebiet Heidemühle nistet seit 1990 regelmäßig auf einem ausgedienten Schornstein ein Storchenpaar. 1993 brütete es erstmals und zog drei Junge auf. Seitdem beobachten Anwohner und Naturfreunde hier regelmäßig eine Storchenfamilie mit Nachwuchs. Allerdings stellten sie zu ihrer Überraschung anhand der Beringung der Tiere fest, dass nicht einmal Adebare ewig treu sind. Es war keineswegs immer das selbe Paar, das dort brütete. Wer zuerst am Nest ankam, schnappte sich den nächstbesten Storchenpartner, der geflogen kam.
Es ist durchaus ungewöhnlich, dass Störche in dieser Höhenlage ein Nest bauen. Trotzdem war die Heidemühle zeitweise die einzige Stelle im Kreis Freiberg, an der ein Storchenpaar brütete und Junge aufzog.

Bild unten: Besonders kostbar in der Helbigsdorfer Kirche sind die Kanzel aus dem 17. Jahrhundert und die Silbermannorgel von 1728. Den Entwurf für die Umbauten in der Kirche und für den Prospekt hatte der Freiberger Domorganist Elias Lindner geliefert, nach dessen Vorlage auch der Prospekt der großen Domorgel in Freiberg gebaut wurde.

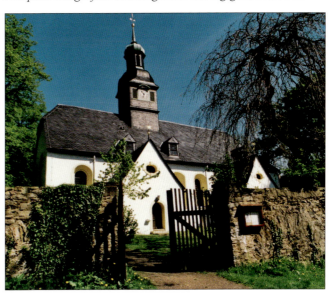

Neuhausen
Dracula und Mickey Mouse - Nussknacker in Variationen

Zu wahrem Ruhm ist erst gekommen, wer als Modell für einen Nussknacker dient, sagte einmal der Satiriker und Eulenspiegel-Autor Hans-Georg Stengl und bot bei der Gelegenheit gleich sein markantes Profil dazu an.
Der Neuhausener Jürgen Löscher hat es zu solchem Ruhm gebracht. Vor allem durch ihn ist in Neuhausen das ganze Jahr über Nussknacker-Saison. Weil seine Privatsammlung von Nussknackern solche Umfänge annahm, dass sie beim besten Willen nicht mehr in die gute Stube passte und sich regelmäßig auch noch ganze Busladungen verzückter Besucher da hindurch quetschten, gründete er 1994 in Neuhausen „Europas 1. Nussknackermuseum".
Das von seinem Sohn Uwe geleitete Museum mit Schauwerkstatt und Verkaufsraum ist nicht nur das erste, sondern mit Sicherheit auch das größte seiner Art. Mittlerweile ist die Sammlung auf 4.400 Nussknacker angewachsen - von der antiken, verzierten Zange bis zu amerikanischen Designerentwürfen mit Donald Duck und Mickey Mouse. Die Vorliebe der Amerikaner für Nussknacker ist ebenso sprichwörtlich wie rätselhaft; schließlich sind die Holzbeißer nicht gerade Teil ihrer Nationalkultur.
Ob Wikinger, Indianer, Dracula oder Mumie - nichts davon ist abwegig genug, um nicht doch zum Nussknacker gemacht zu werden. Selbst amerikanische Präsidenten und die deutsche Fußballnationalmannschaft von 1994 samt Bundestrainer sind in Neuhausen als gedrechselte Versionen zu sehen. Zumindest für die Fußballer aber war es nicht als Kompliment gemeint, als Vorlage für die Holzkerle zu dienen. Auf dem Sockel ist nämlich der Vorwurf angebracht, dass die Elf 1994 beim WM-Endspiel gegen Bulgarien verloren hatte. Ein enttäuschter Fan aus Marienberg hatte so seinen Frust an der Drechselbank ausgelassen.
Es war nur eine Frage der Zeit, bis Jürgen Löschner ohne es zu ahnen selbst zum Nussknackermodell wurde. Ein Freund schenkte ihm zum Geburtstag einen Nussknacker, der unverkennbar die Züge des Museumsgründers trägt.
Die kleinsten der Neuhausener Nussknacker messen gerade einmal ein paar Millimeter: Pyramidenfiguren in einer Haselnuss, gefertigt von Rolf Mudrak.

Die Amerikanerin Arlene Wagner sammelt Nussknacker und ist Stammgast im Neuhausener Museum.

Der größte steht vorm Museum und ist mit seinen knapp sechs Metern ins Guinnessbuch der Rekorde aufgenommen. Mit ihm hat Jürgen Löschner 1997 seinen eigenen Rekord geknackt, nachdem ihm die fast vier Meter Höhe für das Vorgänger-Modell plötzlich nicht mehr groß genug erschienen.

Die originelle Schau, das Nussknackerfest jeweils am ersten Juniwochenende und die Sammlerbörsen alle zwei Jahre zu Himmelfahrt haben dem Neuhausener Museum im In- und Ausland einen besonderen Ruf eingetragen. Zu den weit gereisten Gästen gehört regelmäßig die Amerikanerin Arlene Wagner, die selbst in Leavenworth nahe Washington ein Nussknackermuseum führt und bei jedem Besuch in Neuhausen aufs Neue in Verzückung über die aktuellsten Erwerbungen gerät.

Unlängst hat das Museum seine Ausstellung um einen „Wildwest-Teil" erweitert, in dem sich Nussknacker in Gestalt von Cowboys, Indianern, Südstaatlern und anderen markanten Formen gegenüber stehen, zum Frauentag 2004 wurde die Sonderschau „Die Frau als Nussknacker" eröffnet. Der gediegene Titel wirft die Frage auf, ob man künftig aus Gründen der politischen Korrektheit „NussknackerInnen" schreiben muss?

Manche mögen´s groß

Einen Hang zum Großen hat auch der Neuhausener Peter Gläßer, von Berufs wegen „Männelmacher". Aber „Männchen" kann man eigentlich schon nicht mehr sagen zu seinen Figuren. Das sind ausgewachsene Männer und manchmal auch Riesenkerle, bis dreieinhalb Meter hoch. Peter Gläßer hat sich auf die Herstellung von Großfiguren spezialisiert. Damit hat er es auch schon zweimal ins Guinnessbuch der Rekorde geschafft: mit einer Spieldose von viereinhalb Meter Durchmesser und mit einem 2,51 Meter hohen Räuchermann.

„Der räuchert auch", versichert Peter Gläßer. Der Bursche - gemeint ist der aus Holz - hat sogar einen ganz schönen Zug. Zwölf Räucherkerzen auf einmal hat er beim ersten Leistungstest „weggepustet".

Peter Gläßers Fichtenholzfiguren sind nicht aus massivem Holz, sonst wären sie viel zu schwer. Ihre Körper sind wie ein Fass aus Leisten geböttchert und verleimt. An der Drechselmaschine und beim Bemalen sind sie aber so sauber bearbeitet, dass man das nicht sieht und glaubt, sie wären aus einem Stück. Die Aufträge kommen von Kaufhäusern, Messeausstellern, aber auch von Privatleuten, die sich eine besonders auffällige Dekoration in den Garten stellen wollen.

Mittlerweile hat Peter Gläßer sogar Kunden in den USA, die natürlich - wie könnte es anders sein - ein paar extravagante Wünsche haben. So kam ein Tourist aus Chinatown in San Francisco in Gläßers Werkstatt und orderte einen Nussknacker mit Braut. Das Paar muss ihm aber gefallen haben, denn prompt kam die nächste Bestellung.

NEUHAUSEN 141

Rekordverdächtiges am Schwartenberg

Neuhausen zählt zweifellos zu den beliebtesten Reisezielen im Erzgebirge. Die Gründe dafür sind vielfältig: die schöne Lage am Fuße des Schwartenberges, die unmittelbare Nachbarschaft zum Spielzeugort Seiffen und die vielfältigen Freizeitmöglichkeiten. Der hiesige Tourismusverein sorgt dafür, dass den Gästen wirklich eine Menge geboten wird. Es gibt viele Wandermöglichkeiten in schöner Natur, renommierte Wintersportveranstaltungen wie die Sachsenmeisterschaften im Skilanglauf oder den Schwartenberglauf und mittlerweile fünf Museen! Damit dürfte Neuhausen für einen Ort seiner Größe einen Rekord aufgestellt haben.

Schloss Purschenstein - der zentraler Punkt im Ortsbild von Neuhausen. In der ersten Hälfte des 13. Jahrhunderts ließ der böhmische Graf Borso hier eine Zoll- und Geleitburg errichten. Von ihm ist auch der einstige Name „Borsinstein" abgeleitet, was später zu Purschenstein verballhornt wurde und zu der recht freien Interpretation führte, die Raubritter der Rechenberger Burg hätten einst auf Frauenstein ihre Frauen, auf Purschenstein ihre Burschen und in Pfaffroda den Pfaffen untergebracht.
Von der alten, wehrhaften Burg ist unter anderem noch der 42 Meter hohe Bergfried erhalten. Von 1389 an war auf Purschenstein das Geschlecht derer von Schönberg ansässig. Im 16. Jahrhundert wurde die einstige Burg zum Schloss im Renaissancestil umgebaut, seitdem aber mehrfach verändert. Hier hingen einst auch mehrere Gemälde des Malers Ferdinand Rayski, dessen Förderer die von Schönbergs waren. Als die Schlossbesitzer 1945 enteignet wurden, konnten die Bilder gerettet werden, weil aufmerksame Zeitgenossen sie in die Staatlichen Kunstsammlungen Dresden brachten. In der DDR-Zeit war das Schloss FDGB-Klubhaus, wurde aber im April 1989 durch einen Großbrand zu großen Teilen zerstört.

Inzwischen ist es äußerlich wiederhergestellt und wird nach und nach auch nutzbar gemacht. 1997 eröffneten Schlossgaststätte und Café im Erdgeschoss, im April 2000 das Motorradmuseum. Hier sind alle in der DDR gebauten und importierten Großserien-Motorräder ausgestellt, sogar das als „Hühnerschreck" bekannte Fahrrad mit Hilfsmotor MAW und so seltene Stücke wie der „Pitty" aus Ludwigsfelde. Die Sammlung ist von Familie Schwarz aus Warmbad bei Zschopau zusammengetragen worden.

Sehenswert ist auch das im Mai 1996 eröffnete Glashüttenmuseum in der um 1750 erbauten Purschensteiner Fronfeste am oberen Schlossteich. Es beherbergt einmalige Zeugnisse vom Glasmachen im Erzgebirge, die bis in die Besiedlungszeit um 1200 zurückreichen.
Im jetzigen Neuhausener Ortsteil Heidelbach war 1488 eine Glashütte errichtet worden, die eine große Tradition begründete und einen ausgezeichneten Ruf besaß. Bis in die Mitte des 19. Jahrhunderts wurde hier nicht nur einfaches Gebrauchs- und Scheibenglas gefertigt, sondern auch sehr kunstvolle Erzeugnisse für den Dresdner Hof

und andere vermögende Auftraggeber. Ein Beispiel für die Kunstfertigkeit der Heidelbacher Glasmacher sind die emailbemalten runden Glasscheiben von 1602 mit den Evangelisten, die für die Hauskapelle von Schloss Purschenstein gestaltet wurden und nun im Museum zu sehen sind.

Die Ausstellung informiert nicht nur über die Geschichte der Glasbläserei im Erzgebirge, sondern gibt auch interessante Einblicke in die Wechselwirkung zwischen Glas- und Holzgestalten im „Seiffener Spielzeugwinkel". Gelegentlich sind dort Glashandwerker bei der Arbeit zu erleben.

Stuhl für Riesen

Der 150-jährigen Stuhlbauertradition in Neuhausen ist das ebenfalls von Jürgen Löschner begründete Stuhlmuseum gewidmet. Zeitweise gab es im Ort vierzehn Stuhlfabriken mit bis zu 900 Mitarbeitern.

Wie aus Brettern Stühle werden, veranschaulicht nun das in einer alten Stuhlfabrik eingerichtete technische Museum. Ergeben hat sich das eher zufällig. Als Löschners ein Grundstück für die Erweiterung des Nussknackermuseums kauften, gehörte die Parzelle mit der einstigen Fabrik der „Vereinigten Sitzmöbelindustrie Neuhausen" dazu. Zum Abriss fanden sie die Fabrik zu schade. Viele ehemalige Stuhlbauer steuerten für die Ausstellung noch Werkzeug und weitere Exponate bei. Zur Eröffnung im August 2000 kamen so viele Gäste, dass ausgerechnet in einer Stuhlfabrik die Stühle knapp wurden.

Und Jürgen Löschner wäre nicht er selbst, hätte er nicht zusammen mit Werner Klemm auch für dieses Museum was besonders Großes gebaut. So schufen sie einen 3,83 Meter hohen Stuhl, dessen Sitzfläche stattliche 1,60 x 16,60 Meter Kantenlänge aufweist. Das überdimensionierte Sitzmöbel ist übrigens die maßstabsgerechte Vergrößerung eines Stuhls, der in dem Werk mehr als eine Million mal gebaut wurde. Sie haben ihn nie im Konsum- oder HO-Kaufhaus gesehen? Kein Wunder, die schönen Stücke waren durchweg für den Export bestimmt, unter anderem nach Großbritannien und in die Sowjetunion.

Abheben vom Berg

Der 789 Meter hohe Schwartenberg zwischen Neuhausen und dem Nachbarort Seiffen ist nicht nur ein beliebtes Ausflugsziel für Wanderer, sondern auch ein beliebter Startpunkt für Drachen-, Gleitschirm- und Ultraleichtflieger.

Der Flugsport - eingeschlossen der Modellflugsport - hat in Neuhausen eine lange Tradition. Begründet wurde sie durch den in Fliegerkreisen berühmten Segelfluglehrer Hans Neelmeijer, den späteren DDR-Nationalmannschaftstrainer im Flugzeugmodellbau, der selbst mehrfacher DDR-Meister war und etliche DDR- und sogar Weltmeister zum Erfolg gebracht hat. Jahrzehntelang wurde in Neuhausen der Modellflugsport gepflegt. Nach der Wiedervereinigung konnte sich der Verein endlich auch dem Drachen-, Gleitschirm- und Ultraleichtfliegen zuwenden.

Als einziger im Osten Deutschlands hat sich der Flugsportverein Schwartenberg auf Magnetsegler im Modellbau spezialisiert - eine besonders sportliche und knifflige Variante, denn diese Modelle müssen sich ohne Motor und ohne Fernsteuerung in der Luft halten.

Die Chronik, die der Vereinsvorsitzende Roland Richter führt, ist inzwischen auf mehrere tausend Seiten angewachsen. Zu den größten Erfolgen zählen Medaillen bei Europa- und Weltmeisterschaften; 2003 wurde Vereinsmitglied Holger Süßmann sogar Juniorenweltmeister im Modellflugsport.

Jedes Jahr von Himmelfahrt bis zum darauf folgenden Sonntag veranstaltet der Verein Flugsporttage am Schwartenberg. Wenn Wetter und Windrichtung stimmen, kommen dazu tausende Schaulustige.

Deutschgeorgenthal war von Holzfällern im 16. Jahrhundert gegründet worden. Als 1604 die Grenze zwischen Böhmen und Sachsen neu vermessen wurde, lag plötzlich ein Teil des Dorfes auf böhmischer Seite, der Rest blieb sächsisch. Ein Grenzübergang für Fußgänger und Radfahrer verbindet heute beide Teile.

Rauschenbach: Eine Wanderung über die Staumauer der Talsperre Rauschenbach im oberen Flöhatal bietet einen faszinierenden Blick auf Rauschenbach, Neuhausen und den Schwartenberg.
Die Talsperre wurde zwischen 1961 und 1967 errichtet, um Chemnitz mit gutem Wasser zu versorgen. Der 2,5 Kilometer lange Stausee hat eine Fläche von rund 100 Hektar, ein Zehntel davon liegt auf tschechischem Gebiet.

In Cämmerswalde locken Flugzeuge am Boden

Eine im Wortsinne große Rarität hat Cämmerswalde zu bieten: Mitten im Feld stehen da zwei ausgediente Flugzeuge, eine IL 14 und eine MIG 21.
Die erste Maschine war schon 1973 von der Gemeinde gekauft worden, um Gästen in dem Urlaubsort etwas Unverwechselbares zu bieten. In der ausrangierten IL 14 wurden die Sitze so herumgedreht, dass man jetzt am Vierertischchen sitzen und seinen Kaffee trinken kann - und das nicht aus Plastbechern wie bei einem Flug, sondern aus Porzellantassen. Ansonsten ist das 1959 gebaute

Neuwernsdorf: Technisch anspruchsvoll und spektakulär war der Bau der neuen Brücke in Neuwernsdorf über die Rauschenbachtalsperre. Im Sommer 2003 wurden die jeweils 500 Tonnen schweren und 19 Meter lange Fahrbahnteile über die Pfeiler geschoben. Rund ein Jahr später rollten die ersten Fahrzeuge über die neue Brücke.

Flugzeug noch weitgehend in Originalzustand. Es ist eines der 84 Flugzeuge, die in der legendären Dresdner Flugzeugfabrik gebaut wurden, bis dort die Produktion auf Befehl von oben eingestellt werden musste.

1991 haben Birgit und Dietmar Hetze das Grundstück übernommen, das Flugzeug von der Gemeinde abgekauft und kräftig an der „Gaststätte am Flugzeug" gebaut. Bald machten sie sich auf die nicht leichte Suche nach einem weiteren Flugzeug, hätten beinahe einen Hubschrauber bekommen und konnten schließlich vom Flugzeugmuseum Cottbus eine der beiden dort ausgestellten MIGs kaufen. Siebzehn Meter lang und elfeinhalb Meter breit ist das ehemalige Militärflugzeug, das bis 1992 noch im Einsatz war. Der Hertransport war deshalb nicht einfach, das Flugzeug musste dafür zerlegt werden, erzählt Dietmar Hetze.

Zu den Besuchern seiner Gaststätte zählen viele Flug- und Flugzeugbauveteranen. Die kann er leicht auseinanderhalten: Einstige Dresdner Flugzeugbauer marschieren schnurstracks auf die Passagiermaschine zu und geraten sofort ins Fachsimpeln, ehemalige Militärs halten sofort auf den Jagdflieger zu.

Die Neuhausener zählen die beiden ausgestellten Flugzeuge als ihr fünftes Museum.

Nur wenige wissen, dass der Schöpfer des berühmten „Dresdner Fürstenzuges", Professor Wilhelm Walter, 1826 in Cämmerswalde geboren wurde. Sein Vater war Förster auf Schloss Purschenstein, doch der Sohn wurde als Schüler an der Dresdner Kunstakademie angenommen und war dort später auch Professor.

Den 101 Meter langen Fürstenzug schuf er als Wandgemälde zwischen 1864 und 1876. Darauf stellte er fünfundvierzig sächsische Fürsten und Könige zu Pferd dar, die von achtundvierzig Personen zu Fuß begleitet werden. Damit das Werk dauerhaft erhalten bleibt, wurde der Fürstenzug 1904 auf 24.000 Meißner Porzellanfliesen gebrannt. Die kostbare Arbeit wurde beim Bombenangriff auf Dresden stark beschädigt und 1979 umfassend restauriert.

Niederschöna

"Die Ecke werde ich mir künftig mercken!"

Am Rande des Tharandter Waldes, des schönsten Waldes in Sachsen - so beschreiben die Einwohner von Niederschöna, Hetzdorf und den anderen Ortsteilen gern die Lage ihres Heimatdorfes. Aber die „schöne Aue" steckt ja schließlich schon im Ortsnamen.

Die Gegend ist nicht erst in den letzten Jahrzehnten zu einem beliebten Ausflugsziel geworden.

Schon die sächsischen Herrscher hatten dieses Fleckchen zum bevorzugten Jagdrevier auserkoren. Kurfürst Friedrich August II, als König von Polen August III. genannt, soll hier sogar gesagt haben: „Die Ecke werde ich mir künftig mercken!" Da hatte er im hiesigen Forst gerade einen 28-Ender geschossen. Bei der Bewertung der weidmännischen Leistung darf allerdings nicht übersehen werden, dass um die 300 Treiber dem König die Beute vor die Flinte gelotst haben, so dass wirklich nichts schief gehen konnte. Natürlich musste solch ein „Meisterschuss" angemessen gepriesen werden. Der Forstmeister - was mag er dabei nur für Hintergedanken gehabt haben? - gab eine Jagdsäule in Auftrag, die das Ereignis mit einer ausführlichen Inschrift würdigt. Die Säule war eine Zeitlang verschwunden, wurde dann von Heimatforschern wieder ausfindig gemacht und 1997 auf Initiative des Heimatvereins Hetzdorf an einem Wanderrastplatz im Tharandter Wald aufgestellt und feierlich eingeweiht.

Selbst ausländische gekrönte Häupter haben Niederschöna besucht. Die Ortschronik berichtet, dass am 17. Oktober 1711 der russische Zar Peter I. hier in die damals sehr bedeutende Grube König-August-Erbstolln eingefahren ist und selbst „eine gute Weile" vor Ort gearbeitet haben soll. Wie lang auch immer „eine gute Weile" sein mag, wenn ein Herrscher Eisen und Schlägel in der Hand hält. Aber Peter I. war ja tatsächlich eher von der praktischen Sorte.

Sagenhaft: Wie die „Hunz-Kapelle" zu ihrem Namen kam

Einer Sage nach soll der Teufel höchstpersönlich den Bau der ersten Niederschönaer Kirche sabotiert haben. Das Mauerwerk sei an allen Ecken und Enden „verhunzt" gewesen, jeden Morgen hätten die Bauarbeiter es sogar niedergerissen gefunden, die Steine seien den Berg hinabgekullert. Deshalb wurde die Kirche schließlich an anderer Stelle gebaut - eben da, wo sie heute noch steht.

Aber der erste Bauplatz heißt seitdem „Hunz-Kapelle" (oder „Hunds-Kapelle"), und in der Nähe lagen noch lange Zeit große Granitblöcke herum, berichtete ein Niederschönaer Lehrer, der die Geschichte um 1915 niederschrieb. Ortschronistin Christine Zimmermann fand heraus, dass diese Sage schon vor Jahrhunderten in Niederschöna bekannt gewesen sein muss: Im Taufregister von 1630 fand sie einen Eintrag, bei dem „an der Hunds Kirche" als Wohnangabe vermerkt ist.

Die Pfarre Niederschöna. Auch die Niederschönaer Kirche besitzt eine Silbermannorgel. Der Meister baute sie 1715/16, also kurz nach Vollendung der großen Freiberger Domorgel, für 525 Taler. Seit vielen Jahren Tradition ist hier das Pfingstkonzert jeweils am Pfingstmontag.

Schön erhaltene Fachwerkhäuser sind in Niederschöna in großer Zahl anzutreffen. Um den Erhalt des Vierseitenhofes Untere Dorfstraße 3 bemüht sich eine Fachgruppe mit großem Einsatz, die das Ensemble nicht nur wiederherrichten, sondern zum Zentrum für das Vereinsleben im Ort ausbauen will. Das Fachwerk ist mindestens 200 Jahre alt; das Fichtenholz für die Scheune wurde sogar schon 1568/69 gefällt, wie Untersuchungen ergaben. Eine Besonderheit ist die offene Galerie über dem Stall, die das Wohnhaus mit der Scheune verbindet.

Strom und Wärme aus Gülle und Restfutter werden in der Biogasanlage der Agrargenossenschaft Niederschöna e.G. erzeugt. Bei 38 bis 40 Grad Celsius wandeln Bakterien die organischen Ausgangsstoffe in Methangas um. Den aus dem Methan gewonnenen Strom speist die Genossenschaft ins öffentliche Netz, die Wärme nutzt sie für den eigenen Betrieb. Erfreulicher Nebeneffekt: Nach dieser Behandlung ist die Gülle fast geruchsfrei, wenn sie zum Düngen auf die Felder ausgebracht wird. In der Milchviehanlage der Agrargenossenschaft Niederschöna stehen 1.200 Kühe.

Der Sandstein aus Niederschöna hat unter Geologen, Gesteinskundlern und Fossilienforschern einen besonderen Ruf. In seinen Schichten sind noch deutlich die Spuren eines gewaltigen Flusses aus der Kreidezeit zu erkennen, der in unmittelbarer Nähe in ein Meer gemündet haben muss. Der heute noch zugängliche Teil ist deshalb auch nicht zuletzt ein wichtiges Lehr- und Studienobjekt für Studenten der Bergakademie.
In der Vergangenheit wurden schon bald nach der Besiedlung der Region mehrere Sandsteinbrüche um Niederschöna betrieben. Aus hiesigem Sandstein wurden bereits um 1230 zwei romanische Portale für das Kloster Altzella gefertigt, aus einem in der Nähe - aber schon auf Grillenburger Flur - gelegenen Steinbruch stammt der Sandstein für die Goldene Pforte des Freiberger Domes. Aus Niederschönaer Sandstein sind die Freiberger Postmeilensäulen, aber auch Fenstergewände und anderer Häuserschmuck für viele Bauten in Freiberg, Dresden, Meißen und anderen Städten.

Oberschaar - Kopie oder Original?

Besonders bemerkenswert in der mittelalterlichen Dorfkirche von Oberschaar ist das 1662 gestiftete Altargemälde. Es ist die Kopie eines Gemäldes des berühmten flämischen Malers Anthonis van Dyck, der ab 1632 sogar Hofmaler in England war und die englische Porträtmalerei nachhaltig beeinflusste. Wie die Ortschronik von Oberschaar belegt, wurde offensichtlich erst 1913 entdeckt, dass dieser „Christus am Kreuz" auf ein so bedeutendes Vorbild zurückzuführen ist. Damals hatte der Pfarrer die „Königlich-Sächsische Kommission zur Erhaltung von Kunstdenkmälern" um die Restaurierung des Bildes gebeten, die das Werk untersuchte und zu dem Schluss kam, es sei von einem geschickten Maler nachgeahmt worden.

Erholung finden in und um Hetzdorf

Seit mehr als hundert Jahren schon ist Hetzdorf ein beliebter Erholungsort. Die Voraussetzungen dafür sind auch bestens: die schöne Lage am Wald, ein umfangreiches Netz an Wanderwegen mit einladenden Rastplätzen, das Freizeit- und Erlebnisbad Sumpfmühle, das entgegen seinem Namen klares Wasser aufweist. Vor einigen Jahrzehnten hatten die Hetzdorfer in freiwilliger Arbeit das Gelände an der „Sumpfmühle", einer ehemaligen Öl- und Walkmühle, zum Freibad umgestaltet.

Prägend für das Ortsbild von Hetzdorf ist die 1997 eröffnete „Klinik am Tharandter Wald", ein modernes Rehabilitationszentrum für Orthopädie, Neurologie und Innere Medizin/Kardiologie.

Der sehr rührige Heimatverein unter Leitung von Christian Haubold stellt für Einheimische, Urlauber und Klinikpatienten jede Menge auf die Beine - von Wanderungen über Sport und Vorträge in der Freizeithalle bis zum Hetzdorfer Waldparkfest alle zwei Jahre am letzten Augustwochenende. Besonders beliebt sind die Osterwanderungen am Karfreitag, bei denen bis zu 500 Teilnehmer von der Klinik aus starten. Für die Patienten organisiert der Heimatverein alle vierzehn Tage eine geführte Wanderung und organisiert Vorträge. Gut besucht sind auch die Ausstellungen und Diavorträge von Pilzberater Jochen Schaller - schließlich lockt der Tharandter Wald jede Menge Pilzsucher.

Eine Arche für bedrohte Tiere

Vom Aussterben bedrohte Haustierrassen wie die rechts abgebildeten Skudden-Schafe, ebenso Thüringer Waldziegen, Exmoor-Ponys und Kaninchen der Rasse Meißner Widder züchtet der „Förderverein Schulbauernhof Hetzdorf e.V." in Hetzdorf. „Es geht darum, die genetische Vielfalt zu erhalten. Außerdem sind diese Tiere lebendiges Kulturgut", begründet Initiator Gabriel Leithaus sein Engagement. Die Gesellschaft zur Erhaltung alter, gefährdeter Haustierrassen würdigte seine Arbeit mit dem Qualitätstitel „Arche-Hof".

Der Förderverein engagiert sich dafür, dass künftig noch mehr Schulklassen, Biologielehrer und andere Interessenten den Archehof kennen lernen. In jüngster Zeit hat Gabriel Leithaus auch begonnen, selten gewordene Kartoffel- und Gemüsearten anzupflanzen.

Bergmännische Motive sind das bevorzugte Motiv von Zinngießermeister Reiner Küchenmeister aus Erlicht. Er gestaltet sie auf Leuchtern, Bechern und sogar als filigranen Baumbehang für Weihnachten. Mitte der achtziger Jahre hatte Reiner Küchenmeister sein langjähriges Hobby zum Beruf gemacht und einige Zeit später sogar die Meisterprüfung in diesem selten gewordenen Handwerk absolviert. Besonders gern entwirft und gestaltet er neue Motive.

Pikanter Streit um Haidas Gründung

Mit der Entstehung Haidas war eine Kontroverse mit allerhöchsten Kreisen verbunden, die heute ebenso unterhaltsam wie bedeutungsschwer vorkommt. Christine Zimmermann hat sie nach einer dicken Akte von 1755 rekonstruiert und im Gemeindeblatt veröffentlicht.

In besagtem Jahr nämlich wollte der Besitzer von Oberschaar, ein Freiberger Steuereinnehmer (!) namens Friedrich Ettenhuber, zwischen Oberschaar und Hutha ein paar Häuser bauen lassen. Das rief den Förster auf den Plan, der schnurstracks seinen Vorgesetzten informierte, dass dies ja nun einen Ort „von dem allerbesten Wildbrets-Wechsel" betreffe. Er erinnert an den 28-Ender, den der Kurfürst da geschossen hatte und daran, dass Ihre Majestät sich diese Ecke ja künftig merken (sprich: reservieren lassen) wolle. Da müssen bei dem Oberforst- und Wildmeister namens Herdeegen alle Alarmglocken geklingelt haben, denn bei ihm handelte es sich genau um jenen eifrigen Untertan, der die Jagdsäule in Auftrag gegeben hatte, mit der Augusts „Meisterschuss" gewürdigt wurde.

Herdeegen verbot dem Ettenhuber bei 20 Talern Strafe, ohne Erlaubnis irgendwelche Häuser zu bauen. Doch der clevere Steuereintreiber hatte das wohl kommen sehen, schon vorher den Kurfürsten um Bauerlaubnis gebeten und triftige Gründe dafür angeführt.

Die Sache zog sich monatelang hin, bis schließlich bei einem „Lokaltermin" eine Kommission die für den Häuserbau in Frage kommende Fläche sorgfältig bemaß und dem Bauherren diverse Auflagen erteilte. So hatte er gefälligst zu sichern, dass in den neuen Häusern „keine Diebe oder andere liederlichen Leute" auftauchten. Ettenhuber sagte zu - was blieb ihm auch anderes übrig? Aber auf die erforderliche schriftliche Genehmigung wartete er im nächsten Jahr immer noch. „Irgendwann ist sie schließlich doch gekommen, sonst wäre Haida heute öd und leer", meint Christine Zimmermann. „Wir wissen jedoch, dass der erste Spatenstich nicht vor dem Jahr 1756 erfolgt ist."

Niederwiesa

Nahe der Großstadt und doch im Grünen

„In Lichtenwalde die Kultur, in Braunsdorf die Natur", wirbt Niederwiesa mit den attraktivsten Seiten seiner Ortsteile. Aber auch die Kerngemeinde selbst hat einiges zu bieten: das in den letzten Jahren neu gestaltete Ortszentrum, die gute Infrastruktur und die außergewöhnliche Lage mitten im Grünen in schönster Landschaft und doch nur wenige Autominuten von Chemnitz entfernt machen Niederwiesa zu einer attraktiven Wohnadresse.

Niederwiesa, Lichtenwalde und Braunsdorf liegen inmitten eines 800 Hektar großen Landschaftsschutzgebietes mit vielen selten gewordenen Tieren und Pflanzen. Mehr als siebzig Kilometer Wanderwege laden ein, das reizvolle und sagenumwobene Zschopautal zu erkunden. Hier entlang führt sogar der internationale Randwanderweg nach Budapest.

Schloss Lichtenwalde, das sich zu einem wahren Kleinod für Sachsen entwickelt hat, bietet eine Vielzahl an Veranstaltungen, die Besucher in großer Zahl anziehen. Und dann hat Niederwiesa selbst auch noch einiges für historisch Interessierte aufzuweisen.

Findiger früher Fotoreporter

Dem Fotografen und Filmpionier Clemens Seeber, der 1886 sein Atelier im damaligen Oberwiesa einrichtete, sind heute viele historische Aufnahmen zur Ortsgeschichte zu verdanken. Seit 2002 trägt die Niederwiesaer Grundschule seinen Namen. Mit Blick auf die Namensverleihung hatte der aus Niederwiesa stammende Künstler Gerhard Morgenstern eine Büste von Seeber geschaffen und der Schule geschenkt. Bei der Gelegenheit erforschte er auch gleich noch die Vita von Seeber und dessen in der Filmgeschichte ebenfalls bedeutenden Sohn Guido.

Clemens Seeber, so berichtet er, war immer auf dem neuesten Stand der technischen Entwicklung der Fotografie und einer der ersten Bildreporter Deutschlands. Für diese Arbeit konstruierte er ein „photographisches Tricycle", ein dreirädriges Fahrrad mit drehbarer Kamera, und dazu sogar noch einen fahrbaren Dunkelkammer-Anhänger, in dem er die Bilder gleich an Ort und Stelle entwickeln konnte. Das war clever vorausgedacht. So viel schneller sind die Pressefotografen heute mit ihren HighTech-Digitalkameras auch nicht.

Mit seinem Sohn Guido machte Seeber auch den noch jungen Film in Sachsen populär und zeigte dem staunenden Publikum „lebende Photografien" von zehn Minuten Länge. Die Seebers entwickelten sogar ein eigenes Verfahren, um Bild und Ton zu verbinden. Guido Seeber wurde später einer der Begründer der Filmstadt Babelsberg.

Ausflug in die Feuerwehrgeschichte

Zwei fast hundert Jahre alte Handdruckspritzen - beide wieder voll funktionsfähig - sind die Attraktionen im Niederwiesaer Feuerwehrmuseum. Mitte der siebziger Jahre hatten die Kameraden der hiesigen Freiwilligen Feuerwehr begonnen, dieses Museum einzurichten, das mittlerweile mehrere tausend Exponate aufzuweisen hat. Dazu gehören neben Großgeräten und Fahrzeugen auch Uniformen, Ausrüstungsgegenstände, Dokumente und sogar Briefmarken.

Etliches davon war in schrottreifem Zustand und musste erst in mühsamer Arbeit entrostet, poliert, gestrichen oder anderweitig wieder vorzeigbar gemacht werden.

Wehren der Umgebung haben das Museum unterstützt und weitere Exponate anboten, so dass es mittlerweile in den Museumsräumen ganz schön eng geworden ist.

Ordensgeschichten

Rund 6.000 Abzeichen und Orden aus der DDR, dazu etliche Uniformteile und eine umfassende Sammlung von Geldscheinen ab 1945 hat der Niederwiesaer Siegfried Weiß in seinem privaten „Museum für Zeitgeschichte der ehemaligen DDR" zusammengetragen.

Dazu gekommen ist er eher zufällig. „Nach der Wende hatten viele Leute ihre Auszeichnungen aus Frust weggeschmissen - da habe ich mich eben gebückt und sie aufgehoben", erzählt er. „Das hat mich neugierig gemacht. Ich wollte wissen, was für Geschichten dahinter stecken."

So machte er die Ordenskunde zu seinem ganz speziellen Hobby. Inzwischen ist seine außergewöhnliche Kollektion eine der größten zu diesem Thema in Deutschland, sein Name eine feste Größe unter Sammlern.

Insgesamt 3.500 Orden und Medaillen in 9.000 verschiedenen Ausführungen gab es in der DDR, erzählt er. Die erste war 1946 eine Auszeichnung für Trümmerfrauen - mittlerweile eine Rarität, aber natürlich hat er eine. Wer damit geehrt wurde, hat wirklich hart gearbeitet, ebenso wer „Held der Arbeit" wurde, betont er. „Im Gegensatz zu etlichen rein politischen Ehrungen steckt da wirklich eine immense Arbeit dahinter, das soll man nicht vergessen."

Noch nie gehört haben dürften die meisten hingegen etwas vom „Blücher-Orden". „Der war streng geheim - eine vorbereitete Auszeichnung für den Ernstfall 1968, als die Russen in Prag einmarschiert sind. Aber der blieb in der Kiste", meint Siegfried Weiß. Ebensowenig zu sehen bekommen hat der DDR-Bürger den 500-Mark-Schein, der noch kurz vor dem Zusammenbruch des „Arbeiter und Bauern-Staates" gedruckt worden war. Aber auch diese Rarität kann man nach Anmeldung in Siegfried Weiß´ Privatmuseum betrachten.

Wohnen im Turm

Ein markantes Bauwerk von Braunsdorf ist der Wasserturm. Er wurde 1911 errichtet und diente der Wasserversorgung für die nahe gelegene Villenkolonie, später bis etwa 1990 für die gesamte Gemeinde Braunsdorf.

Einige Jahre nach der Stilllegung kaufte der Mittweidaer Karl Eichler den Wasserturm. Er entfernte den Hochbehälter, sanierte die Bauhülle und baute Wohnräume hinein. So ist der Turm als Wahrzeichen und Denkmal erhalten. Insgesamt stehen im Landkreis Freiberg noch fünf Wassertürme: neben diesem die nicht mehr genutzten Bauten in Bräunsdorf und Siebenlehn sowie zwei weitere in Freiberg an der Chemnitzer Straße und in Sayda, die noch als Druckwassertürme dienen.

Spezialisten für Biedermeier: Historische Weberei in Braunsdorf

Ein klarer Fall von Befehlsverweigerung führte dazu, dass heute in Braunsdorf unschätzbare Zeugen der Textilgeschichte noch erhalten sind und sogar in einem Museum vorgeführt werden können. 1990 nämlich sollte Werner Tannenhauer auf Anweisung der Kombinatsleitung die uralten Jaquardwebmaschinen in der Braunsdorfer Weberei verschrotten. Doch das brachte er nicht übers Herz.

Sein Großvater hatte die Firma 1883 als Möbel- und Dekorationsweberei in Chemnitz gegründet und 1910 in eine frühere Spinnerei nach Braunsdorf verlagert. Fast hundert Jahre lang waren hier kostbare Biedermeierstoffe für Antikmöbel und Ausstattungen gewebt worden. Sogar zu DDR-Zeiten, nachdem der Familienbetrieb 1972 verstaatlicht und dem Volkseigenen Möbelkombinat Dresden-Hellerau zugeordnet wurde. Damals gingen diese Biedermeierstoffe natürlich hauptsächlich in den Export.

Um die Verschrottung der inzwischen auch historisch wertvollen Webstühle zu verhindern, nahm Werner Tannenhauer Kontakt zu dem gerade gegründeten Förderverein Industriemuseum Chemnitz auf, der Hilfe bot. Die Webstühle in der Braunsdorfer Weberei waren sämtlich zwischen 1921 und 1955 von der Sächsischen Webstuhlfabrik Louis Schönherr in Chemnitz gebaut worden, die mit ihren Webmaschinen ab Mitte des 19. Jahrhunderts den Durchbruch zur industriellen Gewebeproduktion im Chemnitzer Raum maßgeblich beeinflusste.

1994 wurde die Schauweberei Tannenhauer als technisches Museum eröffnet, zwei Jahre später zum Schaumagazin des Industriemuseums Chemnitz erweitert.

Mittlerweile kommen 3.000 Besucher jährlich hierher und folgen der etwas ausgefallenen Einladung aus dem Prospekt: „Schauen Sie den Schiffchen zu, bis Ihnen schwindlig wird." Wer möchte, kann selbst einmal an den alten Maschinen Platz nehmen und sich als Weber versuchen.

„Wir waren eine von nur drei Firmen in Deutschland, in denen solche stilechten Biedermeierstoffe gewebt wurden", erzählt Werner Tannenhauer, der sein Geburtsjahr 1926 zu vergessen scheint, wenn er Besucher durch die alten Hallen führt, ihnen das alte Musterbuch von 1890 zeigt oder die Arbeitsweise eines Jaquardwebstuhls demonstriert.

Aus den Stoffen, die beim Schauweben entstehen, werden Kissen und Deckchen, Schleifen und anderes angefertigt und im Museumsladen als Souvenirs verkauft.

Die romantische Geschichte vom kühnen Springer Harras

Wer von Lichtenwalde oder Braunsdorf aus durchs romantische Zschopautal spaziert, wandelt auf den Spuren deutscher Literaturgeschichte. Denn hier ist der Ursprung einer der volkstümlichsten Dichtungen Theodor Körners. Der jung als Lützower Jäger im Kampf gegen Napoleon Gefallene ist den meisten nur durch seine patriotischen Gedichte bekannt. Doch der Freiberger Bergstudent schrieb auch viele Verse zum Bergmannsleben und romantische Werke, darunter die Ballade von Harras, dem kühnen Springer.
Der soll der Sage nach vom Hausteinfelsen hinab in die Zschopau gesprungen sein, um seinen Feinden zu entgehen. Theodor Körner hörte die Sage 1808 während seiner Freiberger Studentenzeit, in der er viel wanderte, und ließ sich von der nach Harras benannten fast tausendjährigen Eiche zur Ballade inspirieren. Die Harras-Eiche musste 1949 gefällt werden. Heute sind an dieser Stelle junge Eichen gepflanzt, ein Denkmal erinnert an Theodor Körner.
Den Ritter Dietrich von Harras hat es tatsächlich gegeben. Das in der Sage geschilderte Ereignis soll sich um 1554 zugetragen haben. Dietrich war Eigentümer der Burg Lichtenwalde, die erst knapp 200 Jahre später zum Schloss umgebaut werden sollte. Der Sage nach war eine Fehde zwischen Harras und dem auf der Schellenburg residierenden Ritter Götz ausgebrochen. Der lockte Dietrich zu einen Treff nahe der Flöhamündung und lauerte ihm dort mit seinen Gefolgsleuten auf. In letzter Sekunde gelang Harras die Flucht in den Wald. Doch weil ihm die blutrünstigen Gegner dicht auf den Fersen waren, blieb ihm auf dem Hausteinfelsen keine andere Wahl, als seinem Pferd die Sporen zu geben und mit ihm siebenunddreißig Meter tief in die Flöha zu springen. Von hier an scheiden sich die Geister. In einer Version überleben Mann und Ross, in einer anderen - auch bei Körner - wird zwar das arme Pferd zerschmettert, aber der Ritter steigt aus den Fluten, als sei weiter nichts gewesen.
In manchen Darstellungen wird auch eine schöne Maid namens Luitgard als Anstoß der Fehde genannt. Die nämlich war das Töchterlein des Schellenburgers und zwischen Harras und ihr war eine zarte Romanze am Keimen. Der tollkühne Sprung und das Flehen seiner Tochter sollen schließlich dazu beigetragen haben, dass der wütende Götz doch noch seine Zustimmung zur Hochzeit der beiden gab, die dann natürlich noch lange und glücklich miteinander lebten.

Warum gerade der romantische Dichter auf diese romantische Wendung verzichtet hat? Vielleicht war sie ihm noch unwahrscheinlicher als der unbeschadete Sprung in siebenunddreißig Meter Tiefe.
Der könnte sich tatsächlich ereignet haben - zumindest in der Interpretation der Augenzeugen. Ortskundige haben unlängst die schlüssige Vermutung geäußert, Harras könnte an der betreffenden Stelle auf einem tatsächlich vorhandenen, aber verborgenen Waldpfad in die Schlucht hinunter gelangt und danach durch den Fluss geritten sein. Seine ortsunkundigen Verfolger sahen Harras nur auf dem Felsen, dann plötzlich war er verschwunden und mit einem Mal tief unten im Fluss. So machten sie sich staunend ihren eigenen Reim auf das Geschehene, der natürlich auch weit beeindruckender war als etwa das Geständnis, bei der Verfolgung versagt zu haben. Klar, dass solch ein unerhörter Vorfall die Runde machte und nicht in Vergessenheit geriet.

Vom Harrasfelsen aus bietet sich ein atemberaubender Blick ins Zschopautal.

Schloss Lichtenwalde - wie Phönix aus der Asche

Eine Augenweide - keine Frage. Seit Sommer 2003 ist der Schlosshof in Lichtenwalde wieder so hergerichtet, wie er sich um 1870 präsentierte und das Barockschloss, das auf einem Felsen sechzig Meter hoch über der Zschopau thront, fast vollständig saniert.

Wer mag sich bei diesem Anblick noch vorstellen, dass das Ensemble noch ein paar Jahre zuvor einen äußerst betrüblichen Anblick bot, verwaist und sanierungsbedürftig?

Das Schloss war zwischen 1722 und 1726 im Auftrag des Grafen Christoph Heinrich von Watzdorf auf den Grundmauern der alten Burg errichtet worden. Wenig später wurde der dazugehörige barocke Schlossgarten angelegt. Nach einem verheerenden Großbrand 1905 ließ der Dresdner Hofarchitekt Gustav Fröhlich das Schloss mit neobarockem Äußerem wieder aufbauen.

Doch die Einquartierung von Soldaten der Roten Armee 1945, Enteignung, Umnutzung als Kurheim für Lungenkranke und später als Bildungsstätte des DDR-Gesundheitswesens, der allgegenwärtige Mangel an Baumaterial und -kapazitäten in jener Zeit hinterließen unschöne Spuren.

Irgendwann war die einstige Pracht nur noch zu ahnen. Als 1995 die letzten Nutzer auszogen - das sächsische Sozialministerium hatte bis dahin noch eine Bildungsstätte im Schloss, die dann in einen Neubau nach Niederbobritzsch verlegt wurde - drohte dem Schloss der endgültige Verfall.

Dass es dazu nicht kam, ist hauptsächlich einer kleinen Gruppe engagierter Bürger zu danken. Zu ihnen gehört Sonja Schöffler aus Freiberg.

Als Mitte der Neunziger der Freistaat den Verkauf des Schlosses in Privathand in die Wege leitete, debattierte sie zunächst im Alleingang mit den Denkmalexperten in Dresden zugunsten von Sanierung und öffentlicher Nutzung.

Ein offenes Ohr fand sie bei Ingrid Biedenkopf, Gleichgesinnte in Katharina und Jürgen Müller, die sich inzwischen um den täglichen Betrieb im Schloss kümmern. Gemeinsam mit einigen Mitstreitern gründeten sie eine Bürgerinitiative, die zunächst einmal durchsetzte, dass das nun leer stehende Bauwerk weiter geheizt, gelüftet und bewacht wurde und zu kleinen Veranstaltungen genutzt werden konnte.

Nachdem diverse Privatisierungsversuche gescheitert waren, übernahm 1998 schließlich der Freistaat Schloss Lichtenwalde. Mit inzwischen mehr als sieben Millionen Euro wurde das Ensemble seitdem Stück für Stück wiederhergestellt, die Gemeinde Niederwiesa rekonstruierte die großartige Parkanlage. Seitdem haben fünf Museen und Ausstellungen sowie mehrere gastronomische Einrichtungen hier Einzug gehalten. Zu den beliebten Angeboten zählen Hochzeiten im Chinesischen Salon, dem schönsten Saal des Barockschlosses. Mehr als 200 Paare geben sich hier jährlich das Ja zu einem gemeinsamen Leben.

Für die gebürtige Chemnitzerin, Jahrgang 1929, ist Schloss Lichtenwalde ein Stück ihrer Kindheit. „Meine Mutter gehörte zum Freundeskreis von Graf Siegfried, dem Sohn des Schlossbesitzers", erzählt sie. „Wir selbst lebten zwar in bürgerlichen Verhältnissen, waren aber oft im Schloss zu Gast." Als staunendes Kind erlebte sie so die Pracht des Hauses aus nächster Nähe.

„Der Schlossbesitzer, Graf Friedrich, war Diplomat in Petersburg, New York, London und Paris", erzählt sie. „Er war sehr aufgeschlossen und weltoffen, eine wichtige Persönlichkeit in der sächsischen Geschichte. 1928 machte er auf Wunsch der Stadt Chemnitz große Teile des Parks öffentlich zugänglich. Es sollte hier so sein wie im Großen Garten in Dresden. Es gab viele Konzerte, die zu einem gesellschaftlichen Ereignis wurden, aber zu denen jedermann kostenlos Zutritt hatte."

Als sie den allmählichen Verfall des Schlosses mit ansehen musste, blutete ihr das Herz. Aber überglücklich war sie nach dem Riesenerfolg der ersten Veranstaltung, bei der nach langer Zeit die Öffentlichkeit wieder Zutritt zum Schloss erhielt. „Das war 1991 das Sommerfest des Chemnitzer Geschichtsvereins - die Leute kamen nur so geströmt!"

Sonja Schöffler hat sich inzwischen einen weiteren großen Wunsch erfüllt: Sie hat ein Buch mit ihren persönlichen Erinnerungen an das frühere Leben im Schloss Lichtenwalde und das Leben der letzten Grafenfamilie geschrieben. Darin erzählt sie zum Beispiel auch die Anekdote über den für August 1913 angekündigten Besuch von Ferdinand Graf von Zeppelin, der zu den Freunden der Schlossbewohner gehörte. Er kam mit einem Zeppelin, umkreiste das Schloss, senkte Vorderrumpf als Gruß und flog weiter.

NIEDERWIESA

Zu einer faszinierenden Weltreise lädt das Museum „Völker und Kulturen" ein, das 2001 im Barockschloss eröffnet wurde. Der Ethnologe Dr. Walter A. Frank - hier im Bild mit Fruchtbarkeitsgöttinnen des Senufostammes von der westafrikanischen Elfenbeinküste - hat die fast 1.400 Exponate umfassende Sammlung bei seinen Studienreisen nach Asien und Afrika zusammengetragen. Der jetzt im Ruhestand befindliche Wissenschaftler hatte schon immer den Wunsch, die Kollektion der Öffentlichkeit zugänglich zu machen. Viele Stücke konnte er auch nur auf dieses Versprechen hin erwerben. Zu sehen sind unter anderem Einzelschauen über schamanische Urreligionen, steinzeitliche Urgeschichte, Grabkeramiken afrikanischer Völker sowie Artefakte aus dem Himalayagebiet und weiteren Regionen Asiens.

Dieses Schattenspiel aus der zweiten Hälfte des 19. Jahrhunderts gehört zu den Exponaten des Deutschen Scherenschnittmuseums im Schloss Lichtenwalde. Es ist ein volkstümlicher Weihnachtsschmuck aus der Sebnitzer Region und eine Schenkung des Heimatmuseums Sebnitz. Im Gehäuse bewegen sich an einer Spindel mit Flügelrad zwei umlaufende Scherenschnittfriese. Für Beleuchtung und Antrieb sorgten früher Kerzen oder kleine Öllampen. Ursprünglich wurde die Handarbeit an der Zimmerdecke aufgehängt.
Auch ein Uhrenmuseum und eine Puppenausstellung sind im Lichtenwalder Schloss untergebracht.

Ein Sinnliches Erlebnis: Besuch im Barockgarten Lichtenwalde

Zu den schönsten sächsischen Barockgärten zählt die zehn Hektar große Anlage von Schloss Lichtenwalde. Mehr als 300 Wasserspiele, die von Linden gesäumte 400 Meter lange Hauptallee, Terrassen, Rondells, Plastiken und sorgfältig gestaltete Blumenarrangements, dazu noch der atemberaubende Blick ins Zschopautal sorgen für unvergessliche Eindrücke.

Kein Teil der Anlage gleicht dem anderen, immer wieder findet das Auge Neues, Überraschende
Von April bis Oktober finden Parkführungen statt, von Mai bis Oktober Konzerte.
Höhepunkte sind die „Musikalischen Sommernachtsträume" im Juni und das Parkfest im August.
Für den Erhalt und die Pflege des kunstvollen Gartens setzt sich die Gemeinde Niederwiesa auf verdienstvolle Weise ein.

Mit Romantik und Farbenpracht faszinieren die „Musikalischen Sommernachtsträume" jedes Mal aufs Neue die Zuschauer, die in Scharen zu diesem außergewöhnlichen Ereignis kommen. Öffentliche Konzerte und andere Kulturereignisse im Barockgarten Lichtenwalde gab es auch schon in der ersten Hälfte des 20. Jahrhunderts - und sie waren jedes Mal ein gesellschaftlicher Höhepunkt.

Nach einem Museums- oder Parkbummel kann man im Wintergarten des Restaurants „Vitzthum" eine Ruhepause genießen. In dem hohen, lichtdurchfluteten Raum im Stile eines Caféhauses werden auch Hochzeiten und andere Familienfeste gefeiert. Das urige Ambiente eines alten Tonnengewölbes bietet der „Harraskeller".

NIEDERWIESA 157

Oberschöna

Häusergeschichten als Menschengeschichten

Eine ganz besondere Chronik hat Oberschöna vorzuweisen: eine „Häuserchronik", in der die Geschichte der Häuser in der Dorfstraße nieder geschrieben ist. Ortschronistin Petra Irmer hat sie in zweieinhalbjähriger akribischer Arbeit für das 20. Jahrhundert zusammengetragen. Sie schloss damit lückenlos an die bereits vorliegende Arbeit eines Dorfpfarrers an, der hundert Jahre zuvor schon eine solche Chronik vorgelegt hatte. „Er hat dafür Quellen bis zurück ins 16. Jahrhundert genutzt: Kaufbücher, Steuer- und Erbregister und natürlich die Kirchenbücher", berichtet Petra Irmer. „Mir ist während der Arbeit schnell klar geworden, dass die Geschichte der Häuser eigentlich die Geschichte ihrer Bewohner ist. Ich bin auf viele Schicksale gestoßen. Manche kamen in Kriegen um, andere starben an Krankheiten, die man heute hätte heilen können, einer wurde sogar vom Blitz erschlagen." Dass dies die Lebensgeschichten der Vorfahren von Leuten aus der Nachbarschaft sind, macht sie besonders eindringlich.

Beliebte Einkehr in der „Kutsche"

Das Oberschönaer Hotel und Restaurant „Zur Kutsche" ist kein Lokal mit langer Tradition, auch wenn man das angesichts des Namens glauben könnte, sondern eine erfolgreiche Existenzgründung aus jüngster Zeit. 1996 wurde die „Kutsche" eröffnet und ist inzwischen weit bekannt und beliebt.

Heinz und Sonja Matthes hatten 1994 beschlossen, den Start in die Selbstständigkeit zu wagen. Sie kauften das Grundstück und bauten auf grüner Wiese ein Hotel mit 49 Betten und rustikalem Restaurant. „Es ging uns darum, etwas Eigenes zu schaffen, selbst dafür verantwortlich zu sein, dass wir bestehen", sagt Sonja Matthes. Der Name „Kutsche" habe sich eher zufällig ergeben. Eine sorgfältig restaurierte alte Kutsche ist inzwischen Blickfang vor dem Gebäudekomplex.

Den Dreiklang Service, Küche und Ambiente nennt sie als Grund für den Erfolg. Die Speisekarte bietet immer wieder Neues, insbesondere zu Feiertagen. Beliebt sind auch die Schlachtefeste von Herbst bis Frühjahr.

Ein besonderes Angebot für Gruppen, die hier übernachten, ist ein Ausflug in die Grube „Unverhoffter Segen Gottes Erbstolln". Kernstück ist die zwölf Meter hohe Radstube, die um 1790 ausgeschlägelt wurde. Hier drehte sich einst ein gigantisches hölzernes Rad und trieb Pumpen und Gestänge an, mit denen Sickerwasser aus den Schächten gezogen wurde.

Mit Hilfe der Gemeinde wieder hergerichtet, wird sie vom Freiberger Altertumsverein betreut und kann nach Anmeldung besichtigt werden.

Auf fast 350 Metern Länge überspannt der Wegefarther Viadukt das Tal der großen Striegis. Das bis zu vierzig Meter hohe Bauwerk war 1868 nach nur dreijähriger Bauzeit für die Eisenbahnstrecke von Dresden nach Chemnitz fertig gestellt worden. Als Teil der „Sachsenmagistrale", einer der wichtigsten Verkehrsverbindungen im Freistaat, wurde der Viadukt 1999/2000 generalsaniert.

Pro Minute tausend Nägel

Nägel mit Köpfen werden in der Conradi Drahtstifte und Metallwaren GmbH gleich am Bahnhof Frankenstein (aber schon auf Wegefarther Flur) gemacht - und zwar über 1.000 Tonnen im Jahr für Abnehmer in ganz Europa. Wilfried und Thomas Conradi führen den 1903 gegründeten Familienbetrieb in der dritten bzw. vierten Generation. In den Fabrikhallen steht noch eine ganz alte Maschine aus der Zeit der Firmengründung, die nach wie vor bestens funktioniert und gelegentlich für besonders große Anfertigungen genutzt wird. Das Gros der Erzeugnisse entsteht aber auf hochmodernen Anlagen, mit denen pro Minute 1.000 Nägel produziert werden.

Die kleinsten Conradi-Produkte sind gerade einmal einen Millimeter lang und werden für Akkordeons gebraucht, die größten Nägel messen bis zu 260 Millimeter und sind fürs Baugewerbe bestimmt.

Spezialisten in Kleinschirma

Auf Aluminiumguss spezialisiert ist die Kleinschirmaer Metallgießerei GmbH Georg Herrmann Nachfolger, die 1941 ihren Sitz von Freiberg in den Oberschönaer Ortsteil verlagerte und nun dort größter Arbeitgeber ist.

Handwerkliches Können ist hier besonders gefragt, denn in dieser Gießerei werden vor allen Einzelstücke und Kleinserien produziert. Die Produkte sind unter anderem für Kompressoren, Fördertechnik und andere Maschinen bestimmt. Die Gusserzeugnisse aus Kleinschirma gehen nicht nur an Abnehmer in Deutschland, sondern auch an Kunden in Österreich und der Schweiz.

In Langhennersdorf geht´s hoch hinaus

Rund fünf Kilometer lang ist die Hauptstraße von Langhennersdorf. Obwohl die meisten Dörfer in der Gegend hier schon bei ihrer Gründung so langgestreckt angelegt wurden - von den Gehöften aus wurden dann die Felder annähernd parallel zueinander dem Wald abgerungen - dürfte das ein regionaler Rekord sein.

Nicht umsonst bekam die Ansiedlung den Namen „das lange Dorf des Heinrich" - im Gegensatz zu Heinrichs krummen Dorf, Krummenhennersdorf. Doch die Langhennersdorfer wollen und können nicht nur lang, sondern auch hoch hinaus.

Der Ort hat einen eigenen Flugplatz, der seit ein paar Jahren sogar in die offiziellen Flugkarten eingetragen ist. Als 1991 einige Segelflug-Enthusiasten dafür den alten, ungenutzten Agrarflugplatz wieder nutzbar machen wollten, wurden sie von nicht wenigen schlichtweg für verrückt erklärt. Es gab dort damals weder Unterkünfte noch Werkstätten oder Hangars, nur ein paar fest entschlossene Leute.

Aber schon im Oktober veranstalteten sie ihr erstes Flugplatzfest und hatten tausend Besucher.

Die Fliegerclubs aus Kamenz, Großrückerswalde und Zwickau halfen, der Luftsportverband Sachsen stellte aus Beständen der Gesellschaft für Sport und Technik die ersten Segelflugzeuge bereit. Schließlich kauften die Langhennersdorfer 2001 den ersten eigenen Segler, eine „Kestrel" für fortgeschrittene Piloten.

Rund fünfzig Vereinsmitglieder heben nun regelmäßig ab und genießen das unbeschreibliche Gefühl, in den Lüften zu schweben. Regelmäßig veranstaltet der Verein gut besuchte Sommerlager und andere Angebote für Interessenten, darf inzwischen auch selbst ausbilden.

Die mehreren tausend Starts und Landungen verliefen bisher unfallfrei.

Doch an besonderen Geschichten fehlt es natürlich nicht bei diesem besonderen Hobby. „Einmal musste ein Pilot wegen einer Wetterveränderung auf einem Acker landen", beginnt der Vereinsvorsitzende Daniel Rubes eine zu erzählen. „Das ist nichts Außergewöhnliches, man ruft dann auf dem Flugplatz an, das Segelflugzeug wird auseinander geschraubt und mit dem Hänger abgeholt." Diesmal aber ließ sich die Maschine nicht zerlegen. Was tun? Der Pilot musste in einem Auto neben dem Flugzeug übernachten, das ihm seine Kameraden da gelassen hatten.

Das blieb nicht unbemerkt. „Leute aus der Nähe luden ihn zum Abendessen ein und auch zum Frühstück", berichtet Daniel Rubes weiter. „Das machte die Sache zu einem schönen, unvergesslichen Erlebnis." Übrigens: Am nächsten Morgen ließ sich das Flugzeug problemlos auseinander schrauben.

Berggeister in Bräunsdorf

Zweimal drei Meter groß ist die Schauanlage, mit der Hans Söding aus Bräunsdorf viele Details aus der Arbeit der Bergleute nachgestaltet hat. Etliche Jahre hat der gelernte Dreher und spätere Erzieher im Bräunsdorfer Kinderheim an diesem Schmuckstück gewerkelt, immer wieder neue Details angefügt und bewegliche Figuren eingesetzt. „Man wird ja nie fertig", meint er - und schließlich mache das ja auch Spaß. Seit er als Kind einmal ein solches Minibergwerk gesehen hatte, war er fasziniert davon und wollte selbst eines bauen.

Nun hat er das und zeigt es gern, wenn zum Beispiel Schulklassen einmal eine ganz besondere Heimatkundestunde erleben wollen. Schließlich ist in Bräunsdorf seit Mitte des 16. Jahrhunderts Silbererz abgebaut worden, besonders intensiv im 17. Jahrhundert.

Das Bräunsdorfer Huthaus ist das einzige original erhaltene Bethaus der Freiberger Region. Im Obergeschoss sind jetzt Wohnungen, aber die Betstube im Erdgeschoss ist wieder in den ursprünglichen Zustand versetzt. Jetzt allerdings kommen nicht mehr Bergleute hierher, um Gott um gute Erträge und vor allem eine glückliche Ausfahrt zu bitten, sondern die Bräunsdorfer Wandergruppe und andere Vereine zu ihren Treffen.

Seit langem schon sammelt Hans Söding Fotos und Geschichten aus der Vergangenheit von Bräunsdorf und Umgebung und weiß nicht nur Wissenswertes, sondern auch Vergnügliches zu erzählen - ob nun vom Nachtwächter, der noch kurz vor 1900 im Ort fest angestellt war und ab und an ein Nickerchen am Zaun machte, oder vom letzten Dorfschmied, der ein Meister seines Faches war und ein echtes Original und wegen seiner Gesprächigkeit nur „Lorks" gerufen wurde.

Dass in Hans Södings Schauanlage jedoch auch ein Berggeist auftaucht, hat nicht nur mit dem feinen Sinn für Humor des Erbauers zu tun. Sieht man von den Bergstädten Freiberg und Brand-Erbisdorf ab, sind wohl nirgendwo in der Gegend so viele Sagen und Legenden über den Bergbau erhalten wie in Bräunsdorf. Hier muss es von Berggeistern verschiedenster Gestalt und Prägung geradezu gewimmelt haben. Einer soll nur zwei Ellen - also kaum mehr als einen Meter - groß gewesen sein, ein anderes Mal ging untertage gleich ein Dutzend feingekleideter Herren um, von denen übertage niemand etwas gesehen hatte. Auch hier gab es einen Häuer, der drohendes Unheil immer schon zwei oder drei Tage vorher ankündigte und seine Kameraden warnte.

Selbst die an vielen Orten anzutreffende Geschichte vom Reiter ohne Kopf ist hier bergmännisch geprägt, denn ein paar Bergleute wollen ihn und seinen Geisterschimmel auf dem Heimweg von der Schicht gesehen haben. Aber vielleicht lässt sich diese Erscheinung auch mit der Zwischenstation der Augenzeugen in einem Wirtshaus erklären ...

Das wohl markanteste Bauwerk und ein Wahrzeichen von Bräunsdorf ist der Wasserturm. Das war nicht von Anfang an so. „Anfangs war der Turm nur ein frei stehendes Stahlgerüst mit zwei Behältern", erzählt Hans Söding. „Dann haben sich Denkmal- oder Landschaftsschützer beschwert, dass er die Gegend verschandelt, so dass der Turm ummauert wurde. Seitdem gefällt er und ist unser Wahrzeichen. Schon in den zwanziger Jahren ist er auf den Stempeln der Gemeinde abgebildet."

Der Turm war auch Namensgeber für eine beliebte Bräunsdorfer Sportveranstaltung, den seit 1958 jährlich ausgetragenen "Crosslauf rund um den Wasserturm". Mehrere hundert Starter gehen dabei auf die verschiedenen Strecken. In den ersten Jahren war sogar ein kleiner Wasserturm der Pokal. Der 40. Wasserturmlauf des Sportvereins Einheit Bräunsdorf 1998 hatte einen besonders populären Moderator: Sportreporter Heinz-Florian Oertel.

OBERSCHÖNA

Oederan

Romantisches Städtchen mit tüchtigen Leuten

Lassen Sie sich nicht täuschen angesichts der malerischen Straßen und Plätze, der romantischen Winkel in Oederan. Auch wenn die Kleinstadt mit ihrem schönen Zentrum zum gemütlichen Schlendern und Verweilen, sogar zum Träumen einlädt - die Oederaner sind alles andere als verträumt. Sie haben bei der Sanierung der denkmalgeschützten Altstadt gleich von Beginn der neunziger Jahre an ein Tempo vorgelegt, das viele andere Städte mit Neid erfüllen muss. Die größte Attraktion der Stadt, die beliebte Miniaturenschau „Klein-Erzgebirge", hat seit dem Sprung in die Marktwirtschaft die Zahl der Ausstellungsstücke mehr als verdoppelt und viele Veranstaltungen ins Leben gerufen, die Schaulustige zu Tausenden anlocken.

Das Gewerbegebiet „Am Galgenberg" ist voll ausgelastet, das Engagement Oederans beim Einsatz regenerativer Energien wurde preisgekrönt und bundesweit zum Vorbild. Die Stadt leistet sich als einzige in Sachsen noch eine eigene Volkskunstschule.
Und in Zeiten, wo andere Kommunen angesichts leerer Kassen zuallererst im Kulturbereich den Rotstift ansetzen, Museen und Theater schließen, brachten die Oederaner das Kunststück fertig, in bester Lage gleich neben dem Rathaus einen ausnehmend attraktiven Kulturkomplex mit Museum, Archiv, Bibliothek und Stadtinformation zu eröffnen.
Respekt!

Imposanter Blickfang: das Oederaner Rathaus mit dem schönen Renaissance-Erker und dem reich verzierten Portal. Es diente in früheren Jahrhunderten auch als Gerichtssaal, Kaufhaus und Theater.

Mit viel Fingerspitzengefühl haben die Oederaner den Balanceakt zwischen Denkmalerhalt und moderner Lebensqualität bei der Sanierung der Altstadt bewältigt.

Unlängst wurden auch wieder die Lampen angebracht, die vor hundert Jahren noch typisch für die Stadt und Ende der achtziger Jahre völlig verschwunden waren. Nach Zeichnungen und einem erhalten gebliebenen letzten Stück wurden die Lampen neu gegossen. Im Bild: der Durchgang von der Engen Gasse zum Markt.

Das Ehrenzugfest (Foto links) geht auf ein tatsächliches Ereignis aus Oederans Geschichte zurück. Als im Dreißigjährigen Krieg wieder einmal die Schweden durchs Land fluteten und die Menschen in Angst und Schrecken versetzten, wurden die kostbaren Schätze der Oederaner Kirche vor den Plünderern und Brandstiftern in Sicherheit gebracht und im Wald vergraben. Als die Gefahr vorbei war, brachten die Oederaner mit einem „Ehrenzug" die Schätze zurück in die Kirche.

Beim Stadtfest 1995 wurde dieses Stück Geschichte wiederbelebt und zu einem großen Erlebnis für Beteiligte und Zuschauer. Als Ehrenjungfrauen gekleidete Schülerinnen führten die Kolonne an, es folgte ein langer Zug von berittenen Herolden, Ratsherren, kirchlichen Würdenträgern, heimkehrenden Soldaten, Handwerkern, Bauern, Mägden und Spielleuten.

Einen großen Festzug gab es auch zur 775-Jahr-Feier Oederans 2002. Seit Anfang der neunziger Jahre werden die Stadtfeste erfolgreich mit den Stadtmessen kombiniert, die der Oederaner Gewerbeverein organisiert.

Wie Gulliver im Zwergenland

Oederan trägt den Beinamen „Stadt am Klein-Erzgebirge". Auch wenn neuerdings Miniaturenschauen wie Pilze aus dem Boden wachsen - das „Klein-Erzgebirge" wird immer etwas Besonders bleiben. Es ist mit 12.000 Quadratmeter Fläche nicht nur die größte, sondern auch die älteste derartige Schau in Deutschland.

Schon 1933 hatte die Schnitzergruppe des Ortes die über Jahre hinweg detailgetreu nachgestalteten Modelle markanter Gebäude aus dem Erzgebirge ausgestellt. Nachdem in den Kriegs- und Nachkriegsjahren die Schaustücke in einem alten Schuppen eingemottet vor sich hin dümpelten, wagten 1952 ein paar engagierte Schnitzer und Bastler den Neubeginn - und das gleich ein paar Nummern größer. Mit vielen freiwilligen Helfern reparierten sie nicht nur die "Häusel", sondern trimmten gleich noch den Stadtpark auf Zwergenformat. Die Häuser- und Figurenensemble stehen jetzt zwischen Bonsai-großen Bäumen an Mini-Teichen, werden von Mini-Flüssen umflossen, die kleine Drahtseilbahn quält sich einen Mini-Berg hinauf.

Viele der Bauteile und unzähligen Figuren sind beweglich, was besonders die Kinder immer wieder begeistert. Und es faszinieren nicht nur der nostalgische Charme der alten Modelle, sondern auch die oft mit feinem Humor erzählten Geschichten, die da vor den Augen der Gäste ablaufen. Da schwingt die Tür eines „Herzhäusels" auf, eine Ziege steckt immer wieder den Kopf in den Korb einer Frau und der Stülpner-Karl foppt den Förster, der ihn verhaften will, indem er auf seine schussbereiten Freunde zeigt.

Nach 1990 wurde ein zweiter Neubeginn nötig. Wie überall blieben zunächst die Besucher aus. Die Reise- und Freizeitmöglichkeiten waren mit einem Mal so viel mehr geworden und das Interesse der Ostdeutschen für den Westen bekanntermaßen deutlich größer als umgekehrt.

Die Oederaner haben nicht die Hände in den Schoß gelegt, sondern eine Menge getan, um das „Klein-Erzgebirge" noch attraktiver und auch anderswo bekannt zu machen. Zum Ehrgeiz der rund fünfzig Mitglieder zählenden Schnitzergruppe gehört es, jedes Jahr zur Saisoneröffnung die Schau um ein paar weitere Attraktionen zu bereichern. Viele Miniaturen sind seitdem neu entstanden, so dass inzwischen mehr als 120 Gebäudeensembles die Sehenswürdigkeiten Sachsens exakt im Maßstab 1:25 darstellen. Darunter sind etliche, von denen auch schon in diesem Buch die Rede war: die Augustusburg, die Räuberschänke in Hartha, das Gahlenzer Dorfmuseum, Schloss Purschenstein, die Altväterbrücke, der Hetzdorfer Viadukt und die Georgenkirche in Flöha zum Beispiel.

Zu einer festen und sehr beliebten Größe im Kulturkalender ist die „Nacht im Klein-Erzgebirge" jeweils am zweiten Augustwochenende geworden, bei der die Miniaturen bei Flutlicht besichtigt werden können. Restaurant, Biergarten, Schauwerkstatt und Verkaufsgalerie sind hinzugekommen. Inzwischen hat das „Klein-Erzgebirge" zur großen Freude der Kinder auch eine Parkeisenbahn, mit der sich die Kleinen auf den Waggons durch die Gegend ziehen lassen können.

Die Schau im Park ist jährlich von Anfang April bis Ende Oktober geöffnet, in der kalten Jahreszeit bietet das „Haus am Klein-Erzgebirge" neben Gastronomie auch „Hutzenabende" und andere Veranstaltungen, bei denen man Schnitzern und Klöpplerinnen bei der Arbeit zuschauen kann.

Zwischen 100.000 und 120.000 Besucher kommen nun wieder jährlich, um über die große kleine Welt zu staunen und zu schmunzeln.

Bis ins 13. Jahrhundert zurück reicht die Geschichte der Stadtkirche "Zu unserer lieben Frauen". Sie ist mehrfach bei Stadtbränden zerstört worden und wurde in ihrer heutigen Gestalt Ende des 19. Jahrhunderts errichtet. Ein besonderer Blickfang ist das neogotische Portal.

Bild oben rechts: Eine Kostbarkeit der Oederaner Stadtkirche ist die zweimanualige Silbermannorgel mit 1.300 Pfeifen, die 1727 geweiht wurde und von Organisten hoch geschätzt wird. Allein auf Grund ihrer Optik würde man sie nicht für eine Silbermannorgel halten: Nachdem die Dresdner Orgelbauspezialisten der Firma Jehmlich das Instrument zwischen 1890 und 1892 ausgebaut hatten, da das alte Gehäuse wurmbefallen war, schufen sie dafür ein neugotisches Gehäuse.

1992/93 ist die Oederaner Orgel durch Fachleute der Firma Eule Orgelbau Bautzen restauriert worden. Die Konzerte auf dem wertvollen Instrument sind aus dem Kulturleben der Stadt nicht mehr wegzudenken.

Bild unten: Kurse und Projekt für kreative Menschen aller Altersgruppen - hier im Bild Kinder mit selbst gefertigten Masken - gibt es in der „Volkskunstschule Oederan", einer in Sachsen einzigartigen städtischen Einrichtung.

Verwoben und versponnen im Museum

Ein „webMuseum"? Ist das Internet denn schon so alt?, mag sich mancher irritiert fragen, bevor ihm klar wird, dass hier das Oederaner Webereimuseum gemeint ist. Und „web" steht dabei für Weben, Erleben, Begreifen. Was wir nun begriffen haben. Die Irreführung macht Sinn, denn dieses Museum kommt ganz modern daher - mit Computerplätzen für eigene Nachforschungen zur Geschichte der Stadt und der Ortsteile, mit Multimedia und Filmvorführungen, mit Puzzels und anderen Spielen für die Jüngsten. Anfang 2004 eröffnete der Gebäudekomplex gleich neben dem Rathaus, der Handweberei, Heimatmuseum, Archiv, Bibliothek, Festsaal, Gaststätte und Bowlingbahn beherbergt. Im Eingang ist gleich noch die Stadtinformation untergebracht.

Im Museum selbst ist auf 1.000 Quadratmetern Ausstellungsfläche Webereitechnik aus sechs Jahrhunderten zu sehen - vom Leineweben über die Garnherstellung aus Wolle und Baumwolle bis zur Bortenwirkerei, von historischen Handwebstühlen bis zum Düsenwebautomaten, mit dem noch bis Anfang der neunziger Jahre produziert wurde. Alle Maschinen sind übrigens funktionstüchtig. Handwebermeisterin Helga Hofmeister und vier Mitarbeiterinnen setzen sie vor den Besuchern in Bewegung und stellen Stoffe aus Leinen, Baumwolle, Viskose oder Wolle her, die dann im Museumsladen verkauft werden.

Hier gibt's jetzt keinen Mangel, aber Mangeltermine. Im webMuseum kommt auch die gute alte Wäschemangel wieder zu Ehren. Weil hier die Besucher alles selbst ausprobieren dürfen, fanden sich schnell die ersten Stammkunden, die nun regelmäßig zum Wäschemangeln ins Museum kommen.

„Tuchmacherei und Weberei haben in Oederan eine lange Tradition, es gab hier starke Innungen mit jeweils eigenem Meisterhaus", erzählt Museumsleiterin Ramona Metzler. Als einzigartigen Schatz hat das Museum die kompletten Originaldokumente der Tuchmacherinnung von 1494 bis 1930 aufbewahrt.

Die Idee zu einem Oederaner Heimatmuseum entstand übrigens 1909, als der kurz zuvor gegründeten Oederaner Bürgerverein eine Altertumsausstellung veranstaltete, die bei den Oederanern auf soviel Interesse und Begeisterung stieß, dass noch im gleichen Jahr daraus eine ständige Einrichtung gemacht wurde. Als fast ein Jahrhundert später das Museum viel zu klein geworden war und auch nicht mehr beheizt werden konnte, zugleich das Gebäude für die historische Handweberei immer baufälliger wurde, beschlossen die Oederaner, Nägel mit Köpfen zu machen. Sie entkernten die zwei baufälligen Häuser neben dem Rathaus und schufen hinter den historischen Fassaden einen modernen Neubau, der für beide Museen und die bereits erwähnten anderen Einrichtungen Platz schuf.

Das Ziel der Museumsleute ist klar umrissen: Das webMuseum soll im Bekanntheitsgrad deutschlandweit ans „Klein-Erzgebirge" anschließen.

Preisgekrönter „Tatort Oederan"

Wer hat´s erfunden? Nicht die Schweizer, sondern die Oederaner! Heute ist schon fast in Vergessenheit geraten, dass der inzwischen deutschlandweit in fast 200 Städten begangene „Tag der erneuerbaren Energien" seinen Ursprung in der Stadt am Klein-Erzgebirge hat.

Erstmals stellten 1996 hier 26 sächsische Betreiber ihre Anlagen und Konzepte zur Nutzung umweltfreundlicher Energieanlagen vor.

Die Idee griff schnell um sich. Schon drei Jahre später liefen ähnliche Aktionen in zehn Bundesländern, zugleich öffneten Betreiber ihre Anlagen an festen Standorten zur Besichtigung.

„Wir hatten zur richtigen Zeit die richtige Idee", meinte Eberhard Ohm, der „Erfinder" dieser Initiative. Mittlerweile agiert er vom Oederaner Rathaus aus als Bundeskoordinator für diesen Aktionstag. „Das Interesse ist groß, aber es gibt große Informationsdefizite - und die wollen wir abbauen."

Inzwischen beteiligen sich mehrere hundert Firmen und Betreiber am „Tag der erneuerbaren Energien", die Besucher kommen bundesweit zu Tausenden. In Oederan selbst gibt es an diesem Tag eine Fachmesse, Vorträge und Gesprächsrunden auf dem Marktplatz und im Bürgersaal, dazu einen Markt mit Produkten aus ökologischem Anbau.

Die Stadt geht bei der Nutzung erneuerbarer Energien mit gutem Beispiel voran. In 240 kommunalen Wohnungen wird die Hälfte des Brauchwassers mit Sonnenenergie erwärmt, das städtische Freibad hat eine Solaranlage, die dafür sorgt, dass das Wasser hier drei Grad wärmer ist als in anderen Bädern. Photovoltaikanlagen sind auf der Mittelschule und dem neuen Museum angebracht, eine Solaranlage auf dem Alten- und Pflegeheim.

Dafür und für so viel bürgerfreundliches Engagement wurde die Stadt mehrfach ausgezeichnet. Im Jahr 2000 erhielt Oederan den 1. Chemnitzer Umweltpreis, wurde einer der Preisträger im ökologischen Wettbewerb „Tat-Orte", der von der Deutschen Bundesstiftung Umwelt und dem Deutschen Institut für Urbanistik ausgelobt worden war, und bekam einen Spezialpreis für gute Öffentlichkeitsarbeit einer Kommune zum Klimaschutz. „Wenn schon, dann räumen wir richtig ab", kommentierte Eberhard Ohm gut gelaunt diesen Preisregen.

Die große Textiltradition Oederans wird heute in der Alterfil Nähfaden GmbH weitergeführt. In dem rund fünfzig Mitarbeiter starken Unternehmen werden Nähfäden in 435 Standardfarben und vierzig zweimal jährlich wechselnden Modefarben für die europäische Konfektionsindustrie gefertigt. Drei Viertel der Erzeugnisse sind Nähfäden mit einem neuentwickelten beschichteten Polyester-Nähgarn, die die Nähte beim Bügeln dauerhaft fixieren.

Seit Jahren Stammgast beim „Tag der erneuerbaren Energien" in Oederan: die Freiberger Solarfachfirma Soli fer.

Von Tempo-Erbsen und Käsebeißern

Ein großer Moment im Sport: Joachim Kunz, Olympiasieger und mehrmaliger Welt- und Europameister im Gewichtheben, bei dem Wettkampf in Seoul 1988, der ihm olympisches Gold im Leichtgewicht brachte.

Filialen in ganz Sachsen

Heute stemmt das Sport-As aus Chemnitz in Oederan mit Erfolg ganz andere Gewichte – als Geschäftsführer der Mico GmbH. 1998 begann die Firma mit der Produktion von Fertiggerichten wie Rotkraut und Sauerkraut, seit 2003 lassen die fünfzehn Mitarbeiter hier die beliebte DDR-Traditionsmarke Suppina wieder aufleben. Zweieinhalb bis drei Millionen Tütensuppen werden jährlich bei Mico produziert, dazu kommen Frischesuppen wie Soljanka oder Kartoffelsuppe und die auch früher schon begehrten Tempo-Linsen, Tempo-Erbsen und Tempo-Bohnen.

Doch noch andere Lebensmittelproduzenten aus Oederan haben sich weit über die Stadtgrenzen hinaus einen Namen gemacht.

Mit 29 Filialen zwischen Dresden und Chemnitz ist die Oederaner Bäckerei Möbius mittlerweile in Sachsen präsent. Mut, gelegentlich schnelle Entscheidungen, Produktqualität und ein flexibles Sortiment sieht Juniorchef Mathias Möbius als Gründe für diese erfolgreiche Entwicklung, vor allem aber den Einsatz seiner Mitarbeiter. „Ohne gut, engagierte Leute wäre das nicht möglich", betont er. Seit 1990 expandierte das 1914 gegründete Familienunternehmen von zehn auf fast 200 Mitarbeiter. Täglich werden hier unter anderem rund 10.000 Doppelbrötchen gebacken, dazu hunderte Brote sowie Kuchen und Torten in diversen Sorten. Besonders gefragt sind die Dresdner und die Freiberger Eierschecke und der Pflaumenkuchen aus der Bäckerei Möbius.

Rund 600 Mitarbeiter zählt die Fleischerei Richter in Oederan mittlerweile und hat es damit in dreieinhalb Jahrzehnten vom kleinen Familienbetrieb zu einem der wichtigsten Arbeitgeber in der Region gebracht. Seit Anfang der neunziger Jahre eröffnete die Richter Fleischwaren GmbH rund neunzig Filialen. Zu den selbst entwickelten Spezialitäten des Unternehmens gehören die „Käsebeißer", eine gut geräucherte Knackwurst mit Käsefüllung, und die seit der Firmengründung 1969 nach eigenem Hausrezept gewürzte „Oederaner Salami".

Mit ihren Filialen präsent ist die Fleischerei nicht nur in Sachsen, sondern auch in Thüringen, was nicht zuletzt auch den Effekt hat, dass die Oederaner Rostbratwürste nach Thüringen „exportieren". Wenn das kein Qualitätsbeweis ist!

Exoten in Kirchbach

Ein Hauch von Afrika mitten in Sachsen? Seit 1996 züchtet Zootechniker Gerd Zeißig in Kirchbach Strauße. Vertrautere Arten wie Kaninchen und Meerschweinchen gibt´s dagegen im Streichelgehege bei der Ausstellung der Kirchbacher Kleintier- und Rassegeflügelzüchter - sehr zur Freude der jüngsten Besucher.

Ganz Wild

Zwischen Breitenau und Lößnitztal, an einem Platz mit dem romantischen Namen „An der Mondscheinmühle", befindet sich das Damwildgehege der Agrozuchtfarm Breitenau e.G. Jedes Jahr im Herbst eröffnet die Genossenschaft mit einem Hoffest die Wildsaison und bietet im eigenen Hofladen frisches Wildfleisch an, dazu Gänse, Enten, Perlhühner und Tauben aus eigener Zucht.

Dem Volksmund nach soll übrigens die „Mondscheinmühle" in einer Nacht bei Mondschein erbaut worden sein. Jetzt allerdings steht an dieser Stelle keine Mühle, sondern ein Wohnhaus.

Schönerstadt: Sachsenmeister im Rhönradsport

Ein außergewöhnliches Hobby wird in Schönerstadt gepflegt: der Rhönradsport. Ergeben hat sich das eher durch Zufall, als Anfang der siebziger Jahre Chemnitzer Rhönradsportler nach einem Auftritt drei ältere ihrer ausgefallenen Sportgeräte in Schönerstadt liegen ließen. Da lagen sie nicht lange herum, denn schnell fanden sich ein paar Wagemutige, die Interesse für diesen Sport bekundeten. Ina Kozanek, die jetzige Trainerin der Rhönradsportler und Vorsitzende des Schönerstädter Sportvereins, fand schon als Siebenjährige zu diesem faszinierenden Sport. Im Durchschnitt trainiert sie zehn junge Leute, erstaunlicherweise überwiegend Mädchen, obwohl Rhönradsport ursprünglich eine Männerdomäne war und viel Mut erfordert. Ihre jungen Sportler haben inzwischen sogar schon mehrere Meistertitel bei den offenen Sachsenmeisterschaften erkämpft! „Wir sind schon eine echte Konkurrenz für Chemnitz und Zwickau geworden, die Hochburgen des Rhönradsports in Sachsen", meint sie.

Entspannung finden im Börnichener Park

Beliebtes Ausflugsziel und Naherholungsgebiet ist der acht Hektar große Park von Börnichen.

Er gehörte einst zum Rittergut und wurde nach 1945 auf Initiative der Natur- und Heimatfreunde nicht im Verlauf der Bodenreform aufgeteilt, sondern unter Schutz gestellt und gepflegt. An manchen Stellen ist noch erkennbar, dass er ursprünglich im barocken Stil mit Grotten, Pavillons, Statuen und Fontänen angelegt worden war. Aber große Teile der Anlage wurden schon Mitte des 19. Jahrhunderts im gerade aufgekommenen „englischen Stil" gestaltet, der auf Natürlichkeit statt auf geometrische Formen setzte. Schilder informieren über die einheimischen oder fremden Bäume und Sträucher.

Breitenau: Ein Museum der Kinder

Die Entstehungsgeschichte des Breitenauer Dorfmuseums dürfte ziemlich einmalig sein: Es wurde von Kindern initiiert, zusammengetragen und eingerichtet.

Das Ganze begann 1996 ganz harmlos mit einem Ausflug der Arbeitsgemeinschaft „Junge Historiker" der Breitenauer Grundschule nach Gahlenz, ins Dorfmuseum.

Die inzwischen pensionierte Gisela Schönfeld, damals noch Schuldirektorin und AG-Leiterin, erinnert sich noch genau an diesen Tag. „Den Kindern hat das sehr gefallen dort. Aber auf der ganzen Heimfahrt diskutierten sie ganz ernsthaft, dass sie so was doch auch auf die Beine stellen könnten. Fast jeder erzählte, dass dies oder jenes, was sie in Gahlenz gesehen hatten, auch noch beim Großvater auf dem Dachboden herumlag. Das hat mich so sehr beschäftigt, dass ich in dieser Nacht kaum zum Schlafen kam." Am nächsten Tag rief sie die Schüler zusammen, vergewisserte sich, dass es den Sechs- bis Zehnjährigen immer noch ernst war, und gab den Startschuss: „In Ordnung, legt los, wir sammeln!"

Die Kinder gingen nicht nur auf ausgiebige „Beutezüge" in Dachkammern, Scheunen und Kellern, sondern fragten Eltern und Großeltern auch Löcher in den Bauch, wozu dies oder jenes genutzt worden sei. So kamen sie nicht nur beladen mit alten Haushalts- und Gartengeräten in die Schule, sondern auch voller überraschender Erkenntnisse über das Leben in früherer Zeit. Bald konnte die erste kleine „Ausstellung aus Scheune, Garten, Stall und Wohnung" eröffnet werden.

Seitdem hat sich die Sammlung zum Dorfmuseum herausgemacht. Es sind mit der Zeit so viel Exponate geworden, dass mehrere Umzüge nötig wurden, weil der Platz nicht mehr reichte. Mittlerweile nimmt das „Kleine Dorfmuseum" sechs Räume im ersten Obergeschoss des Kindergartens ein. Mehr als 4.000 Besucher haben die Schau schon gesehen und gestaunt, was die Kinder da alles aus der Zeit ihrer Eltern, Großeltern und Urgroßeltern zusammen getragen haben.

Rechenberg-Bienenmühle

Flinke Knechte unterwegs

Die wohl bekannteste Sage des Freiberges Landes ist die vom „Flinken Knecht zu Rechenberg". Sie gab nicht nur den Namen für das von Dr. Werner Lauterbach und Dr. Karl Kutzsche zusammengestellte Buch mit Sagen der Region, aus dem hier viele Geschichten in Kurzfassung nacherzählt sind, sondern ist sogar schon in der 1816 erschienenen ersten Volkssagensammlung der Brüder Grimm enthalten.
Sie erzählt von einem Burschen Namens Georg, der einst dem Schlossbesitzer von Rechenberg gute Dienste leistete. Als er einmal Raubritter auskundschaften sollte, die das Land verwüsteten, kam Georg schon am nächsten Morgen zurück und brachte sogar zwei Säcke voll Hufeisen, die er den Pferden der Gegner nachts abgenommen hatte. Bei einer anderen Gelegenheit sollte er ein eiliges Schreiben dem Ritter von Grünau bei Marienberg überbringen. Als ihn sein Herr eine Stunde später schlafend im Stall vorfand, geriet er in Wut - doch zu Unrecht. Wie sich herausstellte, hatte Georg bereits das Antwortschreiben parat. Das verblüffte den Herrn und er mutmaßte, sein Knecht müsse ein übermenschliches Wesen sein. Wie zur Bestätigung verwandelte sich Georg in einen Engel und verschwand.
Die Mauerreste der Burg Rechenberg, die Mitte des 13. Jahrhunderts im Auftrag böhmischer Herren errichtet worden war, stehen heute noch - imposant auf einem Felsen mitten im Dorf thronend. Das ehemalige Rittergut ist nun Rathaus.
„Flinke Knechte zu Rechenberg" gibt es aber immer noch. So nennt sich heute der Wanderverein von Rechenberg-Bienenmühle und zugleich eine der beliebten Sport- und Familienwanderungen, zu der sich jährlich am dritten Wochenende im August hunderte Wanderlustige treffen.

Mit der Kräuterfrau über die Bergwiesen

Wogegen hilft Schafgarbe? Wie sieht eigentlich Bärwurz aus? Wie pflückt man Brennnesseln und wozu sind die gut? Wer das und vieles mehr über Kräuter wissen will, der ist bei Gisela Richter bestens aufgehoben. Ihre „Kräuterwanderungen" über die Bergwiesen um Rechenberg sind ein zunehmend beliebtes Angebot im Freizeitkalender.
Mittlerweile kommen auch von weiter her die Interessenten, um mit dem „Kräuterweibl" ins Grüne zu ziehen. Für Kinder macht die ehemalige Grundschullehrerin spezielle Wanderungen mit Kostprobe und Quiz und freut sich jedes Mal über das Staunen der Mädchen und Jungen, wenn die etwas darüber erfahren, was das „grüne Zeugs" alles bewirken kann, über das sie bislang achtlos hinweg gelaufen sind.
Gisela Richter hat sich schon von klein auf mit diesem alten Wissen beschäftigt, das erst langsam wieder gefragt ist. So mancher geht nach einer Tour mit ihr mit ganz anderen Augen über Wiesen und durch Wälder.
Sie selbst beobachtet mit Freude, dass sich in den letzten Jahren auf den Bergwiesen um Rechenberg-Bienenmühle viele schon verschwunden geglaubte Pflanzen wieder angesiedelt haben, zum Beispiel die Nachtkerze, die kanadische Goldrute oder eine „Käsepappel" genannte Malvenart.

Wer einmal Rechenberg-Bienenmühle und seine Umgebung zu Fuß erkundet hat, der kann verstehen, warum der Ort seit Jahrzehnten beliebte Sommerfrische ist. Es ist einfach ein schönes Fleckchen Erde.

Bier auf Attest und Wasser aus tiefem Fels

Die Leser wissen es inzwischen längst: Ums Bier und ums Brauen wurde einst heftig gestritten. Ein Ort neidete dem anderen dieses Privileg, das nicht nur das Bier, sondern auch eine Menge Steuer- und andere Einnahmen strömen ließ. Besonders energisch drangen die Städte auf ihr Brauprivileg. Dass das Rittergut schon 1558 das Brauereirecht erhielt, macht die Rechenberger Brauerei zu einer der ältesten noch produzierenden in Sachsen. Und da scheint in der Vergangenheit zwischen Rechenberg und Freiberg einiges im Argen gewesen zu sein. Eine alte Chronik berichtet unter anderem, dass die Freiberger 1723 den Rechenberger Landfuhrmann einsperrten, weil der Bier zu Kunden karrte, die behaupteten, „aus gesundheitlichen Gründen dem Freiberger Bier abhold zu sein". Nicht wenige Freiberger sollen sich sogar ein Attest vom Rat besorgt haben, um Rechenberger Bier trinken zu dürfen. Zu rein medizinischen Zwecken sozusagen. Weil das überhand nahm, empfahl der ratlose Freiberger Rat den „Kranken", sich das Gebräu doch selbst aus dem Gebirge zu holen.

Das brachte nicht nur die durstigen Freiberger, sondern auch die Rechenberger auf die sprichwörtliche Palme. Aber trotz des zornerfüllten Protestes der Gebirgler, dass der Rechenberger Landfuhrmann schließlich das Bier sogar bis nach Dresden in die Residenz ausliefern dürfe, soll der Rat dabei geblieben sein, die Freiberger dürften zwar Rechenberger Bier trinken, müssten es sich aber selbst dort abholen.

Das tun einige immer noch - im Verkaufsladen der Rechenberger Brauerei. Aber inzwischen wird Rechenberger Bier in Fässern natürlich auch nach Freiberg und vielen anderen sächsischen Orten ausgeliefert.

Gebraut wird heute in einer komplett neu errichteten Braustätte, die 1995 in Betrieb genommen wurde. Damit der Neubau sich ins Landschaftsbild einfügt, wurde für einige Gebäude bis zu zehn Meter tief in den Felsen gesprengt. Bei der Gelegenheit ist auch ein neuer, über hundert Meter tiefer Brunnen gebohrt worden.

„Wir hatten schon immer großes Glück mit dem Wasser", meint Andreas Meyer, der zusammen mit seinem Bruder Thomas die Traditionsbrauerei in der siebten Generation führt. Das Wasser für das Rechenberger Bier kommt kristallklar aus einer Schicht unter einer sechzig Meter starken Felsendecke. Neuerdings wird dieses Wasser sogar als „Rechenberger Tafelwasser" an Sanatorien und Kurkliniken geliefert.

Die historische Brauerei ist nun als „Sächsisches Brauereimuseum" zu besichtigen - Verkostung inklusive. Dass dabei die gesamten Anlagen noch funktionstüchtig sind und auch im Museum noch gebraut werden könnte, dürfte einmalig sein.

Ein fast vergessener Beruf: Häuselmacher

Keine Männelmacher, sondern Häuselmacher sind Reinmar und Roman Naumann aus Rechenberg-Bienenmühle - sozusagen Kollegen vom Schindel-Wenzel in Friedebach, nur sind ihre Fachwerkhäuser so klein, dass bequem mehrere davon auf einmal auf die Handfläche passen.

„Häuselmacher war früher einmal ein eigener, weit verbreiteter Berufsstand", erzählt Roman Naumann, während er in dem winzigen Werkstattladen sorgfältig Fachwerk auf die Holzkörper der Häuschen malt. „Seiffen war natürlich die Hochburg der Häuselmacher, aber auch in Dresden, Blumenau und Grünhainichen gab es welche."

Der Einzug von Kunststoffen in der Spielzeugbranche in den siebziger Jahren habe dazu geführt, dass dieser Beruf inzwischen verschwunden ist und auch nicht mehr erlernt werden kann.

Die Naumanns selbst kamen durch einen Zufall darauf. Vor etlichen Jahren schon hatte sich Roman in Seiffen sechs „Häusel" und die passenden Figuren für ein Minidorf gekauft, aber keine Kirche dazu bekommen. „Ohne Kirche wird's kein Dorf, da haben wir eben selbst eine gebastelt", erzählt er.

Im Herbst 2000 haben er und sein Vater sich mit dem einstigen Hobby selbstständig gemacht.

Vierzig eigene Modelle haben sie ständig im Angebot, mit Sonderbestellungen von Städten und Kirchgemeinden kommen insgesamt etwa siebzig verschiedene „Häusel" zusammen. Jedes Jahr werden es mehr. Manche sind typische Bauten aus dem Erzgebirge, wie Gehöfte, Wassermühle oder Krämerladen, anderes bis ins Detail getreu nach dem Vorbild gefertigt - zum Beispiel das Geburtshaus von Silbermann oder verschiedene Kirchen. Für die Miniausgabe der neugotischen Kirche in Rechenberg hat der örtliche Heimatverein exakte Vorarbeiten geleistet, damit auch alles originalgetreu gerät.

Das Fachwerk ist handgemalt, die Türen und Fenster werden aus Linden- und Mahagonifurnier aufgesetzt.

Viele der Kunden sind Sammler, die sich ein eigenes Dorf zusammengestellt haben und immer mehr erweitern oder ihre Pyramiden mit „Häuseln" schmücken.

Am Floßgraben entlang gewandert

Ein beliebter Wanderweg mit einer historischen Besonderheit ist die „Floßgrabentour" von Holzhau oder Rechenberg aus zum alten Floßgraben in Clausnitz und Neuclausnitz.

Dieser Kunstgraben war bereits in der ersten Hälfte des 17. Jahrhunderts angelegt worden, um vom Oberlauf der Flöha und auch aus Böhmen Holz in die Mulde flößen zu können.

Der Holzbedarf war in früher Zeit ohnehin enorm, Bergbau und Hüttenwesen aber hatten zusätzlich ganze Wälder um die Bergreviere herum „gefressen". Im Böhmen und den oberen Gebirgsregionen jedoch war noch ausreichend Holz vorhanden. Bis 1874 wurde hier auf sehr geringem Gefälle - ein Meter Höhenunterschied auf 1.285 Meter Strecke - geflößt. Dann wurde das Holz für viele Verwendungszwecke von der Kohle abgelöst.

Ein Teil der Wanderung „Entlang des Floßgrabens" führt durch Tschechien, ein Stück entlang der Rachel auf Clausnitzer Flur. „Rachel" ist übrigens ein typisch erzgebirgisches Wort und bedeutet „ausgewaschene Rinne". Im Januar führt auch eine Sportveranstaltung entlang der Floßgrabenloipe, der „Floßgrabenlauf".

In Rechenberg-Bienenmühle steht das letzte am Originalstandort erhaltene Flößerhaus, das noch vor 1800 erbaut wurde. Der Heimat- und Geschichtsverein hat das Flößerhaus saniert, das einmal als Museum und Treff für die Dorfbewohner genutzt werden soll.

Bei Wintersportlern besonders beliebt: Holzhau

Eine mehr als hundertjährige Tradition als Ausflugsort für Wintersportler wie Sommerfrischler hat Holzhau aufzuweisen. Im Winter locken Skihänge und gut gespurte Loipen, Skilifte und Après Ski-Partys. Jeden Freitag- und Sonnabendabend bietet Holzhau die Möglichkeit zum Abfahrtslauf auf beleuchteter Piste, von montags bis sonnabends auf beleuchteter Loipe. Seit einiger Zeit organisiert der Skifaschingsclub auch historische Skiwanderungen auf alten „Bretteln" und in altertümlicher Kleidung.

Zu den populären Wintersportveranstaltungen gehören der Pokal-Langlauf „Rund um die Steinkuppe" und der grenzüberschreitende Ski-Langlauf, der in Nove-Mesto auf tschechischer Seite gestartet wird. Über Holzhau führt die Erzgebirgskammtour von Schöneck und Mühlleiten bis nach Altenberg. Und wer nicht Ski laufen mag, kann sich im Pferdeschlitten durch die schönen Erzgebirgswälder ziehen lassen.

Zu den Sommerangeboten gehören Sternwanderungen, Mountainbikerennen und die Bergwiesenfeste.

Beliebte Wintersportspektakel in Holzhau sind jeden Februar das Internationale Schlittenhunderennen, der Skifasching und die „Bergmännischen Winterspiele" mit Disziplinen wie Arschlederrodeln und Schneestollen graben.

Eisenbahngeschichten

Eine Dampflok hält noch zu besonderen Anlässen in Holzhau, zum Beispiel als zusätzliche Attraktion bei Veranstaltungen wie dem Internationalen Schlittenhunderennen. Im Alltag ist Holzhau Endpunkt der „Freiberger Eisenbahn". Seit November 2000 verkehren auf dieser privatisierten Strecke im Stundentakt die modernen „Regioshuttles" zwischen Freiberg und Holzhau. Sie sind nicht nur bei Pendlern, sondern auch bei Ausflüglern beliebt. Auf der vierzigminütigen Fahrt mit Halt an etlichen Stationen befördern die Shuttles die Gäste von der Kreisstadt ins Gebirge. Besonders großer Andrang herrscht an den Winterwochenenden, wenn Holzhau Ski und Rodel gut meldet. Die drei Regioshuttles tragen seit kurzem Namen: Bei „Luisa" und „Hannah" waren Kinder von Betriebsangehörigen Namenspaten, für „Esther" wurde ein biblischer Name gewählt. Rund 280.000 Zugkilometer pro Jahr legt die Freiberger Eisenbahn zurück.

RECHENBERG-BIENENMÜHLE 177

Reinsberg

Reinsberger Schützen sind unangefochtene Nummer 1

Seit Jahrzehnten schon ist Bruno Schulzendorff dafür zuständig, dass der vom pensionierten Tischlermeister Eberhard Sprößig gebaute Vogel ordentlich bemalt wird.

Schon um die 200 Mal hat Reinsberg zum Vogelschießen eingeladen - eine Tradition, auf die nicht nur der hiesige Schützenverein besonders stolz ist. Die Premiere dieser damals noch völlig neuartigen Veranstaltung im Jahr 1791 macht das Reinsberger Vogelschießen unbestritten zum ältesten Volksfest der Region.

„Nur durch Kriege ist das Fest je ausgefallen - und dann in den fünfziger Jahren noch zweimal wegen Maul- und Klauenseuche", berichtet der langjährige Vereinsvorsitzende Manfred Aurich.

Dass der traditionelle Termin für das Fest immer zwei Wochen nach Pfingsten liegt, ergab sich schon vor Jahrzehnten dadurch, dass die deutschen Schausteller dieses Vogelschießen in ihren Veranstaltungskalender aufgenommen hatten, um den damit verbundenen Jahrmarkt mitzugestalten.

Schützenhauptmann Manfred Heyne hat die Ursprünge des Festes erforscht. Sie liegen in einem Aufstand sächsischer Bauern von 1790, für die damals die Belastung durch Fronarbeit und Steuern unerträglich geworden war. Dass sie dann auch noch das überhand nehmende Wild trotz der schlimmen Dürre nicht von den kargen Feldern vertreiben durften und die Rittergutsbesitzer auf den Äckern sogar ihre Schafe weiden ließen, brachte das sprichwörtliche Fass zum Überlaufen. Als Beschwichtigung erhielten die Bauern für das folgende Jahr die „gnädige Erlaubnis" zum Vogelschießen. So wurde dieses Fest auch eine Ehrung der Aufständischen und Ausdruck neu gewonnenen Selbstbewusstseins. Übrigens waren die Reinsberger Schützen auch die ersten, die sich 1990 als eingetragener Verein formierten. Sie haben tatsächlich die Nr. 1 im hiesigen Vereinsregister.

Bei so viel Tradition legen die Reinsberger natürlich Wert auf Exklusivität. Viele neu entstehende Schützenvereine sind in den letzten Jahren nach Reinsberg gekommen, um sich hier ein paar gute Tipps zu holen. Sie alle werden anschließend freundlich, aber bestimmt gebeten, ihren hölzernen Vogel wenigstens in kleinen Details anders als den Reinsberger zu gestalten.

Seeleute sind vielleicht nicht gerade das, was man mitten in Sachsen erwartet. Aber zu den Reinsberger Seemannstreffen kommen regelmäßig um die 150 Fahrensleute ins Dörfliche Gemeinschaftszentrum. Alljährlich im Frühjahr, ein weiteres Mal zwei Wochen nach dem Vogelschießen und im Oktober treffen sie sich hier zum Klönen. Organisiert werden die Treffen vom Schützenverein und dem Deutsche Seeleute e.V..

Aus ganz Sachsen kommen Interessenten zur jährlichen Hobbyschau, die jeweils im Oktober im Dörflichen Gemeinschaftszentrum von Reinsberg stattfindet. Dieses hier gezeigte 1,25 Meter lange Schiffsmodell stammt von Frank Schulze aus Reinsberg. Das Zentrum wurde zur 800-Jahr-Feier Reinsbergs 1997 eröffnet. Entstanden ist es aus einem einstigen Kuhstall, der eigentlich abgebrochen werden sollte. Gemeinde und Vereine hatten sich überlegt, dass man das für den Anriss benötigte Geld doch besser nutzen könnte. Mit vielen Eigenleistungen und Fördermitteln entstand so das Gemeindezentrum, das der Schützenverein als größter Verein im Ort bewirtschaftet.

Sommerspaß auf dem Reinsberger Campingplatz gleich neben dem Freibad mit der dreißig Meter langen Wasserrutsche. Beide Einrichtungen sind seit vielen Jahren schon beliebt und gut besucht.

Hundeschau mit großem Zulauf

Jedes Jahr am ersten Märzwochenende veranstaltet der Deutsche Molosser Club seine Hundeschau in Reinsberg, zu der Hundezüchter aus ganz Deutschland rund hundert Vierbeiner ausstellen. Initiator der Veranstaltung im Dörflichen Gemeindezentrum ist die Familie Heilmann aus Dittmannsdorf, die seit Jahren schon Molosser hält, eine alte, besonders kräftige und große Hunderasse, die aus früheren Kriegshunden hervorgegangen ist. Manuela Heilmann ist Vorsitzende des Deutschen Molosser Clubs.

Engagierte Unternehmer

Erinnern Sie sich noch, dass früher fast alle DDR-Kaffeefiltertüten in Reinsberg produziert wurden? Sie wurden dort im damaligen Werk IV der Weißenborner Papierfabrik hergestellt. Nach Privatisierung und langen Verhandlungen konnte schließlich 1994 der Reinsberger Papieringenieur Gerald Gotthardt die Fabrik übernehmen, die nun als Reinsberger Spezialpapier GmbH firmiert. Für rund zwei Millionen Euro wurde der Maschinenpark modernisiert und die Mitarbeiterzahl auf mehr als 30 verdoppelt. Sie produzieren hier nun gekreppte Papiere, zum Beispiel für den Malerbedarf (Bild unten).

Ein weiteres Vorzeigeunternehmen aus Reinsberg ist die Trillenberg Creative Verpackung GmbH in Burkersdorf, die 1998 mit dem „Oskar für den Mittelstand" ausgezeichnet wurde. Hier werden mit modernster Technologie Kunststoffverpackungen insbesondere für die Lebensmittelindustrie gefertigt. So laufen hier pro Jahr rund 50 Millionen Joghurtbecher vom Band.

Vom Schloss zum „Städtchen"

Dieses Schloss Reinsberg darf nicht mit dem verwechselt werden, über das Fontane schrieb (und das ein „h" nach dem „R" hat) - aber dennoch steckt es voller Geschichten.

Ein Ritter ließ hier einst eine Burg bauen, etwa um 1168. Der Standort bot genau das, was sich ein Ritter dazumals für eine Feste wünschte: auf einem Steilhang über der Bobritzsch war sie möglichen Eroberern kaum zugänglich, die ungeschützte Ostseite konnte durch einen tiefen Graben gesichert werden, über den eine Zugbrücke führte. Regino oder Reginald mag unser Ritter geheißen haben, denn als Reginsberg wird der Herrensitz wenig später erstmals in alten Urkunden erwähnt, bis sich der Ortsname im Laufe der Zeit zu „Reinsberg" abschliff.
Zum Teil ist der Burgcharakter des Schlosses heute noch erkennbar. Doch Anfang des 15. Jahrhunderts verloren die Reinsberger Herren ihren Besitz an die mächtige Familie von Schönberg, für die Reinsberg mehr als 500 Jahre lang Stammsitz war.
Im Schutz der mittelalterlichen Burg war im 12. Jahrhundert das Dorf Reinsberg entstanden.
Wenn die Reinsberger heute noch von „Städtchen" sprechen - der Begriff taucht bis ins 17. Jahrhundert auch in Kirchenbüchern auf - verweist das in ihren Augen darauf, dass der Ort einmal Marktrecht, möglicherweise sogar Stadtrecht besessen hatte. „Das Städtchen" bildeten die Häuser am Dorfplatz in unmittelbarer Nähe des Schlosses, zum „Dorf" hingegen zählten die Häuser im Tale des Dorfbaches. Der Gasthof am Dorfplatz heißt nun „Zum Städtchen".

Bergbaugeschichte am 4. Lichtloch

Das „4. Lichtloch" des Rothschönberger Stollns in Reinsberg ist von spezieller Bedeutung für den Bau dieses beeindruckenden untertägigen Bauwerkes gewesen, das zu seiner Entstehungszeit auch als der „längste Tunnel der Welt" bezeichnet worden war. Hier war bis zur Fertigstellung des Stollens auch die Verwaltung untergebracht, die die Bauarbeiten plante und leitete.
Zum 125. Jahrestag der Inbetriebnahme des Stollens im April 2002 gründete sich in Reinsberg der Verein „IV. Lichtloch des Rothschönberger Stolln", der sich zur Aufgabe gestellt hat, den wertvollen Gebäudekomplex zu bewahren. Huthaus, Schachtgebäude, Bergschmiede mit Pferdestall, Zimmereigebäude sowie in einiger Entfernung die Fundamente des Pulverturms sind noch erhalten. Zum Tag des offenen Denkmals führen die Vereinsmitglieder vor, wie an der Handhaspel gearbeitet und wie hier der Theodolit erstmals zu Vermessungsarbeiten untertage eingesetzt wurde. Inzwischen haben sie auch die verfüllte Radstube freigelegt und im Wächtertürmchen hängt wieder eine Glocke. Mit solch einer Glocke wurde einst der Lauf der Wasserkunst überwacht.

Natur genießen entlang der Grabentour

Die Grabentour gilt als eine der schönsten Wanderrouten in Mittelsachsen. Ihre Entstehung hängt mit dem Bau des Rothschönberger Stollns zusammen: Mitte des 19. Jahrhunderts wurde der 3,6 Kilometer lange Graben, der zum Teil unterirdisch verläuft, aus Trockenmauern angelegt, um Wasser von der Bobritzsch zum 4. Lichtloch des Stollens zu führen, das dann die Bergwerksmaschinen antreiben sollte. Die „Grabentour", wie die Wanderung heißt, beginnt an der Wünschmann-Mühle in Krummenhennersdorf. Immer in Nähe der Bobritzsch führt sie den Spaziergänger durch ein Naturschutz- bzw. Landschaftsschutzgebiet an alten Mundlöchern vorbei, also bergmännisch ausgemauerten Stolleneingängen, und durch eine bemerkenswerte Tier- und Pflanzenwelt. Dazu gehören beispielsweise die mehr als 150 Jahre alte Fichten mit eineinhalb Meter Stammumfang, die sogenannten Königsfichten nahe der Mühle. Der wohl bekannteste Baum auf der Strecke ist die fast 200 Jahre alte Zitzenfichte, die ihren Namen von den eigentümlichen, knubbeligen Astansätzen hat.

Mit verschiedenen und einander widersprechenden Sagen ist der „Tausendtalersprung" verbunden. Je nachdem, wer die Geschichte erzählt, soll an dieser Stelle eine Postkutsche mit tausend Talern oder ein Bergmann mit einer Schubkarre voll Geld ins Wasser gestürzt sein. Durchaus möglich also, dass hier lediglich jemand gestolpert und ins Wasser gefallen war, der von tausend Talern geträumt hatte.

Brückenzoll in Bieberstein

Das Alte Zollhaus in Bieberstein erinnert an ein besonderes Privileg der Marschälle von Bieberstein. Der fleißige Kurfürst August hatte ihnen 1559 erlaubt, von all jenen Brückenzoll zu erheben, die an dieser Stelle die Brücke über die Bobritzsch benutzten. Das muss ein einträgliches Geschäft gewesen sein, denn diese Straße war die wichtigste Verbindung von Meißen nach Freiberg.

Schloss Bieberstein wurde bereits 1218 als Herrensitz erstmals urkundlich erwähnt und ist seit kurzem Sitz einer international agierenden Umweltberatungsfirma und Veranstaltungsagentur, die Tagungen und Konferenzen im Schloss organisiert.
Drei Burgen waren schon kurz nach den ersten Silberfunden in Christiansdorf im Einzugsbereich des Klosters Altzella entstanden: Bieberstein, Reinsberg und Nossen.
Im Frühjahr 2004 wurde auf Schloss Bieberstein beim Entrümpeln des Bodens ein sehr wertvoller Fund gemacht: vierzig alte Dokumente, die bis dahin als Kriegsverlust des Sächsischen Hauptstaatsarchivs Dresden galten, darunter eine Urkunde von 1541, in der Kaiser Karl V. den Meißner Bischöfen den Reichsfürstenstand bestätigte.

Endlich schöner Glockenklang in Hirschfeld

Mit einem Umzug vom Oberdorf zur Kirche begleiteten die Hirschfelder im Oktober 2003 die neuen Glocken für ihre Kirche, die dann am Reformationstag geweiht wurden.
Die Hirschfelder Kirchglocken waren im II. Weltkrieg eingeschmolzen worden. Ende der fünfziger Jahre bekam die Kirche ein Stahlgeläut, von dem wegen des Gewichts eine Glocke wieder abgenommen wurde. Für die drei neuen Bronzeglocken aus Lauchhammer sind die Landeskirche und die Gemeindemitglieder mit Spenden aufgekommen.
In Hirschfeld soll neuen Erkenntnissen zufolge übrigens Martin Luthers spätere Ehefrau Katharina von Bora 1499 geboren sein. Das Datum ist genau bekannt: der 29. Januar 1499. Doch da aus dieser Zeit im Ort keine Kirchenbücher vorliegen, steht noch nicht ganz zweifelsfrei fest, ob sie hier oder - wie bisher angenommen - in Lippendorf bei Leipzig zur Welt kam.
Die Nachkommen Luthers selbst, der Lutheriden-Verein, waren durch ihre Forschungen auf Neukirchen als Geburtsort der Katharina von Bora gekommen. Im Ort selbst und in der Umgebung ist eine Familie von Bohre oder Bora in späterer Schreibweise belegt.
„Ein Professor für Kirchenrecht an der Uni Leipzig hat das geprüft und gemeint, dass sehr vieles dafür spricht, dass Katharina von Bora hier getauft worden ist", meint Pfarrer Torsten Merkel.

Pannen mit der Mautgebühr in Neukirchen

Wie die Festschrift zum 125. Schul- und Heimatfest im Mai 2002 berichtet, wurde einst auch in Neukirchen Wege- und Geleitzoll erhoben. Doch die Straße soll hier so schlecht gewesen sein, dass sich Bürger strikt weigerten, die Maut zu bezahlen. Wie ein Kantor 1754 niederschrieb, sollen sich die Neukirchner glatt geweigert haben, die Straße auszubessern, was den Freiberger Rat so erboste, dass er ihnen harte Strafen androhte. Es gab Klagen, Ortstermine, Anweisungen, Entschuldigungen - aber nichts davon machte die Straße besser. „Kommt Ihnen das bekannt vor?", fragen die Autoren der Festschrift nicht ohne Hintersinn.

Die Neukirchner Kirche ist aller Wahrscheinlichkeit nach die älteste im einstigen Meißner Bischofsbezirk. Noch vor einiger Zeit soll dort im Gesims des Turmes die Jahreszahl 1197 angebracht gewesen sein und die Zahl 1218 am Turmhaus gestanden haben - möglicherweise das Jahr der Fertigstellung. Besonders wertvoll sind die beiden Glocken, die von dem berühmten Freiberger Glockengießer Oskar Hilliger gegossen wurden und auch heute noch, nach vielen Jahrhunderten, einen besonders sanften Klang haben.

Die Neukirchner sind auch davon überzeugt, dass in ihrer Kirche die Gebeine des in Freiberg hingerichteten Prinzenräubers Kunz von Kauffungen begraben sind. Den Hinweis darauf gab ein alter Leichenstein mit unlesbar gewordener Schrift, den man durchaus als Rumpf ohne Kopf interpretieren kann. Doch diesen Ruhm wollen ihnen die Freiberger nicht gönnen; die behaupten doch glatt, der Kauffunger sei in Freiberg begraben.

Seit mehr als vier Jahrzehnten veranstaltet der Reit- und Fahrverein „Am Park" in Neukirchen Reit- und Springturniere. Dazu kommen mehr als 300 Reiter aus über siebzig Vereinen.

Soziales Engament in Dittmannsdorf

Dittmannsdorf ist unter den Reinsberger Ortsteilen der mit den meisten Einwohnern und verfügt auch über eine gute Infrastruktur. Zufall oder Tradition: Seit Jahren sind hier Frauen Bürgermeister oder Ortsvorsteher. In der ehemaligen Dittmannsdorfer Gemeindeschwesternstation wurde 1991 eine Diakoniestation eingerichtet, die rund 300 Pflegebedürftige in den umliegenden Gemeinden betreut. Die hiesige DRK-Rettungswache sorgt rund um die Uhr für die Menschen im nördlichen Kreisgebiet.

Die 1594 geweihte Dittmannsdorfer Kirche.

Viele Krieger im erholsamen Steinbach

Ruhig und etwas abseits am Natur- und Landschaftsschutzgebiet Triebischtäler empfiehlt sich Steinbach als Ausgangspunkt für erholsame Wanderungen. Hier kann der Spaziergänger Frühblüher wie Bärlauch oder Leberblümchen und seltene Vögel beobachten.

Schön restauriert ist die Steinbacher Kriegermühle. Ihr Name hat aber nichts mit einer etwaigen militärischen Vergangenheit zu tun, sondern rührt daher, dass die Mühle mehrere Generationen lang im Besitz einer Familie Krieger war. Als wegen Wassermangels der Mahlbetrieb eingestellt werden musste, wandten sich die Kriegers der Imkerei zu oder sammelten Waldfrüchte. Und wie bei der „Dampf-Anna" und der „Wasser-Anna" in Dorfchemnitz fanden auch hier die Einheimischen eindeutige Sprachregelungen, um die Krieger-Generationen nicht durcheinander zu bringen. So gab es den Mühlenkrieger, den Bienenkrieger und den Beerenkrieger.

Sayda
Ausflug in Urgroßmutters Zeiten

Wenn die Saydaer jemandem empfehlen, er möge doch ins „Spittel" gehen, also ins Spital, ist das kein besorgter Hinweis auf das womöglich kränkliche Aussehen des Gastes, sondern ein wirklich guter Freizeittipp.

Das „Hospital St. Johannis" in der fast 800 Jahre alten Bergstadt Sayda ist ein Ort, der zu einer Zeitreise in die Epoche unserer Großeltern und Urgroßeltern einlädt. Als liebevoll ausgestaltetes Heimatmuseum veranschaulicht es fast anheimelnd ganz ohne belehrende Texte das Leben um die Jahrhundertwende vom 19. zum 20. Jahrhundert. Auf 200 Quadratmetern zeigt es in siebzehn zum Teil winzigen Räumen - den einstigen Unterkünften der Armen - Handwerkerstuben, Spielzeug oder eine typische Küche aus jener Zeit. Das Besondere: Fast alle der vielen tausend Exponate wurden dem Museum von den Saydaern gespendet.

Der Fachwerkbau von 1505 ist das älteste erhaltene Haus von Sayda. Hier wurden die Ärmsten und Hilfsbedürftigsten untergebracht und mit dem Nötigsten versorgt. Sie hatten ein Dach über dem Kopf, bekamen etwas zu essen und konnten sich - da die Zimmer nicht beheizt waren - wenigstens am Kamin im Erdgeschoss etwas wärmen. Bernhard von Schönberg hatte 1476, als er auf dem Heimweg von Jerusalem auf Rhodos todkrank darniederlag, die Einrichtung des Hospitals in seiner Stadt Sayda verfügt. Warum es so lange dauerte, bis sein letzte Wille erfüllt wurde, weiß auch Ortschronist und Museumsleiter Gottfried Krönert nicht - vielleicht fehlte es der Familie an Geld. Weil Bernhard von Schönberg dem Johanniterorden angehörte, sind an dem wunderbar wiedergerichteten Fachwerkbau die Wappen der Johanniter und der Familie von Schönberg angebracht.

Dabei sollte das Haus noch vor gar nicht langer Zeit wegen seines schlechten Zustandes abgerissen werden. Nach 1945 wurde es als Wohnhaus genutzt, galt ab 1980 als nicht mehr bewohnbar und verfiel. Doch der Erzgebirgszweigverein Sayda und allen voran Gottfried Krönert sorgten dafür, dass es erhalten und als Museum eingerichtet wurde. 1993 eröffnet, hatte das „Spittel" schon mehr als 40.000 Besucher.

Fast die Hälfte der Gäste sind Kinder - und die empfängt Museumsleiter Krönert besonders gern. Auch die kleinen Gäste waren bisher jedes Mal begeistert von diesem Museum, denn hier dürfen sie alles anfassen, mit den alten Teddys, Puppen und Puppenstuben sogar spielen. Dann dauert der Museumsbesuch mitunter ziemlich lange und aus dem Vereinszimmer wird ein Spielzimmer.

Eintritt wird keiner verlangt, aber ein Obolus zum Erhalt des Museums dankend angenommen. Inzwischen kommen schon ganze Busse voller Ausflügler, um das Kleinod zu besichtigen.

Wer in der Wintersaison das Museum besichtigen möchte, sollte sich allerdings vorher bei Gottfried Krönert selbst oder beim Fremdenverkehrsamt Sayda anmelden.

Zu besonderen Anlässen wird im Museum auch geklöppelt.

Von Löwen und Festen

Das 1207 erstmals urkundlich erwähnte Sayda ist wahrscheinlich die älteste Ansiedlung im oberen Erzgebirge. 680 Meter hoch an der alten Salzstraße von Halle nach Prag gelegen, wurde es von böhmischer Seite her besiedelt und war einst Zollstation; hier entlang verlief früher die Grenze. Im Mittelalter war Sayda ein so wichtiger Handelsplatz, dass bis zu fünf Jahrmärkte im Jahr abgehalten wurden. Bereits im 13. Jahrhundert wurde die aufblühende Ansiedlung mit Mauer, Wall und Graben befestigt. Das fast ringartige Wallsystem ist heute auf 425 Meter Länge rekonstruiert und kann bei einem Stadtrundgang besichtigt werden.

Zur Erklärung des Stadtwappens gibt es eine gern erzählte Legende, nach der ein Ritter der Familie von Schönberg einst im Heiligen Land von einem Löwen angefallen wurde. Der wackere Ritter zeigte sich völlig ungerührt und setzte der Bestie so zu, dass die sich brüllend ins Schilf zurückzog. Er folgte ihr und versetzte ihr den Todesstoß. Als er den Kadaver herauszog, war der zur Hälfte von Meerlinsen bedeckt, so dass seitdem ein kämpfender Löwe auf dem Wappen abgebildet ist, der oben rot und unten grün gemalt wird. Tatsächlich zugeschrieben werden kann diese Geschichte aber keinem der von Schönbergs, meint Ortschronist Gottfried Krönert.

Um 1500 war Sayda mit über 1.000 Einwohnern der bedeutendste Ort im oberen Erzgebirge.

Jetzt steht die 800-Jahr-Feier Saydas bevor, die 2007 stattfindet und seit einiger Zeit schon vom Stadtfestverein mit viel Engagement vorbereitet wird. Einen Vorgeschmack auf die große Jubiläumsfeier bietet alljährlich das Saydaer Bergfest jeweils am letzten Augustwochenende.

Besonders schön geschmückt ist der Ort zur Adventszeit, wenn in den Fenstern und auf Bäumen vor den Häusern unzählige Lichter scheinen. Dann wird auch der siebeneinhalb Meter lange und vier Meter hohe Schwibbogen in dem kleinen Park an der Hauptstraße aufgebaut, den Saydaer Handwerker geschaffen haben und der neben weihnachtstypischen Figuren auch die Wahrzeichen der Stadt zeigt: die 1892 erneuerte Hallenkirche von 1391, nach dem Freiberger Dom die größte spätgotische Hallenkirche im Landkreis, den mehr als hundert Jahre alten Wasserturm und natürlich auch das „Hospital St. Johannis".

Die Motorschlittensafari in und um Sayda ist für Touristen ein echter Renner geworden.

Superschnell über die Pisten

Eine besondere Attraktion unter den vielfältigen Wintersportmöglichkeiten in und um Sayda ist das Skijöring jeweils am letzten Januarwochenende. Dabei lassen sich wagemutige Skifahrer auf ihren „Brettern" von einem Motorschlitten mit bis zu 80 Stundenkilometern Geschwindigkeit über die Pisten ziehen.

Von der Neujahrswanderung bis zu Silvesterlauf ist der Sportkalender in Sayda prall gefüllt.

Bei manchen Skiwettbewerben gehen mehrere hundert Aktive an den Start. Und über die ganze Winterzeit locken der Skihang mit Schlepplift und fünfundvierzig Kilometer gespurte Loipen. Der hiesige Talentestützpunkt wurde vom Landesskiverband als einer der besten in Sachsen ausgezeichnet.

Jeder fünfte Saydaer ist in einem Sportverein. Damit sind die Bergstädter sozusagen dreimal so sportlich wie die „Durchschnittssachsen". Besonders erfolgreich sind die Skilangläufer, die bei den Sachsenmeisterschaften schon mehrere Meistertitel erkämpfen konnten. Aber auch Fußball und Volleyball, Popgymnastik und Wandern zählen hier zu den besonders beliebten Sportarten. Mehr Gaudi als Sport, aber trotzdem eine tolle Sache: das beliebte Seifenkistenrennen im Sommer.

In Wintersportzentren wie Sayda sind auch die Kleinen schon sicher auf den Brettern.

Welser und Wanderer im Mortelgrund

In der Vergangenheit war der Mortelgrund ein Zentrum des Bergbaus im Saydaer Raum, der hier schon um 1400 erwähnt wird. Die hiesige Kupfergrube und die Kupferhütte erlebten einen Aufschwung, als sich ab 1518 das berühmte Augsburger Patriziergeschlecht der Welser als Finanzier an dem Geschäft beteiligte. Das mächtige Bank- und Handelshaus hatte Kuxe - als Aktien - am Kupferbergbau im Mortelgrund erworben.
Die Grube „Altväter samt Eschig" war bis 1835 in Betrieb, dann war das Vorkommen erschöpft.

Heute ist der Mortelgrund ein beliebtes Wanderziel. Eine gut besuchte Jugendherberge und ein Gasthof laden hier zum Verweilen ein.
Das „Kleine Vorwerk" war früher Pferdeausspannstation an der alten Salzstraße, ab 1900 Restaurant und Gartencafé, später Kinderferienlager und ist jetzt Gaststätte mit einem Jugendgästehaus. Regelmäßig verbringen hier zum Beispiel kranke Kinder ein paar erholsame Tage.
Auch die Mortelmühle war einst ein beliebtes Ausflugslokal, steht aber seit 1989 leer.
Ein 2000 gegründeter Förderverein engagiert sich für ihren Wiederaufbau. Vermutlich war die Mortelmühle die älteste Mahlmühle im oberen Erzgebirge. Als einzige sächsische Mühle hat sie gleich zwei künstliche Mühlgräben. Ihr größtes Mühlrad hat zehneinhalb Meter Durchmesser. Zu besonderen Anlässen veranstaltet der Förderverein bereits Führungen durch die Überreste der Mühle.

Seltene Tiere und Pflanzen gibt es im Bereich der Schwemmteiche, aber dieses Urzeitmonster stammt aus der Neuzeit und lauert nun im Teich.

Wer im Glashaus sitzt ...

.... der sollte nicht Dampfwalze fahren. Aber in Ruhe betrachten kann er sie schon in dem Straßenbaumuseum, das die Saydaer Baufirma Andreas Adam 1998 anlässlich ihres zwanzigjährigen Bestehens einweihte. Die Dampfstraßenwalze von 1925 ist das Prunkstück in dem verglasten Anbau auf dem Firmengelände, aber auch Dieselstraßenwalze von 1936, Wasserwagen und Schlaf- und Wohnwagen sind für Technikbegeisterte sehenswert.
In 3.000 Arbeitsstunden haben geschickte Firmenmitarbeiter die alte Technik restauriert. Die Dampfwalze ist sogar wieder vom TÜV zugelassen.
Zur Museumseröffnung gab´s auf dem Firmenhof gleich eine ganze Parade historischer Bautechnik von der Dampfwalze, die übers Gelände tuckerte, bis zu ein paar alten russischen „KRAS" - echt krass.
Ein anderes originelles Minimuseum in Sayda ist das ebenfalls 1998 eingeweihte Feuerwehrmuseum im alten Spritzenhaus. Als die Wehr in jenem Jahr ihr 125-jähriges Bestehen feierte, erlebten 5.000 Schaulustige am Pfingstsonntag den Festumzug mit 500 Teilnehmern.
Ältestes Exponat im Museum ist die Handruckspritze der Saydaer Wehr aus dem Gründungsjahr 1873.
Sayda hatte mehrere große Stadtbrände erleben müssen. Der letzte hatte erst 1842 drei Viertel der Häuser vernichtet.

Der „Schindel-Wenzel" aus Friedebach ist Europas letzter und einziger Röhrmeister

„Keene drehwüchsschen Krepeln", beschreibt Hans-Jürgen Wenzel aus Friedebach das Holz, das er fürs Röhrenbohren braucht. Also kerzengerade, am besten ein Jungfichtenbestand aus der Mitte des Waldes. Und auch fürs Schindelmachen kann er nicht einfach so jedes Holz nehmen. Es muss klingen, wenn man daran klopft, sagt er. „Der Schindelmann sieht das schon im Busch am Boom."
Hans-Jürgen Wenzel ist ein Schindelmann. So heißt er denn auch „Schindel-Wenzel". Vom Großvater hat der Handwerksmeister Fertigkeiten gelernt, die heute kaum noch sonst jemand beherrscht: Er fertigt Holzschindeln, mit denen Kirchen und andere denkmalgeschützte Bauwerke gedeckt werden, und er baut Fachwerkhäuser ganz auf alte Art - ohne einen einzigen Metallnagel, alle Verbindungen werden nur gezapft und gespuntet. Von diesen beiden beeindruckenden Künsten lebt seine Firma in Friedebach, und für beide kommt er gleichermaßen ins Schwärmen. „Das sind die wahren Öko-Häuser", meint er zu seinen gefragten Fachwerkbauten, „voll ökologisch, super Dämmung, und sie atmen. Da braucht man keine Luftbefeuchter! Und ein Schindeldach - da ist Leben drin in diesen ganzen Schattierungen. Das kann kein Maler!"
Regelmäßig kommen angehende Architekten, Bauingenieure, Restauratoren und Zimmerermeister in seine Werkstatt, um zu sehen, wie Nutschindeln handgerissen werden - nicht aus maschinell gesägten Brettern, sondern wie extrem dünne Tortenstücke mit dem Schlägel aus einem Holzklotz abgespalten. „Das kann sonst keener mehr", meint der Fachmann.
Doch ganz besonders hängt sein Herz an der Röhrenbohrerei. Auch das hat er vom Großvater gelernt: aus zweieinhalb Meter langen Baumstämmen Holzröhren zu fertigen, wie sie noch bis ins vorige Jahrhundert für Wasserleitungen genutzt wurden. Und mit einer Mischung aus Stolz und Schalk erzählt der Friedebacher, wie vor ein paar Jahren eine Gruppe von dreißig Geschichtsprofessoren und anderen gelehrten Leuten aus halb Europa in sein Röhrenbohrerhäusel kamen, die schon 25 Jahre lang in einer Gesellschaft die Wasserversorgung im Mittelalter erforschten und bis dahin nicht einmal zu hoffen wagten, noch jemanden zu finden, der diese alte Kunst beherrschte. „Die haben nur gestaunt. Ich konnte ihnen Fragen beantworten, über die sie schon Jahre gegrübelt hatten, ohne eine Lösung zu finden - warum zum Beispiel die Bohrer solch merkwürdige Haken und Nasen haben", freut sich der Schindel-Wenzel immer noch.
Diese Haken und Nasen und anderen ausgefallenen Dinge in der Röhrenbohrerei hatten ihn schon als Kind fasziniert, als er beim Großvater aufwuchs. Zwar lernte er später den Elektrikerberuf, doch irgendwann überlegte er: Wenn's der Großvater nicht mehr macht, dann kann keiner mehr Röhren bohren.
So stieg er dann 1973 doch ins Geschäft des Großvaters ein. „Aber der sagte gleich: So einfach geht das nicht! Und hat mir sieben Jahre Lehrzeit verordnet."
Das Röhrenbohren war der letzte Schritt in der Lehrzeit. Wegen seines Alters schaffte es Großvater Martin Wenzel nicht mehr, alle Geheimnisse an den Enkel weiter zu geben. „Ich habe jahrelang getüftelt, um alle Rätsel zu lösen", erzählt der nun.

Wenn Interessenten kommen, geht er mit ihnen gern in das alte, unscheinbare Röhrenbohrerhäusel gegenüber der Werkstatt. Es stammt von 1864 und ist direkt über dem Dorfbach errichtet. Ein Wasserrad treibt über eine uralte Transmission die Maschinen an.

Zunächst muss der Stamm auf einem fahrbaren Gestell mit der Rädelkette richtig festgezurrt werden, damit er nicht mitdreht. Dann wird die künftige Röhre mit Keilen so in Position gebracht, dass der Bohrer tatsächlich die Mitte trifft - das wirklich Schwierige an dem Handwerk bei zweieinhalb Meter Länge.

Wenn alles mit Hand gebohrt wird wie bei den alten Römern, sei das kein Problem, denn der Handbohrer verlässt nicht den weichen Holzkern im Innern, meint der Fachmann. Aber mit Maschinenkraft kann es schnell passieren, dass der Bohrer nicht millimetergenau der Mitte des Stammes folgt und die beiden an den Enden des Stammes gebohrten Löcher aneinander vorbei laufen. Doch genau diese Kunst beherrscht nach langem Probieren nur noch Hans-Jürgen Wenzel. Seine Röhrenbohrerei ist die einzige maschinell betriebene in Europa.

Unscheinbar und dringend erneuerungsbedürftig - aber ein einmaliger Schatz: die Röhrenbohrerei in Friedebach. Das arg in Mitleidenschaft genommene Holzhaus ist auch wegen der seltenen Form der Fenster etwas Besonderes.

Der Röhrmeister war einst ein geachteter Mann, erzählt er. Zunächst wurden die Röhren für die Wasserversorgung in Burgen und Schlössern eingesetzt, dann auch in den Häusern wohlhabender Bürger, in den Bergbaurevieren auch zur Entwässerung der Schächte.

Wenn man sich mit dem Metier beschäftigt, wird einem erst einmal klar, wie wertvoll fließendes Wasser ist, sagt der Schindel-Wenzel. Wie froh die Menschen gewesen sein mussten, klares Wasser zu haben und „keene stinksche Briehe mehr zu saufen".

Wenn sein Herz ganz besonders fürs Röhrenbohren schlägt, dann wohl auch deshalb, weil er das Aussterben dieses Handwerks vor Augen hat. „Wenn meine Bohrer mal kaputt sind, dann ist Schluss", meint er. „So was herzustellen, das kann keen Mensch mehr."

Die Werkzeuge, mit denen er jetzt in der historischen Röhrenbohrerei arbeitet, hat er sich auf den Dörfern zusammengesucht, „da ist nischt mehr". Einen hätte er noch 1995 aus Russland mitgebracht.

Ein faszinierter Denkmalpfleger aus dem Schwarzwald wollte ihm schon die Röhrenbohrerei abkaufen. „Der wollte jedes Brett nummerieren und dort alles genau so wieder aufbauen." Aber auch wenn er große Schwierigkeiten hat, das alles ohne Hilfe zu erhalten - die Röhrenbohrerei wegzugeben, darüber lässt der Schindel-Wenzel nicht mit sich reden.

Warum in Friedebach manchmal mächtig gedroschen wird

Jedes Jahr zur Erntezeit machen in Friedebach ein paar Männer und Frauen die Sensen scharf, kleiden sich in altertümliche Hemden, Röcke und Schürzen und holen das Getreide auf althergebrachte Weise ein. Extra für dieses stimmungsvolle Spektakel, zu dem jedes Mal viele Schaulustige kommen, baut ihnen die Agrargenossenschaft Friedebach einen Schlag mit besonders langhalmigem Winterroggen an. Dann lassen die Männer die Sensen durchs Korn rauschen, die Frauen binden die Garben und stellen sie auf und zur Vesper gibt's Fettbemmen und Tee aus Omas alter Emaillekanne.

Auf diese Art wollen sie dafür sorgen, dass die Arbeit und die Erfahrungen der Älteren nicht vergessen werden. Initiator der Aktion ist Wilfried Kaltofen, Gastwirt und Besitzer der Mittelmühle in Friedebach. Vor einigen Jahren zum Tag des offenen Denkmals hatte er die Idee, auf dem Dachboden seiner fast zweihundert Jahre alten Mühle einmal mit Freunden vorzuführen, wie früher das Korn gedroschen wurde. Das kam gut an.

Die Kreuztanne in Friedebach - einst für Fuhrleute wichtig, später Tanzlokal, Anfang der neunziger Jahre komplett abgerissen und nach dem Wiederaufbau als Waldhotel wiedereröffnet. Die meisterhafte Dachdeckung mit Schindeln stammt vom „Schindel-Wenzel". Nicht nur die Herstellung, sondern auch das Verlegen der Schindeln ist eine Kunst. Vierundzwanzig traditionelle Schmuckmuster gibt es im Erzgebirge.

Weil das Hantieren mit dem Dreschflegel einen regelmäßigen Rhythmus erfordert, wenn sich die Akteure nicht ins Gehege kommen wollen, hatte der Kaltofen-Müller bald die nächste Idee: Warum nicht im Rhythmus einer Blaskapelle dreschen? Das hatte bisher noch keiner versucht. Die Friedebacher Feuerwehr-Musikanten ließen sich nicht lange bitten. Das Dreschen im Dreivierteltakt ist seitdem eine der Attraktionen Friedebachs bei der Kirmes und anderen Gelegenheiten.

Dabei war auch schon die Dreschflegelgruppe aus dem nahe gelegenen Gahlenz zu Gast. Aber die meinten, sie machen sich ihre Musik mit dem Dreschflegel selbst und legten ohne die Feuerwehrmusikanten los.

Mit gemeinsamer Tradition: Ullersdorf/Pilsdorf

Ullersdorf - wohl nach dem früheren Dorfherren Ullrich benannt - und Pilsdorf waren zwar lange zwei getrennte Orte, hatte aber schon im Mittelalter ein gemeinsames Erbgericht, erzählt Ortschronist Gottfried Krönert. Woher der Name „Pilsdorf" kommt, ist nicht genau erhellbar, aber vieles spricht dafür, dass das in der Nähe entspringende Flüsschen Bila Namenspate war.

Die von Gottfried Krönert verfasste „Chronik und Zeittafel der Bergstadt Sayda" erwähnt unter anderem, dass Ullersdorf im Jahr 1551 genau „22 besessene Mannen und 52 Einwohner" zählte. Dabei waren „besessene Mannen" nicht etwa verwünschte oder verwirrte Leute, sondern Familien mit eigener Landwirtschaft.

Jeden ersten Sonntag im Oktober wird hier Erntefest gefeiert, wobei es viel altes Handwerk zu leben gibt.

Origineller Schnappschuss vom Friedebacher Feuerwehrfest 2002. So eine tragbare lange Leiter hatte die Ullersdorfer Wehr einst wirklich, um auch bei höheren Häusern an die Dächer gelangen zu können.

Weißenborn

Sportbegeisterte Industriegemeinde

Der Ursprung des Ortsnamens ist bei Weißenborn nur auf den ersten Blick leicht zu erklären. Bei näherer Betrachtung tauchen Fragen auf, denn Born bedeutete früher sowohl Quelle als auch Brunnen. War es nun ein heller Bach oder Quell, der dem Ort den Namen gab? Oder ein Brunnen mit heilkräftigem Wasser, an dem sich gelegentlich eine weiße - also weise - Frau, ein Kräuterweiblein, blicken ließ, wie die Sage erzählt?

Wasser spielte auch bei einer Entwicklung eine entscheidende Rolle, die 1871 in Weißenborn einsetzte und bis heute den Ort prägt. In jenem Jahr wurde in Weißenborn eine Feinpapierfabrik für die Herstellung von Schreib- und Druckpapier gegründet. Der Wasserlauf der Mulde, die Eisenbahnstrecke von Freiberg nach Brüx und die Papiermühlen in der Nähe boten gute Voraussetzungen dafür. Seit 1885 wurde hier ein Verfahren eingesetzt, mit dem besonders feiner und weißer Zellstoff hergestellt werden konnte.

Bis 1970 wurde in Weißenborn Zellstoff produziert. In den Jahren darauf - der Betrieb war längst verstaatlicht - wurden auf Berthelsdorfer Flur neue Produktionsanlagen gebaut. Die Weißenborner fertigten nun neben Zeichenblöcken, Aquarellpapier und anderem jährlich 30.000 Tonnen Fotopapier für den gesamten östlichen Markt. Dieses sogenannte Barytpapier für Schwarzweißfotos stellt heute noch drei Prozent des Produktionsumfangs dar - ein Spezialsortiment für anspruchsvolle Fotoprofis, die noch in Schwarzweiß arbeiten.

1990 wurde die Papierfabrik als eine der ersten ostdeutschen Firmen privatisiert. Die international agierende Felix Schoeller Gruppe mit Hauptsitz in Osnabrück, Spezialist für hochwertige Spezialpapiere, insbesondere für Fotopapier, kaufte die Weißenborner Fabrik und investierte mehr als 350 Millionen Mark in umweltfreundliche Technologien, neue Maschinen und Anlagen. 460 Mitarbeiter sind jetzt hier beschäftigt und im Durchschnitt zwanzig Auszubildende bereiten sich auf das Berufsleben vor.

Nach wie vor sind besonders hochwertige Papiere die Spezialität der Weißenborner: Inkjet-Papiere, mit denen man Fotoqualität aus dem Drucker erreichen kann, und Fotopapier für höchste Ansprüche. Jährlich werden hier bis zu 120.000 Tonnen Rohpapier hergestellt, außerdem rund 110 Millionen Quadratmeter Papier für Kunden in aller Welt beschichtet, veredelt, geschnitten und verkaufsfertig verpackt. „Das alles unter einem Dach ist weltweit einmalig", meint Werkleiter Volker Barth.

Schnelle Bälle und ruhige Kugeln

Auf mehr als 120 erfolgreiche sportliche Jahre und 450 Mitglieder kann der SV Rotation Weißenborn verweisen. Vor allem Handball wird hier groß geschrieben. Zweihundert Sportbegeisterte gehören dieser Sektion an, sage und schreibe dreizehn Mannschaften spielen im Wettkampfbetrieb.

Dabei hat sich das Faible der Weißenborner für diesen Sport eher zufällig ergeben: „Als 1920 der damalige Vereinsvorsitzende in Dresden sein erstes Handballspiel gesehen hatte, fand er das so gut, dass er auch im eigenen Verein mit dem Handball begann", erzählt Werner Finke, der Vorsitzende des SV Rotation, der im Vorfeld des 120-jährigen Vereinsbestehens die Sportgeschichte in Weißenborn erkundete. Sein Vorgänger hatte mit dem neuen, schnellen Sport unbestritten einen Volltreffer gelandet und viele Sportfreunde dafür begeistern können.

2003 schafften die Weißenborner Handballer ihren bisher größten Erfolg: in der männlichen B-Jugend erkämpften sie im gleichen Jahr Bezirksmeistertitel und Bezirkspokalsieg. Auch die Handballerinnen holten schon mehrere Landespokalsiege nach Weißenborn.

Besonders erfolgreich sind die Billardsportler. Seit 1960 rollen hier die Kugeln. In den siebziger und achtziger Jahren war der Weißenborner Günther Hommola einer der erfolgreichsten Billardsportler der DDR und wurde mehrfach DDR-Meister. Die 1. Männermannschaft spielte wiederholt in der Bundesliga und in den letzten Jahren holten sich Ina Novy und Jana Schönberg den Deutschen Meistertitel.

Nachdem im Sommer 2003 die neue Weißenborner Sporthalle eingeweiht wurde, die auch über eine Kegelanlage mit vier Bahnen verfügt, gewinnt Kegeln als Wettkampfsport im Ort zunehmend an Bedeutung - neben Volleyball, Fußball, Gymnastik, Tennis, Badminton und was sonst noch zum SV Rotation gehört. Zur Ausrüstung der Sportstätte, die den Namen „Felix Schoeller-Sporthalle" trägt, hat die bereits erwähnte Spezialpapierfabrik als Hauptsponsor des Vereins großzügig beigetragen. Im Jahr 2004 wurde auch noch der Sportplatz erneuert, das Bad war ohnehin tiptop, so dass die Weißenborner Sportler nun beste Bedingungen haben. „Bad, Sportplatz, Halle - alles neu und alles beieinander! So ein Sport- und Freizeitzentrum gibt es im Regierungsbezirk Chemnitz nicht noch einmal", meint Werner Finke nicht ohne Stolz.

Berthelsdorf: Idylle am Hüttenteich

Der Berthelsdorfer Hüttenteich gehört ebenso wie die Großhartmannsdorfer Teiche zu den Reservoirs, die im 16. Jahrhundert künstlich angelegt wurden, um den Wasserbedarf des Bergbaus und der Hütten zu decken. Der Bergvogt Simon Bogner, Bergverwalter für das gesamte Erzgebirge, ließ den Teich zwischen 1555 und 1560 bauen. Später wurde er mehrfach erweitert und ist nun sechzehn Hektar groß.

Wie sein „großer Bruder" in Großhartmannsdorf ist auch der Hüttenteich im Frühjahr und Herbst Rastplatz für eine Vielzahl verschiedener Sumpf- und Wasservögel. Häufig wechseln die Vögel bei Störungen zwischen beiden Teichen. Da der Hüttenteich im Winter meist etwas später als die anderen Teiche zufriert, kann man hier regelmäßig Gäste aus dem hohen Norden wie Stern- und Prachttaucher beobachten.

Und auch hier gibt es große Vorkommen des seltenen Scheidenblütgrases, das aus dem Schlamm erwacht und wächst, wenn der Teich abgelassen ist.

Berthelsdorf gehört zweifelsfrei zu den ältesten Dörfern der Region; es wird gemeinsam mit Tuttendorf und Christiansdorf in der bereits erwähnten frühesten Urkunde über den hiesigen Silberbergbau genannt, mit der sich Markgraf Otto den Rücktausch der drei vielversprechenden Bergbaudörfer vom Kloster Zelle sicherte. Damals hieß es noch „Bertholdesdorph". Historiker setzen seine Gründung um das Jahr 1163 an.

Größere Bedeutung bekam der Bergbau hier ab dem 16. Jahrhunderts, als in vier ertragreichen Gruben Silbererz abgebaut wurde.

Kulturverein bringt Schwung ins Dorfleben

Erntefest und Fasching zählen zu den unbestrittenen Höhepunkten für die Berthelsdorfer. Beides wird schon seit vielen Jahren vom Kulturverein organisiert.

„Der Kulturverein ist aus dem Dorfclub hervorgegangen, der schon in den sechziger Jahren gegründet wurde, das war damals eben so üblich", erzählt Volker Essbach, der den Verein schon seit 1978 leitet. Ein Jahr nach seiner Amtsübernahme fand der erste Fasching statt, seit kurzem gibt es noch einen Sommerkarneval, und für das Erntefest im Herbst haben sich auch schon feste Traditionen entwickelt. „Eröffnet wird es freitags mit einem Lampionumzug, dann wird der Erntekranz im „Stern" feierlich hochgezogen. Ein paar von unseren Frauen haben in all den Jahren viel Geschick darin entwickelt, schöne Erntekränze zu binden", erzählt er stolz. Die Männerchöre der Umgebung und eine Blaskapelle treten auf, am Sonnabend gibt es ein Seifenkistenrennen, manchmal auch eine Geräteschau der Feuerwehr und natürlich ein Tanzvergnügen.

Schmiedemeister Holm Lohse arbeitet in der alten Berthelsdorfer Dorfschmiede, die mindestens schon seit 1870 besteht. Hier schmiedet er vor allem Stücke für die Restaurierung von denkmalgeschützten Gebäuden.

WEISSENBORN

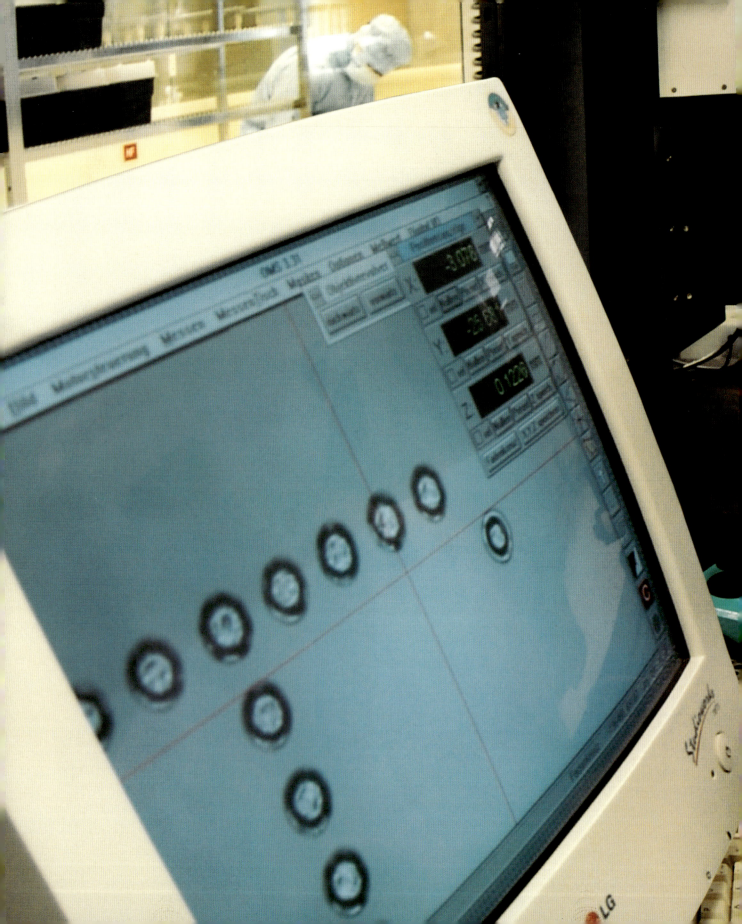

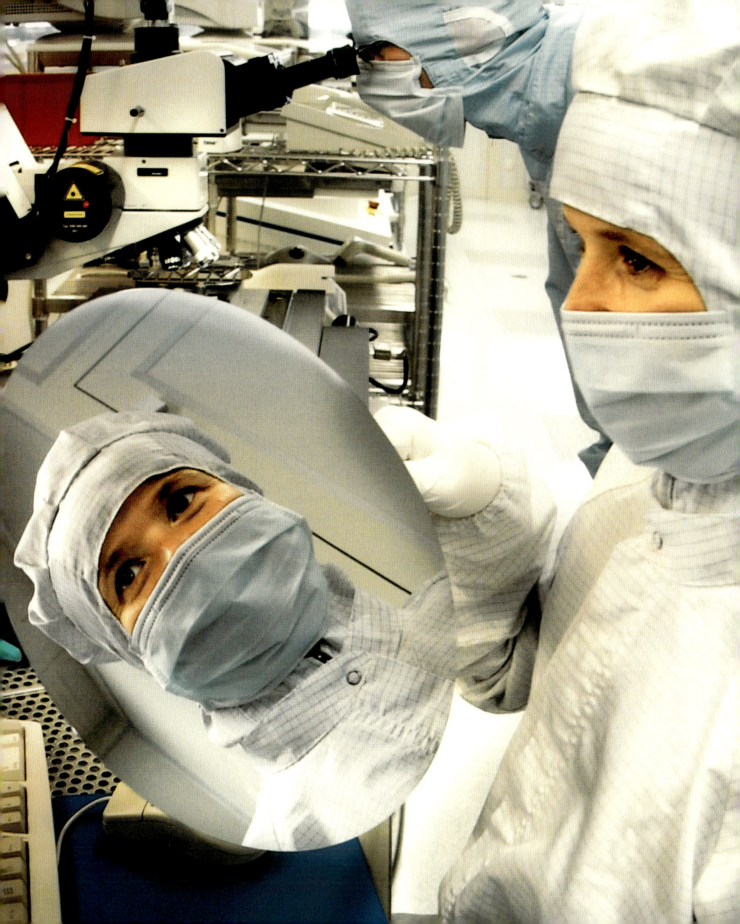

Inhaltsverzeichnis

Texte und/oder Abbildungen zu den Gemeinden mit ihren Orten oder Ortsteilen sind auf den aufgeführten Seiten zu finden. Die Einwohnerzahlen haben den Stand vom 31. Dezember 2003, der Landkreis Freiberg hat **148.322 Einwohner**

Stadt Augustusburg, *Grünberg, Erdmannsdorf, Kunnersdorf, Hennersdorf*
5.218 Einwohner   Seiten 8 bis 17

Bobritzsch, *Naundorf, Niederbobritzsch, Sohra*
4.784 Einwohner   Seiten 18 bis 23

Stadt Brand - Erbisdorf, *St. Michaelis, Linda, Himmelsfürst, Langenau, Gränitz, Oberreichenbach*
11.521 Einwohner   Seiten 24 bis 35

Dorfchemnitz, *Voigtsdorf, Wolfsgrund*
1.838 Einwohner   Seiten 36 bis 39

Eppendorf, *Großwaltersdorf, Kleinhartmannsdorf*
4.864 Einwohner   Seiten 40 bis 43

Falkenau, *Hetzdorf*
2.127 Einwohner   Seiten 44 bis 47

Stadt Flöha
11.351 Einwohner   Seiten 48 bis 55

Frankenstein, *Memmendorf, Hartha, Wingendorf*
1.218 Einwohner   Seiten 56 bis 59

Stadt Frauenstein, *Burkersdorf, Dittersbach, Kleinbobritzsch, Nassau*
3.395 Einwohner   Seiten 60 bis 69

Stadt Freiberg, *Kleinwaltersdorf, Zug, Halsbach*
44.105 Einwohner   Seiten 70 bis 91

Gahlenz
938 Einwohner   Seiten 92 bis 95

Großhartmannsdorf, *Obersaida, Mittelsaida, Niedersaida*
2.937 Einwohner   Seiten 96 bis 101

Stadt Großschirma, *Großvoigtsberg, Hohentanne, Kleinvoigtsberg, Obergruna, Reichenbach, Rothenfurth, Seifersdorf, Siebenlehn*
6.224 Einwohner   Seiten 102 bis 113

Halsbrücke, *Conradsdorf, Falkenberg, Krummenhennersdorf, Tuttendorf*
3.608 Einwohner   Seiten 114 bis 121

Hilbersdorf, *Muldenhütten*
1.478 Einwohner   Seiten 122 bis 125

Leubsdorf, *Marbach, Schellenberg, Hohenfichte*
4.027 Einwohner   Seiten 126 bis 129

Lichtenberg/Erzgeb., *Weigmannsdorf, Müdisdorf*
3.074 Einwohner   Seiten 130 bis 133

Mulda/Sa., *Helbigsdorf, Zethau*
3.003 Einwohner   Seiten 134 bis 139

Neuhausen/Erzgeb., *Cämmerswalde, Deutschgeorgenthal, Dittersbach, Neuwernsdorf, Rauschenbach, Frauenbach, Heidelbach*
3.346 Einwohner   Seiten 140 bis 145

Niederschöna, *Erlicht, Haida, Hetzdorf, Oberschaar*
2.123 Einwohner   Seiten 146 bis 149

Niederwiesa, *Braunsdorf, Lichtenwalde*
5.274 Einwohner   Seiten 150 bis 157

Oberschöna, *Wegefarth, Kleinschirma, Bräunsdorf, Langhennersdorf*
3.784 Einwohner   Seiten 158 bis 161

Stadt Oederan, *Börnichen, Görberdorf, Kirchbach, Schönerstadt, Breitenau, Lößnitztal*
7.262 Einwohner   Seiten 162 bis 171

Rechenberg-Bienenmühle, *Claußnitz, Holzhau, Neuclaußnitz*
2.533 Einwohner   Seiten 172 bis 177

Reinsberg, *Bieberstein, Burkersdorf, Dittmannsdorf, Drehfeld, Hirschfeld, Neukirchen, Steinbach*
3.275 Einwohner   Seiten 178 bis 183

Stadt Sayda, *Friedebach, Ullersdorf/Pilsdorf*
2.267 Einwohner   Seiten 184 bis 191

Weißenborn, *Berthelsdorf*
2.748 Einwohner   Seiten 192 bis 195

Bildnachweis

Detlef Amthor, Leipzig: Seiten: 162; 163 l.o.; 166 o.;
Siegfried, Beckert, Großvoigtsberg: Seite 141 r.o.;
Klaus Bombach, Freiberg: Seiten 64, 67; 111 r.u.; 114 l.; 130;
Harald Börner, Freiberg: Umschlag 1; Seiten 71 l.o.; 73 r.o.; 73 r.u; 82; 123 l.o.;124 l.;
Sabine Ebert, Freiberg: Seiten 4; 17 l.o.; 20 r.o.; 21; 26 l.u.; 28 r.u.; 36 r.u.; 43; 73 l.; 99 l.o.; 140 l.o., r.u.; 155 l.o; 175 l.; 188 r.u.; 189 o.;
Gunther Galinsky, Freiberg: Umschlag 2; Nachsatz; Seiten 29 l.u.; 29 r.o.; 46 l.u.; 47 o.; 48; 49; 56; 57; 58; 60; 65 o.; 66; 69; 70; 71 o.; 71 m.; 71 u.; 74; 75 l.; 76; 77 o.r.; 77 u.r.; 78 o.l.; 79 u.l.; 80 o.l.; 83 u.r.; 84 o.r.; 87 u.r.; 94; 95; 96; 97; 98; 102 l.o.; 103 r.u.; 104 r.u.; 105 r.; 106 r.; 113 r.o.; 113 r.u.; 114 r.u.; 119 l.o.; 119 l.u.; 122 l.u.; 123 r.u.; 124 r.; 124 l.u.; 125 l.o.; 126 l.o.; 135 r.; 132 l.o.; 138 l.; 139 r.; 143 r.o.; 145 o.; 146 l.o.; 147 l.o.; 149; 158 r.u.; 161; 170 l.; 172 l.o.; 174 l.; 175 r.u.; 180 l.o.; 180 r.o.; 181 l.u.; 181 r.o.; 182 l.;186; 187; 188 l.o.;
Frank Galinsky, Obergruna: Seiten 8; 45; 108 l.; 111 r.o.; 112 l.; 112 r.o.; 113 l.o.;
André Günther, Großschirma: Seiten 18 r.o.; 18 r.u.; 101 r.;
Andreas Golde, Freiberg: Seiten 19 u.; 100;
Horst. Hermsdorf, Naundorf: Seite 22 o.;
Fotoatelier Heim, Flöha: Seite 157 l.o.;
Henning Holschumacher, Freiberg: Seiten 24 r.u.; 79 o.r.; 84 o.l.; 90 r.u.; 103 l.u.; 105 l.; 107 r.; 109; 119 r.u.; 138 r.; 149; 172 r.u.; 176 r.u.; 185;
Petra Irmer, Oberschöna: Seiten 32 l.o.; 32 l.u.; 57; 158 l.o.; 159 r.o.;
Brigitte Kaczmarek, Freiberg: Seiten 5; 10 r.o.; 13 u.,l.; 40 r.; 44; 46 r.o.; 46 r.u.; 51 r.o.; 53 l.; 54 r.; 61; 126 r.u.; 128; 129 o.; 151; 156 r.u.; 157 l.u.; 157 r.u.; 163 l.u.; 163 r.o.; 177 u.;
Andreas Ludwig, Weißenborn: Seiten 131 o.; 190; 173 o.;
Sabine May, Augustusburg: Seite 15;
Thomas Maruschke, Brand-Erbisdorf: Seiten 25 r.u.; 26 r.o.; 26 r.u.; 27; 30; 33 l.u.

Eckardt Mildner, Bräunsdorf: Umschlag 2; Vorsatz; Seiten 6/7; 12; 13 o.,u.; 14; 17 u.r.; 20 l.o.,l.u.; 21 r.u.; 21 l.u.; 24 l.o.; 25 l.o.; 29 r.u.; 31; 32 r.u.; 33 r.o.; 33 r.u.; 37 r.o.; 38 l.; 38 r.u.; 41; 50 l.o.; 51 l.; 62; 63 l.; 63 r.; 72; 83 o.r.; 83 m.r.; 84 u.l.; 85 u.r.; 87 o.u.; 89 l.; 89 r.o.; 90 r.o.; 101; 103 r.o.; 104 l.o.; 108 r.u.; 110 l.; 116; 117; 120 r.; 120 l.o.; 139 l.o.; 145 u.; 147 l.; 147 r.o.; 155 r.; 157 r.o.; 159 l.u.; 164 l.o.; 165 u.; 166 r.u.; 168 l.u.; 176 l.o.; 178 l.o.; 179 l.u.; 179 r.; 180 r.u.; 188 l.u.; 193 u.;
Detlev Müller, Freiberg: Umschlag 2; Seiten 21 l.o.; 21 r.u.; 39 l.r.; 65 r.u.; 68; 86 o.l.; 99 r.u.; 88 l.o.; 89 r.u.; 101 l.; 103 l.o.; 107 l.o., l.u.; 111 l.; 122 r.u.; 118 l.; 121 r.; 131 l.; 131 r.u.; 132; 133 l.o.; 133 r.o.; 139 r.o.; 141 l.u.; 144 u.; 160 l.; 173 u.; 176 l.; 177 l.; 179 l.o.; 182 r.u.; 182 u.; 183 l.; 183 r.; 184 u.; 191 l.o.;
Ludwig Richter, Mittelsaida: Seite 101;
Rolf Rudolph, Freiberg: Seiten 91; 114 r.o.; 121 l.; 134 r.; 136 r.; 159 l.o.; 160 r.; 177 r.; 193 o.;
Jochem, Schaller, Hetzdorf: Seiten 19 o.; 146 r.u.; 148 o.; 148 l.u.; 181 r.u.;
Steffen Schmidt, Freiberg: Seiten 28 l.o.; 36 l.o.; 90 l.; 142 l.o.; 182 l.o.;
Annett Schrenk, Brand-Erbisdorf: Seite 2;
Jürgen Schreiber, Berthelsdorf: Seiten 61; 99 r.u.; 191 u.; 192;
Michael Seidel, Pobershau: Seiten 57; 58;
Wolfgang Thieme, Braunsdorf: Umschlag 1; Seiten 9 l.u.; 9 r.o.; 10 l.; 11; 16 o.; 38 r.o.; 47 u.; 50 r.; 52; 53 r.; 54 l.; 55 o.; 55 u.; 75 r.; 77 l.; 78 u.l.; 79 u.r.; 80 u.r.; 81; 85 o.; 86.l.u.; 87 l.; 88 l.u.; 88 r.u.; 102 u.; 127 o.; 129 r.u.; 136; 137; 142 r.u.; 150; 152; 153; 154; 156 r.o.; 164 r.u.; 165 l.o.; 167; 168 r.; 169 l.u.;169 r.o.; 171; 183 o.; 184; 196/197;
Karl Tröger, Freiberg: Seite 189;
Günter Wünsche, Halsbrücke: Seite 115;

Archiv Sonja Schöffler: Seite 153 o.r.
Archiv Bergbaumuseum Brand-Erbisdorf: Seite 35 u.
Fotothek Stadt- und Bergbaumuseum Freiberg: Seiten 34; 35 o.;

Quellenverzeichnis

Autorenkollektive:
Werte unserer Heimat - Ergebnisse heimatkundlicher Bestandsaufnahmen
    Band 10 Östliches Erzgebirge
Akademie-Verlag, Berlin 1966
    Band 28 - Das Mittlere Zschopaugebiet
Akademie-Verlag, Berlin1977
    Band 43- Um Olbernhau und Seiffen
Akademie-Verlag, Berlin 1985
    Band 47 Freiberger Land
Akademie-Verlag, Berlin 1988

Ebert, Sabine; Galinsky, Gunther: Silbermanns Erben,
Leipziger Verlagsgesellschaft, 2003

Gress, Frank-Harald; Lange, Michael: Die Orgeln Gottfried Silbermanns,
Michael Sandstein Verlag Dresden, 2001

Jobst, Wolfgang u.a.: Bergwerke im Freiberger Land
Medienzentrum der TU Bergakademie Freiberg, 2. Aufl. 1994

Kura, Annette; Ruhland, Volker; Unger, Roland:
Sachsens Mordbrenner, Räuber, Pascher und Wildschützen im Erzgebirge und in der Oberlausitz, Altis - Verlag Berlin, 1993

Lauterbach, Werner: Sächsische Volkssagen, Kulturbund der DDR, 1986

Lauterbach, Werner; Kutsche, Karl: Der flinke Knecht zu Rechenberg, Rat des Kreises Brand-Erbisdorf, 1990

Lauterbach, Werner: Stadtführer Freiberg
Verlag Edition Lerchl, Meißen 2003

Pätzold, Stefan: Die frühen Wettiner;
Böhlau Verlag Köln, Weimar, Wien 1997

Schreiter, Lothar: Eine Chronik von Flöha;
Stadtverwaltung Große Kreisstadt Flöha, 1998

Müller, Werner: Auf den Spuren von Gottfried Silbermann,
Evangelische Verlagsanstalt Berlin, 1968

Wagenbreth, Otfried und Wächtler, Eberhard: Der Freiberger Bergbau, Technische Denkmale und Geschichte; VEB Deutscher Verlag für Grundstoffindustrie, Leipzig 1985

Wagenbreth, Otfried und Wächtler, Eberhard: Bergbau im Erzgebirge, Technische Denkmale und Geschichte, Deutscher Verlag für Grundstoffindustrie, Leipzig 1990

DANKSAGUNG

Ein herzlicher Dank gilt allen Ortschronisten, Vereinsvorsitzenden, Bürgermeistern, Pfarrern, Gemeindemitarbeitern und Unternehmenssprechern, die bereitwillig und ohne zu zögern Material und Auskünfte für dieses Buch bereitgestellt haben.
Ohne ihre Mitwirkung wäre der vorliegende Band nicht in der zur Verfügung stehenden Zeit und auch nicht in dieser Themenfülle zustande gekommen.
Ein großer Teil des erforderlichen Bildmaterials wurde von den für die örtliche Presse arbeitenden Bildjournalisten zur Verfügung gestellt. Die „Freie Presse" Freiberg und der „WochenSpiegel" Freiberg räumten dazu freundlicherweise die Rechte ein.
Dafür und den Bildautoren ein besonderer Dank.

Sabine Ebert, Gunther Galinsky im Juli 2004

IMPRESSUM

© 2004 Landratsamt Freiberg

Alle Rechte bei
Kontakt Kultur gGmbH Kreis Freiberg
Telefon 03731/798110   http://www.kultur-freiberg.de
Texte: Sabine Ebert, Freiberg
Bildredaktion und Layout: Gunther Galinsky, Freiberg
Koordinierung: Annett Schrenk, Pressestelle beim Landratsamt Freiberg
Gesamtherstellung: druckspecht offsetdruck und service gmbh, Langenstriegis

Gefördert vom Kulturraum Mittelsachsen

ISBN 3-86012-220-7